わかるとかわる！

《神のかたち》の福音

河野勇一［著］

いのちのことば社

推薦の言葉

「先生、『知る』って何ですか？」と女の子が有名な大学教授に質問しているテレビのＣＭが以前にありました。教授が答えます。

「それはね。知ることで人間が変わることです。知る前と、知った後で、その人が変わることです。」

「うーん、そうだ！」と思いました。そして、河野勇一先生による本書です。この本が、河野先生の伝道牧会と神学の集大成であるかのように思う私は、「先生、もう少し重みのあるタイトルに変えたらどうでしょうか？」と申し上げました。そう言っておきながら、実は、これこそが河野先生の牧師生涯の真髄であることは分かっていました。

神の愛に触れて、みことばに感動して救いの恵みをいただき、洗礼を受け、教会生活をしているということだけで歩みを止めない。聖書の世界を、神の力を、私たちに託された恵みの可能性を、深く知ってほしい。聖書の全体を理解してほしい。聖書の教えがどのように互いに関連しているのか、その見事な神学的な連関性に感激してほしい。「知」に対する飢え渇きがすべてのキリスト者にあることを忘れないでほしい。――この願いが河野先生の牧師・神学校教師としての働きにいつもあふれています。

それは言うまでもなく、「わかる」とき、頭と心で納得をもって聖書全体を捉えるとき、聖霊がみことばを通して私たちを変えてくださる、知が変貌に至ることを、河野先生はいつも意識して教会に仕えてこられたからです。

＊

では、その「知」に導くために、どのようなアプローチによって（方法論）、どのようなメッセージ（内容）を伝えたらよいのでしょう。この問題を追求して、著者がとうとう「この形」にまとめられたことに、筆者は感動を覚えます。「この内容を、このアプローチによって！」――このことによって、本書は福音主義神学に名を残し、これから先、神のことば・神の賜物に飢え渇く人は、誰もが挑戦をもって読む書物となることは明らかです。著者が編み出していく蜘蛛の糸のような真理の世界は、論理的に鋭く一貫した構造でありながら、柔らかな弾性を持っています。読者はかならず惹きつけられ、いつの間にか、その世界の中に入っていけます。

「挑戦をもって読む」と書きましたのは、本書に展開されている方法論と中身の関係性は、あまりにも絶妙で、著者の論をゆっくりとたどりながら読むことが求められているからです。流し読みはできないでしょう。じっくりと、「なるほど！」という感動をもって読み進めないと、著者が信じ期待している「かわる！」には至らないでしょう。ですからチャレンジです。そして本書を手にされた読者は、すでに「知と変貌」への渇きを持っておられるのです。

インマヌエル高津教会牧師　**藤本満**

なぜ《神のかたち（似姿）》か――まえがきとして――

本書は、《神のかたち》をテーマ（内容的枢軸）としたものです。聖書を読んでおられる多くの人にとって、《神のかたち》だけで一冊の本になるなどとは、想像できないかもしれません。実際、その言葉自体は、聖書の中で旧約、新約を通して数回しか出てきません。しかし、聖書特有の人間観について語ろうとすると、《神のかたち》は、聖書の最初である創世記1章に出てくるというだけでなく、聖書固有の見方の中心をなしており、その思想は実に深く、聖書全体で豊かに展開されています。そして、それは当然「創造論」や「人間論」という分野にとどまらず、「キリスト論」や「救済論」、さらには「終末論」にまでも一貫して流れている主要思想なのです。ですから、聖書の中心である「キリストによる救いの福音」をもっと具体的に表現するならば、「神の国の福音」と並んで「《神のかたち》の福音」と呼ぶことができるほどです。「神の国」と《神のかたち》は、それぞれ社会（世界）と人間に焦点を当てた表現ですが、両者は深く関係しているばかりか、ほとんど重なり合っていると言えるでしょう。ただ、両方を同時に論じていくと複雑になりすぎますので、この本では、人間の個人的救いを中心にした《神のかたち》を軸にして述べたいと思います。

本書のもうひとつのテーマ（方法的枢軸）は、この《神のかたち》について語るのに「三つの概念」

による分析という方法を用いることです。「三つの概念」とは、「関係概念」、「実体概念」、「目的概念」のことを指していますが、聖書で使われている神学用語で言えば、「契約」、「生命」、「使命」という言葉がその中心です。それがはたして聖書の内容を述べるのに即しているか、はたまた、そのような分析をすることによって聖書の福音を今まで以上に明確、かつ豊かに語ることができるか、が問われるでしょう。

この内容への着想は、四十年近くも前に与えられました。以来、教会で語り、神学校で教え、思考を続けてきた結果をまとめたものが本書です。何とかして聖書が語る「キリストによる救いの福音」のすばらしさ、豊かさを一人でも多くの人に分かち合いたいとの思いが、その原動力でした。ですから、日本語で聖書を読む多くの方々が理解できるよう、易しく書くことを心がけました。とはいえ、この考え方の出所や根拠を理解していただくためには、いわゆる聖書の言語（原語）やその解釈を紹介したり、それらについての著名な神学者の見解を引用したりせざるをえません。なぜなら、私の述べていることが、ただ私だけの見解ではなく、聖書そのものが語っており、有力な神学者たちから支持されていることを示しておきたいからです。とはいえ、それは私の提題が正しいことを証明するというよりも、読者に理解していただくための最小限のものであることをご理解ください。それでも、そのために回りくどいとか、難しいとか感じたところがありましたら、ひとまずは飛ばして読んでくださり、時間のあるときにゆっくりそれに取り組んでいただけると感謝です。

わかるとかわること

さて、『わかるとかわる！《神のかたち》の福音』との題を掲げましたが、本書によって何が「変わる」ことを目指し、期待しているのでしょうか。

まず、「聖書の読み方が変わる」ことです。もちろん、聖書を読む読み方にはいろいろありますし、正しく解釈する方法としては、いわゆる「聖書解釈学」と呼ばれる基礎的かつ重要な方法論があります。さらには聖書を霊感された神のことばとして読み、聴きとるためには、聖霊によって導かれなければなりません。ここで言おうとしていることは、そのようなこととは別の、もうひとつの要素についてです。たとえて言うと、三原色を調合するだけですべての色を出すことができることを知って、実際、三原色のみを使って絵を描く画家が景色を見たときに、そのような感性のない普通の人に比べて、色合いをより鮮明に意識して見ることに似ているでしょうか。目に映った映像はみんな同じはずなのですが、それを認識する度合いがより広く、深いからでしょう。そのように、聖書の理解度合いが広がり、深まることを期待します。それがどのようにかは後に述べますが、聖書の思想言語を実体概念、関係概念、目的概念という三つの概念に即して考えることにより、聖書の豊かさ、力強さ、美しさがより鮮明に見えてくるということです。

次に、「生き方が変わる」ことです。キリスト者として信仰に生きようとするとき、何に留意して生きたらよいのでしょうか。ある人は「いつでも神を第一として生きたらよいのだ」と言うかもしれません。そのとおりですが、そのように一つに集約することは、とても大切である反面、人生のさまざまな局面での具体性を見いだしにくくなるという難点があります。他方、ある人は「それは、聖書的生活指針を十、あるいは三十か条にまとめて、それをいつも持ち歩きなさい」と勧めるかもしれません。それは確かに具体的ですが、いつもそれらを記憶、統合してバランスよく生きることに難しさを覚えるのではないかと思います。人間には、十や三十のことに常に配慮し続けるということはできないからです。

私がこの本で述べようとしているのは、聖書自体が「大切な三つの概念」によってまとめてくれているということで、それはちょうど「三本足のイス」のようです。一本足や二本足のイスは倒れますし、では足は多ければ良いかといえば、四本足以上の場合、その足の長さが全部そろってバランスがとれていないとガタガタします。実に三本足のイスだけはしっかり立って倒れませんし、しかも決してガタガタしないのです。これと似て、聖書が語っている三つの基本的概念に沿うなら覚えやすく、バランスが取れて安定した信仰生活を送ることができるようになります。

そして何よりも、「福音の伝え方が変わる」ことです。キリスト者は「キリストによる救い」を未信者に伝えようとするとき、その核心において、キリスト、特にその十字架上の死と復活が私たちにとってどのように働き、どのような意味をもつかを話そうとするでしょう。多くの場合、キリストが私たちの「罪の身代わり」として十字架上で死んでくださったと語られているのを聞いてきました。確かにそれは正しいことです。しかし、聖書が語っているのはそれだけではないにもかかわらず、聖書が語っている他の側面にはあまり触れることなく伝道してきたのです。実際、基本的に三つの側面から、私たちのためのキリストの十字架の意味を聖書的に語ることができます。それは、人の必要が一様ではないことと関係していると思われますが、それに対応している豊かな福音の多様な側面を、一度に、分かりやすく伝えるのは難しいこととも関係しているのでしょう。

たとえば、家を建てようとしている人に、その家の魅力を伝えようとします。立体的な建造物を表すのに、まずは平面図によって間取りを示すでしょう。次には外装や内装の意匠を示すことも重要ですし、骨格構造とその材料によって十分な強度があり、機能的かつ省エネであることも示すでしょう。それらのうちのどれから説明するのが、その人にとってもっとも効果的かというのに似ています。家を建てたい人が間取りにもっとも興味のある場合にはまず平面図から、前面（南面）の意匠にこだわる人には立面図の完成予想図から、そして、機能と強度に関心が強い人に対しては構造や屋根の材料、窓の配置など、機能的側面から説明していくときに、その家の設計の魅力を、その人の関心に合わせて伝えることができます。そして、これらのそれぞれをひとつひとつ理解することによって、建てようとしている家の豊かで複雑な全体像を総合的かつ正確に理解し、完成した家を立体的に思い描くことができるようになるのと似ています。

本書の構成

本書はまず、ルカの福音書15章にあるたとえ話を《神のかたち》回復についての三つの物語として語った、私の説教（実際に教会で語ったもの）を紹介する「序章」から始まります。そこに、本書のテーマが典型的に表されていると思うからです。

次の「基礎章」では、内容豊かな聖書のその豊かさを表現しつつ、しかもできるだけシンプルに秩序づけるために、この本の骨格となる枠組みとその根拠を提示します。すなわち、聖書の語るキリストの救いを関係概念、実体概念、目的概念という三つの概念で分析することを紹介するとともに、それを用いることの有意性、有効性について記します。以降、この枠組みですべてを述べていくことになります。

「本論Ⅰ章」では、人が《神のかたち》として創造されたこと、しかし、罪を犯したゆえにそれを毀損して悲惨な状態に陥ってしまっていることを、創世記2~3章を中心に語ります。「本論Ⅱ章」では、そのような罪人を救うために、すなわち、私たちの《神のかたち》を回復するために、真性の《神のかたち》であり、永遠にまことの神まことの人である御子キリストがなしてくださったことを、十字架と復活を中心に述べます。

そして、「本論Ⅲ章」と「本論Ⅳ章」では、キリストによって《神のかたち》を回復される救いについて論じます。「本論Ⅲ章」でまず、三つの救いの概念である義と聖と贖いについて、それぞれの聖書における意味を丁寧に考察し、論じます。ここでは、多くの人が持っている通俗的な理解に対して、かなり挑戦的な理解を提示しています。そのようにして述べた、キリストを信じた時に与えられた救いに続いて、「本論Ⅳ章」では、キリスト者として生きるのに大切な、救いの課題と約束について述べます。その際には、救いについて語る聖書の言葉の時制に注意を払うことになります。さらには、救いにおける聖霊の働きについての聖書の言及にも触れます。

最後の「終章」はまとめとして、《神のかたち》が回復されたキリスト者の生活を概念別に、「《神のかたち》完成に向けての三つの物語」として、マタイの福音書25章の三つのたとえ話の説教でなぞってみます。これは復習のようなものですが、「序章」で書いた、ルカの福音書15章の三つのたとえ話からの「《神のかたち》回復の三つの物語」の続編とも言うべきものです。

では、聖書と福音理解、そして伝道するときの語り方についての、これまでとはちょっと違った旅へ皆様をご案内しましょう。

目次

序章　《神のかたち》を回復する三つの物語

牧師になって、毎週説教し、そのための学びを続けていく中で、ルカの福音書15章になぜ三つのたとえ話「失われた羊の話」「失われた銀貨の話」「失われた息子の話」が書かれているのだろうか、と考えるようになりました。実は、3節の「そこでイエスは、このようなたとえを話された」の「このようなたとえ（ギテーン・パラボレーン・タウテーン）」は単数形で、三つのたとえ話は一連のひとつの物語として書かれているといえます。加えて、三つのたとえ話には一貫した共通のテーマがあります。それは、

(1) 人は本来、神とともにいるべきこと
(2) 人は神の前に失われた者（罪人）であること
(3) その罪人は一人であっても神には大切な一人であり、神はその一人を探しに出かけること
(4) その罪人は自分から神のもとへ帰ることができず、ただ神によって「見つけられる」必要があること
(5) 失われた罪人が見つかって初めの状態が回復されることを、誰よりも神が喜ばれること（キリストによって救われることのすばらしさ）

などです。

ですから、百匹の羊のうちの一匹、十個の銀貨のうちの一個、二人の息子のうちの一人という具合に、数の綾を巧みに用いつつ、「これでもか、これでもか」と最後のクライマックス「失われた息子の話」に向けて話を進めていく、ひとつのたとえ話（物語）とも言えるでしょう。しかし、それぞれのたとえ話において、救いの異なる側面が浮き彫りにされていることも見逃してはならないと考えます。

まずここで、この三つのたとえ話から私が教会で実際に語った説教を紹介したいと思います。それぞれが救いの異なる側面を述べているのを聴き取ることができるでしょうか。

1　迷い出た一匹の羊――神から与えられたいのちを回復する物語

さて、取税人、罪人たちがみな、イエスの話を聞こうとして、みもとに近寄って来た。すると、パリサイ人、律法学者たちは、つぶやいてこう言った。「この人は罪人たちを受け入れて、食事までいっしょにする。」そこでイエスは、彼らにこのようなたとえを話された。「あなたがたのうちに、羊を百匹持っている人がいて、そのうちの一匹をなくしたら、その人は九十九匹を野原に残して、いなくなった一匹を見つけるまで捜し歩かないでしょうか。見つけたら、大喜びでその羊をかついで、帰って来て、友だちや近所の人を呼び集め、『いなくなった羊を見つけましたから、いっしょに喜んでください』と言うでしょう。あなたがたに言いますが、それと同じように、ひとりの罪人が悔い改めるなら、悔い改める必要のない九十九人の正しい人にまさる喜びが天にあるのです。」

（ルカの福音書15章1～7節）

三回にわたって、ルカの福音書15章にある三つのたとえ話を学ぼうとしています。今日最初に読んだお話は、皆さんよくご存じの「迷い出た一匹の羊」の話です。百匹の羊がいて、その中の一匹が迷い出てしまったということで、そこでは私たち人間のことが羊にたとえられています。では「一匹がいなくなった。この一匹は誰だ。残っている九十九匹は誰だ」と考えるのは野暮なことでして、実は私たちみんながこの迷い出た一匹の羊なのです。

では、羊飼いは誰なのかというと、聖書、旧約聖書の伝統から言いましても、これは神のことです。先ほど歌った詩篇23篇を元に作られた賛美歌の中でも「主はわが飼い主」とあるように、神が羊飼いで、私たちが羊であると言われています。イスラエルの人たちにとっては、これが一番なじみ深いたとえだったのでしょう。羊を飼ったことのない、それどころか触ったこともない私たちには、どういう意味か、分かりにくいかもしれません。

羊はとても弱い動物だそうです。確かに攻撃の武器を持っていません。足には攻撃する爪がありません。角はありますが、それは攻撃には役に立ちません。また、草食の羊には牙がなく、人が羊に嚙みつかれたという話も聞いたことがありません。ですから、羊という動物は攻撃する武器は何も持っていないのです。それだけではなくて、――どのようにして調べたのか分かりませんけれども――近視なのだそうです。遠くはぼんやりとしか見えないわけです。どこに行く時にも、前の羊のお尻を見ながらついて行く。しかし、ちょっと離れると迷ってしまう。さらには、羊というのは一匹で生きること、野生で生きることができません。山の羊と書く山羊は、高い岩だらけの山でピョンピョン飛び跳ねているのをテレビなどで見たことがありますが、羊がそのように一匹、野生で生きているのは見たことがありません。羊は自分で危険から身を守る力がないので、羊飼いに飼われなければ生きていくことができない、いわゆる家畜なのです。そういう、とても弱い動物。そのような羊に、イスラエルの人たちは自分をたとえました。「私たちは羊だ」と。普通なら自分自身や民族を一番弱い動物にたとえることはないでしょう。私たちならライオンだとか、虎だとか、象にたとえたくなるでしょう。ところが、イスラエル人たちは、「私たちは羊である」、そして「主なる神が私たちの羊飼いである」と言い続けてきました。

では、その羊がいなくなるというたとえをもって、イエスさまは何を言おうとしたのでしょうか。羊の一匹が迷い出てしまう。そうすると、たちまち生命の危険に陥ります。これは誰が考えても分かることです。生き延びていくことはできません。狼が来たらたちどころにやられてしまいますし、狼が来なくても崖から落ちてしまったりする。また、羊を飼っている人の話では、羊の毛がだんだん伸びてくると目をふさぐようになるそうです。人間が刈ってやらないと目がふさがれて、近視どころか前が見えなくなる。そうすると簡単に死んでしまうでしょう。ともかく、羊が迷い出るということは即、死と滅びということですから、私たちがここで聞き取るべき中心は「いのち」です。

＊

では、私たちの「いのち」ということを考えてみましょう。聖書が語る人間のいのちとは、いったいどういうものなのでしょうか。もちろん、多くの人が考えるのは「肉体的ないのち」のことです。肉体的ないのち、これがどこかおかしくなると病気になる。完全に健康ということはありえないかもしれませんが、バランスが保たれて正常な範囲にありますと、私たちは健康に生きられる。しかし、交通事故に遭えば一瞬に壊れてしまうし、ひどい場合はいのちがなくなってしまう。このような、ある意味では肉体的ないのちのことを、私たちは一番単純にいのちと呼んでいます。

しかし、それだけではなくて、「自己意識」、あるいは人間の「精神活動」、それもまた「いのち」のかけがえのない部分だと、私たちは感じていると思います。たとえば、交通事故や何かの事故、あるいは重い病気などで意識がなくなり、そして肉体的ないのちは維持されているけれども、何の反応も示さない状態になった人のことを「植物状態」と言ったりします。それは、もう人間としてのいのちを生きてはいないということでしょう。肉体には血が流れて、心臓も動いて生きている。しかし精神活動ができないならば、人間として生きているということにならない、と。このように、私たちが人間の「いのち」というときに、「自己意識的・精神的ないのち」というものを指していることがあります。

この部分は、ある意味では、現代において大きな課題を提示していると言われます。私たちはいくら十分な栄養を与えられても、愛されるということがないと、このいのちを生きていくことができなくなるからです。どうでしょうか、皆さん。「毎日、活き活きと生きていますか」と問われて、毎日毎日が、そのような日ばかりであるということは、おそらくないでしょう。時には落ち込んでしまうでしょう。または、誰かとの関係がうまくいかなくて、ほんとうに悩んでしまうでしょう。すなわち、私たちは肉体的ないのちが十分であったら、それでいいのではなくて、人から愛されていて、そして喜びがある、温かさを感じることができる、そういう生活を期待しますね。

被虐待児症候群ということを以前に紹介しました。それは、最近だんだん顕在化していることですが、小さな子どもに、親が暴力をふるって虐待するということがあると、子どもたちは、肉体は生きていて成長していっても、精神的に非常に大きなダメージを受けて大人になるのです。いいえ、場合によっては、肉体のいのちにまで影響を及ぼして、最悪の場合は五歳になるまでに死んでしまうこともあるといいます。また、子どもがたたかれたりする虐待を受けなくても、生まれて間もない頃にお母さんから育児放棄されて、十分な愛情を注がれることがないと――いわゆるネグレクトされますと――、子どものミルクを飲む力が弱くなってくるということも言われています。

ですから、私たちのいのちというものは、ただ栄養が十分に摂れて病気がなければいいのかというと、そうではなくて、やはり、愛されるということ、そしてそれを感じて喜びや感謝があるということ、そのような精神活動がとっても大きな要素であるということに気づかされるわけですね。子どもだけでなく、大人でもそうです。逆に、身体的に不自由を抱えていても誰かに大切にされているなら、私たちは生きていく力が与えられると思うのです。「精神的ないのち」、そういうものもあるのですね。

では、人が生きるのに、それで十分でしょうか。実は、聖書はもう一つの次元のいのちがあると言います。それは何かと言うと、神から人間だけに与えられた「霊のいのち」です。そのようないのちが、いったい人間にあるのかといぶかしく思うかもしれませんが、聖書は、神が人間を造った時のこととしてはっきりと書いています。創世記2章7節です。

神である主は土地のちりで人を形造り、その鼻にいのちの息を吹き込まれた。そこで人は生きものとなった。

そこでいのちを持ったのです。このように、神の「息吹」が吹き込まれてこそ、人間は人間となったのです。この「息」は、聖書の中では、「霊」と同じです。すなわち、「神の霊」、「いのちの霊」が吹きこまれていることが、人間が人間として生きるようになった大事な要素だと書いています。

他の動物を造った時には、そのようなことは書いていません。人間はその意味で、特別なのです。神と交わりを保ち、神から吹き込まれた霊のいのちを持ち続けることによって、人間は、豊かな、人間らしい本当のいのちに生きることができる。聖書が語っている、人間が持つべきいのちとは、おもにその次元のいのちです。肉体的ないのちについては医学で語られますし、精神的ないのちは心理学とか精神医学で語られます。また、哲学で究明しようとします。しかし、神から与えられている「霊的ないのち」という側面は、聖書を読む以外では知ることができません。

＊

私たちが今日考えようとしている「いのち」は、この「霊的ないのち」です。新約聖書で「いのち」と訳されている言葉のほとんどは、ギリシア語の「ゾーエー」で、この「霊的ないのち」を指しているものです。この霊的ないのちを持った私たちが、本当にそのいのちに豊かに生きているかという問いかけです。「そんないのちがあることさえ知らなかった」というのが私たちの実感ではないでしょうか。そのような「霊のいのちがあることさえ知らなかった」状態で生きている私たちを、羊飼いのところから迷い出て、羊として生きることができなくなっている一匹の羊というたとえで表現しているのです。

迷い出てしまった羊は、やがて死ぬ以外にない運命です。崖から落ちるか、飢え死にするか、病気になるか、狼に襲われるか。いずれにしても、早晩死ぬ以外にありません。私たちも、神から離れて生きているならば死ぬ以外にない。「いや、みんな生きているじゃないか」と言うかもしれません。確かに、肉体的ないのちは生きているでしょうし、精神的にも健全かもしれません。しかし、神との交わり、神からいただいた人間らしいいのちがないわけですから、私たちはみんな「霊的に死んでいる」と聖書は言うのです（ローマ5・12、エペソ2・1参照）。

そういう状態の人間を、聖書では「罪人」と言います。「罪人」という言葉が、きょうの聖書の最後のところに出てきましたが、それを私たちは、何か悪い事をした、法律を犯したというような意味でしか使いません。けれども、聖書で「罪人」と言うときの根本的な意味は、「神から離れてしまい、霊的ないのちを生きることができなくなってしまった人」ということです。

香山リカさんという精神医学者がいます。彼女の最新作に『生きづらい私たち』という新書本があります。今、多く若者の間に現れている、ある感覚を分析しており、それを「心に穴が開いている」と表現しています。あるいは「自分というものが、生きているという実感がない」、「なにかフワフワと漂っているような感じがする」。現代には、そういう感覚の人が多くなっていると言うのですが、ある意味では、私たちが神を知らない時には、みんなそうだと言えるのかもしれません。そこに程度の差はあってもです。私たちはどこから来てどこに帰って行くのかが何も分からない。たまたま生まれて――気がついたら生まれていたのでしょう、皆さん――そして生まれたら、だんだん年をとっていってやがて死ぬということ――これは避けることができません――そのような人生の中で、私たちは結局浮き草のように生きている。ほんとうに生きている実感がない。これは私たちの現実ではないかと思います。特に現代、そういうふうに感じる若者が増えているというのです。これが、「心に穴が開いている」と表現されているのですね。

また、いつも「何かが足りない、何かが足りない」と感じながら生きています。世の人々の生き方にならって勉強する、良い学校に入りたいから。いや勉強だけでなくて、何か習い事をしようとか、スポーツをしようとする。そしてみんなと同じように、とにかく学校に行く。次には、就職しなければならない。就職しなければ生きていけない。同じ就職なら、できるだけ給料の良いところ、また将来が安定しているようなところに就職しようとする。そして年頃になったら結婚をする。結婚をすると、子どもが生まれる。そして子育てが終わると年老いている。みんながそう生きているから自分もそう生きている。もちろん、そうしながら自分で努力して良い人生を送ろうとするのですが、いつも心の奥に感じるのは「何かがまだ足りない、まだ足りない」という感覚です。それは、人間が生きているいのちというものが何かということが、本当のところで分からないまま生きているからだといえるでしょう。ですから、物質的に恵まれた生活をしていても、また精神的に充実した生活をしていても、それでも、まだ何かが足りないと感じてしまう。

どちらにしても、生きていながら本当に生きているという実感がない。しかし、生きなければならないから生きている。「たらいからたらいにわたるちんぷんかん」、小林一茶は辞世の句としてこう歌ったといいます。人生とは、生まれたときに使う産湯《うぶゆ》のたらいから始まり、死んで湯灌《ゆかん》のたらいに向かうことであり、そのような誕生と死の間のことは「ちんぷんかん」と言うのです。

本当に自分のいのちというものと向き合おうとすると、表面的に生きている私たちの生き方では足りない。それを突き破って行こうとすると、死の欲望を感じるようになることがあります。「ああ、死んだらそれに触れることができるかもしれない」とか、「結局、死という絶対的なものを経験しないと、いのちというもの、本当に生きるということが分からないのではないか」という感覚でしょう。人には深いところで「死への欲望」があると言われたりするのは、そういうことでしょうか。そういう気持ちを抑えることができなくなると、ふっと実行してしまう。衝動的にです。今は、インターネットで「一緒に死にましょう」というような誘いさえありますので、そういう、ちょっとしたきっかけで、「今生きているこの人生に実感がない、つまらない」と感じている人は自殺してしまうことがあるという世の中なのでしょうか。

聖書はこう言います。「罪から来る報酬は死です」（ローマ6・23）。報酬というのは報い・給料ですから、「罪を持った人間が人生最後に受ける報い・給料は死だ」ということです。その死というのは、先ほど言いました、生物学的な死とか精神的な死以上の霊的な死ですから、それが人生の最後で決定的な境遇、すなわち「永遠の死（神との分離）」を受けるというのです。そこに向かっていることによって、今、神との交わりが断たれている人生は「霊のいのちを失っている」のです。ですから、神から離れた人間は、生きながらにして死んでいる、「霊的に死んでいる」と聖書は表現します。

そのような私たちに、聖書は「霊的に死んでいるところから生かされなければならない。神からいのちをもう一度いただかなければならない」と言います。どうしたら、そのようなことができるでしょうか。自分自身ではできません。「迷い出た羊」の状態を考えてみてください。帰る所が分からないから迷っているのでしょう。――迷子ってそうですよね。帰る所が分かっていたら迷子とは言いません――どっちに帰ったらいいか分からない。自分の力で帰ることができない。私はここでどうしたらいいのだろう。どうすることもできない。それが迷っている状態です。そのような迷っている羊が帰る方法は、一つしかありません。羊飼いが探して、見つけてくれるほかないのです。

＊

今日の聖書箇所の４節をもう一度見ましょう。「あなたがたのうちに羊を百匹持っている人がいて、そのうちの一匹をなくしたら、その人は九十九匹を野原に残して、いなくなった一匹を見つけるまで捜し歩かないでしょうか。」そう書いています。羊飼いは、他の羊みんなを置いて、この一匹の羊を求めて探しに出て行く。「他の羊はどうなる？」そんなことは考えなくていい。それは話の背景づくりであって、私たちそれぞれが一匹の迷い出た羊です。私たちのほうから神の所に帰ることはできないのですから、神のほうから探して私たちを見つけてくださらないと解決しないというたとえなのです。

聖書は、実際に神がそのようにしてくださったことを告げています。それがキリストの福音、良い知らせです。神のひとり子であり、神ご自身であるイエスが、私たち罪人である人間のひとりとして、この地上に生まれてくださいました。そして、私たちと同じ肉のからだをもって生き、私たちに実際に分かる言葉で「あなたがたは、神によって造られた尊いものだ。ほんとうは霊的ないのちを生きるべきものだ。今は、神から離れているから、それが分からないかもしれないけれども、神のところにもう一度帰ってくれれば、本当のいのちに生きることができる」と、語りかけてくださったのです。それは教えられなければ分かりません。

さらに詳しく話しますと、「わたしがあなたがた、肉となった者の罪の報いである死を代表として受けるから、わたしが十字架にかかって死ぬとき、あなたがたも一緒に今までの人生に終わりを告げるのだ。そして、わたしがよみがえったときに、そのよみがえりのいのちを一緒にいただいて、霊のいのちを生きることができるようになるのだ。」そのように教えてくださっただけではなくて、実際に、イエスは私たち、肉である人類の代表として死んでくださり、霊のいのちの初穂として三日目によみがえらされたのです。「わたしが来たのは、羊がいのちを得、またそれを豊かに持つためです。わたしは、良い牧者です。良い牧者は羊のためにいのちを捨てます」（ヨハネ10・10〜11。マルコ9・30〜32、ヨハネ10・7〜18、27〜30などを参照）とあるとおりです。ですから、私たちもこのイエスにつながる時に、今までの肉である自分に死んで、イエスのよみがえりのいのち・霊のいのちにあずかって、新しいいのちを生きることができるようになる。そういう人生が開けてくるのです。

「イエス・キリスト以外に救い主はいない」（使徒4・12参照）という言葉を聞くと、日本の多くの人は、「なんだ、キリスト者は心が狭い。キリスト教でも救われるかもしれないけれども、仏教でも何教でも、結局は救われるのではないか」、よくそのようなことを聞きます。しかし、私たちはこう答えます。なぜ、キリストを通してでなければ「霊のいのち」「永遠のいのち」を得ることができないのか。それは、実際に私たちのところまで来てくださって、私たち罪人の代表として死んでくださり、私たちに先立ってよみがえらされることにより、この霊のいのちを生きることができるようにしてくださったお方というのは、世界中、歴史上、イエス・キリストのほか、どこにもいないからです。ですから、「イエス・キリスト以外に救い主はいない」と言うのです。

では、神はキリスト者のためだけにそうしてくれたのでしょうか。そうではありません。神は世界のすべての人を愛して、憐れんで、ひとりでも多くの人が神に帰るようにと願っておられます。その意味で、イエスの十字架上での死は世界のすべての人のためです。キリストを信じなければ救われないとする神の了見が狭いわけではありません。むしろ、神のお心は広いのです。大きいのです。神でありながら、私たち罪人の姿をとり、十字架に死んでよみがえらされたイエス、言い換えると、迷い出た羊を探してあちこち歩き回り、その羊を見つけるまで探してくださった羊飼いのような神の行動によらなければ、人は誰ももう一度神のもとに帰ることはできないのです。現に神がそのようにしてくださったと書いてあるのが聖書です。

＊

では、見つけられた羊はどうなるでしょうか。5節にこう書いてあります。「見つけたら、大喜びでその羊をかついで、帰って来て、友だちや近所の人たちを呼び集め、『いなくなった羊を見つけましたから、いっしょに喜んでください』と言うでしょう。あなたがたに言いますが、それと同じように、ひとりの罪人が悔い改めるなら、悔い改める必要のない九十九人の正しい人にまさる喜びが天にあるのです。」羊飼いは迷った羊を見つけたなら、羊飼い自身が喜んでその羊を肩に担いで帰るのです。そして帰ったなら、その羊飼いの喜びを表すために友達や近所の人を呼び集めて、「あの一匹の羊が見つかった。いのちが無事だった。帰ってきたぞ。喜んでくれ」と言ってパーティーを開く。――羊の肉で、ジンギスカン・パーティーをしたのではブラックジョークになってしまいますけれどもね。――

私たちは救われる必要があるのですから、私たちが見つけられて救われ、もう一度本当のいのちに生きるようになったら、私たち自身が喜ぶのはあたりまえです。しかし、何よりも、羊飼い、すなわち神がこれほど喜んでくださるということです。なぜでしょう。それは、神が神に似せて、すなわち《神のかたち》として神の霊のいのちを吹き込むことによって、私たちひとりひとりを造ってくださったからです。そして、その私たちが死んで滅んでいくのを、神は誰よりも心を痛め、悲しんでおられるからです（マタイ9・36、マルコ6・34参照）。私たちのほうも、この神に喜ばれて、神から養われて、神から守られて生きることができるようになると、本当の意味で「ああ、生きている」と実感するようになります。「幸せだ！」と心から思えるようになります。

＊

最後にひとりの人を紹介したいと思います。西村隆さんという人が、『神さまがくれた弱さとほほえみ』（いのちのことば社）という本を書いています。この方は、若くまだ元気なときには牧師になろうとして、また福祉の働きもしようと勉強したのですけれども、二〇〇〇年ちょっと過ぎたころ、ＡＬＳという病気にかかっていることが発見され、あと五年のいのちと宣告されました。手から始まって、だんだん体が動かなくなっていきます。最近の様子は聞いていませんけれども、この本を書いたころには、もうほとんど体全部が動かなくなってしまっています。

子どもさんが三人いる家族を抱えつつ、最初は牧師になろうと思い、さらには福祉の勉強をして介護の仕事に献身しようとしていた矢先に、自分が介護される側になってしまった。「生きているとはどういうことだろうか」と非常に悩みました、当然のことながら。いくつかのエッセーが書かれているうちの、「共に」と題された短い部分を読んでみたいと思います。

病を得て、数えきれないものを失い続けています。例えばそれは、ハンバーガーにかじりつくこと、町を歩いたり、おしゃべりしたり。何かをすること、できること。英語で言えば、《DOING》の世界に生きること。そこにこそ、生きる意味や価値があると考えていました。「私でも生きていても良いのかな」不安で仕方がありません。

病を得て、数えきれないものを失い続けても、残るものがあります。何もできないかもしれないけど、私は今、確かにここにいます。英語で言えば《BEING》の世界。ここにも生きる意味や価値があると気がついたとき、「私でも生きて良い」不安は去り、心にゆとりができました。

病を得て、数えきれないものを失い続けても、私を見つめる目があります。私はその目にどんな姿を映せるだろうか。悲しんではいられない。苦しんではいられない。「私は、より幸せに生きるべきだ」幸せを問いはじめました。

無駄なものがそぎ落とされて、はだかになったたましいが感じたものは、人のぬくもり、共にいる幸せ。私の幸せ、ありえない。あるのは私たちの幸せ。私のいのちがパッとはじけてひろがりました。

共にあるいのち。共にいる喜び。そしてイエスと共に。

私たちが生きるとは、どういうことでしょうか？　生きているという実感、それが感じられるいのちとは何なのでしょうか？　聖書は、イエスを信じて、神と共に生きるようになる。神とつながって、神のいのちがいわゆるライフラインを通じて流れて来る。そういういのちを実感できるようになったときに幸せだと感じる。いや、生きていることの幸せだけでなくて、「神に生かされている。感謝だ。」こういう生き方があるということです。

イエス・キリストを信じるとは、そのようなことだということを覚えて、私たちを誰ひとり見捨てることなく、一人ひとりを追いかけて見つけるまで捜し、見つけたら肩に担いでくださるイエスにお任せする。そのようにして回復された霊のいのちを一緒に生きていきたいと思います。

2　人の手から落ちた銀貨——神に委ねられた使命を回復する物語

「また、女の人が銀貨を一枚持っていて、もしその一枚をなくしたら、あかりをつけ、家を掃いて、見つけるまで念入りに捜さないでしょうか。見つけたら、友だちや近所の女たちを呼び集めて、『なくした銀貨を見つけましたから、いっしょに喜んでください』と言うでしょう。あなたがたに言いますが、それと同じように、ひとりの罪人が悔い改めるなら、神の御使いたちに喜びがわき起こるのです。」（ルカ15・8～10）

ずいぶん前のことですが、読んだ本に「人間ひとりの値段は三百円！」と書いてありました。あなたは、これを聞いてどう思いますか？　私も、どうして三百円かと疑問をもって読んでいきましたら、人間の肉体を構成物質の集合体として分析するということでした。人間のからだの七〇パーセントから八〇パーセントは水である。ほとんどタダです。そして、たんぱく質や脂肪やカルシウムや鉄やリンなどがあります。それが何グラムあるかを量り、世の中での鉄一グラムの値段をかけるというように計算していきますと、人間ひとりは、どんなに高く見積もっても、三百円にしかならないそうです。これを聞いて、「ああ、なるほど、やっぱりそうか」と納得する人はいないでしょう。私もそうでした。「そんなこと絶対ない」と思いました。人間ひとりの値段が三百円だなんて！　コーヒー一杯分ですね。しかし、では「人間の価値はどのくらいですか」、また「人間の価値というのはどのように計算して決められるのですか」と聞かれたなら、どうでしょうか。すぐに答えることのできる人はいないでしょう。

＊

私たちが今日、ご一緒に学ぼうとしているのは、私たち一人ひとりの価値は、いったいどこから来るのかということです。現代の社会にはとても大きな問題があると私は考えていますが、確かに日本は豊かになり、繁栄して、飢え死にするほどにお金で苦労することはあまりありません。しかし、そういう中で、本当に人間として生きている価値が、みんな充分に覚えられているかというと、ある意味では逆になっていると思います。

物質文明では、大量生産のモノであふれている世界が、私たち人間の生き方にも影響を与えていると思うのです。モノというモノに私たちは囲まれています。皆さんも、ほとんど毎日買い物をするでしょう。それだけのモノがあるということです。家の中を見ても、モノがあふれかえっています。そういう中で私たちは生きています。そうすると、モノが私たちに影響を与える。その一番大きなことの一つが、価値についての考え方です。今日ピアノを弾いていただきましたし、ここにはマイクロフォンとか、いろんなモノがあります。皆さんも椅子に座っています。そのようなモノの価値は金額で量るでしょう。

モノの価値はどういうふうに決まるか、考えてみてください。最終的にはモノを買って使う人が決めるのですね。もちろん、売る人は、作るのにどれだけコストがかかったかを計算して値段をつけますけれども、「これだけかかったんだ、だからこれだけ払ってくれ」と言っても、使う人がそれだけの価値を認めなかったら誰も買ってくれません。ですから、新開発製品の場合など、「まだ、大量生産ができないから、みんなに売れる段階ではありません。もう少し、みんなに買ってもらえるように、コストを下げることができたら、ぱっと広まるでしょう」と言われます。ということは、いくら良いモノが作られても、人が「これだけのお金を出してもいい」というところまで来なければ、買ってくれないということです。ですから、モノの価値、値段というのは、最終的には私たち買う人が、自分にとってどれだけ役に立つモノかを値踏みして決めているのです。逆に、役に立たないものはタダです。いやタダでもいらないということさえあるのです。そうでしょう。

多くのモノに満ちあふれた社会にいる私たちは、毎日毎日、そのような価値観ですべてを判断して生きているのです。そうすると、いつのまにか私たちの社会は、人間までもそのように判断するようになってしまっているのではないでしょうか。人を見るときも「あの人は社会の役に立つ。またあの人はお金をたくさんもうけることができる。実績をたくさん上げている。だから偉い人だ。価値のある人だ」と見てしまいます。あまりそういうことができない人のことは「あの人はつまらない人だ」と見ることになります。すると、生まれつき障害を抱えている人や、病気の人や、年をとっていろんなことができなくなった人が、社会の隅に押しやられてしまう。日本の社会ほど、それが激しいところはないと言えるかもしれません。それは、人間をモノと同じように見ていることです。

社会はその人が役に立つ間は尊重しますが、役に立たなくなると関心をもたなくなりますし、ある意味では見捨ててしまいます。男性たちは「仕事している間が花だ」とよく言います。定年になって退職すると、「濡れ落ち葉」だの「粗大ゴミ」だのと言われます。本気で思っていないにしろ、そういう言葉が出てくること自体が、人間をモノと見ている証拠でしょう。これが蔓延して、そのような考え方に慣らされてしまっていますので、私たちは自分が何か一生懸命、仕事ができている間は満足していられますが、そのようなことができなくなると、人から見向きもされなくなります。あるいは「だめな奴だ」という声が聞こえてくる。そうすると、「ああ、自分なんて、この世の中にいなくたっていいのだ」という気持ちになってしまうのですね。すなわち、お互いに人間をもモノと同じように、人にとって役に立つかどうかで評価するわけです。そこに大きな問題があります。

＊

では、イエスは人間の価値をどう見ておられるでしょうか。そのことについて語っている代表的な聖書の箇所が、このルカの福音書15章8節からのたとえ話です。イエスはここで、人間をお金に、そして神をお金を持っている女の人にたとえました。このたとえ話は、ある意味でとてもユニークです。前のところでは、イエスさまは人間のことを羊にたとえています。そのほかに、ぶどうの枝や麦、魚にもたとえました。そのように、イエスが人間を何かにたとえる時にはいつも、いのちのあるものを取り上げました。人間は生きている、いのちがあるものだからでしょうか。ところが、一回だけ、いのちのないものにたとえた。それがここです。お金にはいのちがありません。では、人間をお金のような、いのちのないものにたとえたのはなぜでしょうか。それは、イエスがここで特別に、人間の価値について教えようとされたからだと考えられます。

そして先ほどの、お互いの価値を量るときに、私たちがモノと同じように考えてしまうことと比較してみると、お金にはとても大きな違いがあることが分かります。モノは人間にとってどれだけ役に立つかで価値が決まるわけでしょう？　ところがお金は違います。ここに一万円札があります。このお金は、どうして一万円という価値をもつようになったかを考えてみますと、価値の決まり方がモノとは違うことに気づきます。紙幣を作るコストとしては、そんなにかかってはいません。また、私たち消費者が、どれだけ役に立つかで決めるわけでもありません。これは、日本銀行が福沢諭吉の肖像を刷り込み、また透かしを入れてこれを作り、「これが一万円だ」と宣言すれば、すなわち作った人がそれを一万円と決めれば、それが一万円の価値をもつようになるのです。このように、お金の価値の決まり方がモノの価値の決まり方とは違うところが、イエスさまが人間をお金にたとえた理由だと思います。

人間の価値とお金の価値との共通点を、もっと理解していただくために、一つの聖書箇所を読んでいただきましょう。創世記1章26節には「神は仰せられた。『さあ人を造ろう。われわれのかたちとして、われわれに似せて。彼らが、海の魚、空の鳥、家畜、地のすべてのもの、地をはうすべてのものを支配するように』」とあります。神が人間を創造された時に、「神のかたちとして」人間を創造されました。この「かたち」という言葉は、「肖像」とも訳される語です。実際、聖書の中でお金の肖像という意味で使われている言葉と同じものです（マルコ12・16など参照）。お金には、だいたいどこの国でも肖像がありますね。その肖像があることによって、お金の価値が決まり、皆に分かるということです。ちょうどそれと同じように、私たち人間も、神から造られたときに《神のかたち（肖像）》が一人ひとりにプリントされているので、価値がそこで込められている、もう決まっているということです。人にとってどれだけ役に立つかどうかではなくて、造ったお方である神が価値を込めてくださっているのです。

この場合、《神のかたち》とか「神の肖像」というのは、いったい何のことかというと、私たちのからだに絵がプリントされているわけではありません。神の人格（神格というべきでしょうか）、神の聖い性質、神の創造的能力、また知恵などが人間の中に入れられているというのです。ですから、すべての人間は神に似せられて素晴らしいものをいただいている価値あるものなのです。そうすると、人間の価値はどれだけ人の役に立つかという評価によって決まるのではなく、一人ひとりの人は、みんな神から素晴らしい価値をすでに与えられているというのが聖書のメッセージです。

そして、ここで考えるべきは、神様から与えられたその価値は、神が造られたすべての被造物を支配するいう「目的」と結びつけられていることです。26節後半に「彼らが、海の魚、空の鳥、家畜、地のすべてのもの、地をはうすべてのものを支配するように」とあります。すなわち、神の代理、パートナーとして生きるよう、神が任命されたということです。現代の人は誰も、そのような価値と目的が与えられていることを知りません。なぜなら、神が自分を造ってくださったということを知らないからです。そうすると、社会はどれだけ役に立つかどうかで人を評価し、お互いに競争する生き方しかできないでしょう。しかしイエスは、人間はそのような次元で評価されるべきものではなくて、神が《神のかたち》として人を造ったので、あなたは、そのような素晴らしい人として、本来の価値と目的に生きることが大切だというのですね。

＊

人間は、お金のように、神から与えられた素晴らしい価値と目的があるというこれまでの話は、このたとえの入り口です。物語は、銀貨を十枚持っている女の人が、その一枚を失くしたというものです。お金を失くしたとは、どういうことでしょうか。銀貨が女の人の手から離れてしまったら何が変わるのでしょう。せっかく価値と目的をもっていても、銀貨にそれを発揮できなくなります。皆さんが、お金を財布の中に、あるいは手に持っていたなら、店に行って買い物をすることができます。しかし、それが工事現場かどこかに落ちて石ころと混じってしまうならば、お金の価値は変わらないのですが、もう価値を発揮することはできません。それが、銀貨が失われたということの意味です。

それが私たちにとって何を語っているか。女の人が神のことで、銀貨が私たちのことであることを思い出してください。私たちが神の手から落ちてしまっているならば、すなわち、神から離れて生きているならば、本来、どんなに素晴らしい価値と目的をもっていても、その本来の価値が分からず、目的を果たすことができないまま埋もれて一生を終えることになるということになります。今日の聖書の最後の10節に、「ひとりの罪人が悔い改めるなら、神の御使いたちに喜びがわき起こるのです」と、「罪人」という言葉が出てきますが、「罪人」というのは、そういうことです。失われた銀貨のように、神の手から落ちている人のことです。「あなたがた一人ひとりが、みんな神から離れた罪人ですよ」ということは、「神から与えられた価値と目的がありながら、その本来の価値を発揮できず、目的も果たすことができない。そういう人生をあなたは生きているのですよ」と語っているのです。

ところが、人間は「ああ、そうか。自分は価値があったけれども、神から離れたら価値を生きることができないのか。じゃあ、どう頑張って生きたって無駄だな」とあきらめてすますことができるわけではありません。人間はそのように造られていない。人は、自分には価値があると思えなければ、生きていけない存在だからです。最初にお話ししましたように、「お前はだめだ」と言われたり、「自分はこの社会にいたって、誰も尊敬してくれないし、役に立たない」としか思えなかったりしたなら、生きていく力がなくなります。人間は、なんとか自分は価値ある人間だと思えるように、また人から評価されるようにと頑張ります。努力をするわけです。それが、小さい時から一生懸命勉強したり、人よりも運動ができるようになったりする時の一つの動機です。他の人よりも上に立って、価値ある人間だと認められたい。また、自分でもそのように確認したいのです。

私たち日本人はそれを、昔からちょっと意地悪く「箔をつける」と言ってきました。箔とはメッキですよね。学力をつけていい学校に行ったり、社会的な地位を得たり、いろんな実績をあげたりして、「自分は価値がある」と思いたい。それはみんな、人間が自分のからだの上に貼っているメッキだというわけです。中身の価値に気づかないので自信がないし、中身を変えることができないから上にぺたぺたと価値がありそうな物を貼って、人から評価されようとする。「箔をつける」とは、よくも洞察した言葉ですね。残念ながら、多くの人は一生涯、そのような箔をつけるために頑張っています。なぜでしょう。人間の社会はうわべの箔で判断するからです。また、お母さんがたも――お父さんもそうかもしれませんが――、子どもに箔をつけさせるために、一生懸命「頑張れ、頑張れ」、「そんなことをしていたら、社会に出て偉い人になれないよ」と叱咤激励するのです。ほとんどの人が小さい時から、ずっとそのように生きてきましたから、私たちはそれが当たり前だと思い込んでいるのではないでしょうか。

＊

さて、銀貨一枚をなくした時に、女の人はどうすると書いていますか。「女の人が銀貨を十枚持っていて、もしその一枚をなくしたら、あかりをつけ、家を掃いて、見つけるまで念入りに捜さないでしょうか」とあります。銀貨のほうからは、人間のところに戻ってくる手立てがありません。それならば、銀貨がもう一回人間の手に帰るためには、人間のほうが捜すしかないのです。これを、神と私たちとの関係で言えば、私たちが「神のもとに帰りたい。そして、神が私を造ってくださった本当の価値を知りたい」と思っても、私たちは自分の力でそれができない。方法はただ一つ。神のほうから私たちのところに来て、念入りに探して、見つけてくださる以外にないということです。

実にイエス・キリストが、そのように私たちのところに来てくださったと、聖書は教えています。私たち罪人の仲間に生まれて、そして神のことを伝えてくださる。それでも誰からも理解されず、むしろ迫害を受けて、十字架につけられて殺されてしまう。しかし、その生きざまと十字架の死にざまを通して、「わたしは、あなたがたを本当の人間の生き方に導いてあげるから、わたしについてきなさい。そうすると、あなたがたは神から造られた人としての本来の価値ある生き方に戻ることができます」と、本当の人間としての生き方の模範を見せてくださった。その結果がイエスの十字架上での刑死です。このように人には厭《いと》われ、見捨てられたイエスでしたが、父なる神はその歩み、十字架の死に至るまでの従順な歩みを評価して、三日目によみがえらせ、そして天に引き上げ、父なる神の右の座に着かせられました（ピリピ2・6〜9参照）。そのイエスが来なかったら、私たちは失われたままの銀貨と同じです。イエスが来て、手を出して、「わたしに従って神のところに帰ろう」と、私たち一人ひとりを招き、拾ってくださったのです。

そして、イエスが十字架にかかり、復活して、天に帰った後は、教会に、その働きを受け継ぎなさいと任せられました。その教会がこの福音を伝えてくれたからこそ、私たちはみんなイエスを知ることができたのです。イエスを信じることもできました。私たちは、そのようにしてイエスから拾われた者です。そして、神の手の中に帰ったときから、私たちは、神が造ってくださった本来の価値に生きることができるようになったのです。これが、聖書が語っていることです。

ルカの福音書の19章10節には、「人の子は、失われた人を捜して救うために来たのです」とあります。「人の子」とは、イエスご自身のことです。まさに、銀貨を取り戻すために女の人が必死で捜したように、イエスはこの世に、私たち失われた者を捜して救うために来たのだと、言われたのです。

そのイエスに拾われて神の手の中に戻って生きることが、キリスト者として生きるということです。これからは、自分が人によく思われたいとか、お金持ちになりたいとか、そういうことのために生きるのではなくて、神が私を造ってくださったのだから、何よりも神を礼拝し、神を喜んで生きる。「この地上にいる間、神から私に与えられている価値を生きます。私はどのように生きたらいいのでしょうか」と祈り、尋ねながら、神が私に期待している生き方を求めて生きるようになるのです。それは、自分に付加価値を付けるというような問題ではない。また、人と比較する問題ではない。神が私に下さった使命を生きるということです。

＊

数年前のクリスマスのころ、電話がかかってきました。私の三十数年来の友人だった坂内勝《さかないまさる》さんが亡くなりましたという知らせです。三重県熊野市の方です。彼は、私よりも少し年上の人ですが、生まれてすぐに脳性小児麻痺にかかりました。そして、手が不自由で足も立たない、口もきけない状態になってしまったのです。幸い目は見え、耳も聞こえるのですが。お母さんはとても絵の上手な人でしたが、家庭の中で突然、彼がそのようになってしまうと、すべてのやりたいことを止めて、彼の世話で明け暮れるようになりました。食事やオムツの世話など、赤ちゃんなら当たり前のことですけれども、何歳になってもそれをずっと続けなければならなくなったのです。

勝さんの頭脳はダメージを受けていませんでした。それだけに、だんだん物心がついて、いろんなことが分かってくると、自分の後から生まれた弟たちは外で遊んでくるのに、自分は外で友だちと遊ぶことができない。弟が小学校に入る。それでも自分は学校に行くことができないなどと、いたたまれない気持ちになります。彼は、頭が良いだけに、「自分は何のために生まれてきたのか」、そういう疑問を抱きつつ過ごすようになるのです

そういう中で、弟さんを通して聖書が家に持ち込まれます。ほかの人は興味がない中で、彼は聖書に興味をもって読み始めます。学校に行っていなかったけれども、ひらがなは読むことができた彼は、ひらがなのルビがついている聖書なら読むことができたのです。しかし、意味はよく分からなかった。そこで、ラジオで聖書を学ぼうと、毎日聞き始めます。通信講座も始めます。通信講座を受けるといっても、彼は字が書けません。小学校に入学するときに子どもさんに与えるような、ひらがな五十音表の板を作って、勝さんが文字をひとつひとつ指さしてお母さんに話しかけます。お母さんは勝さんと一緒にラジオを聞いていて、そして勝さんが通信講座の問題の答えを指で教えると、お母さんがそれを解答欄に書いて郵送する。そのように通信講座をしながら学んだのです。

彼はだんだん聖書のことを、そして何よりも、神が人間を造り、一人ひとりを本当に価値あるものだ

と言ってくださっていることを、はっきり理解するようになりました。特に、神のひとり子と呼ばれるイエスがこの世に来て、十字架で死ぬまで神に忠実に歩まれたのは、「あなたがた人間は神に背き、神から離れたために神が分からなくなっている。しかし、わたし（イエス）が神に背いたあなたがたを、神が与えてくださったほんとうの価値に生きることができるようにする。あなたは、そのまま、もう一度神のもとに帰っておいで」と私たちを招くためなのだ、イエスはそのために神から遣わされたキリスト（救い主）だ、と理解するようになりました。そして彼は、「神は私を愛していてくださっている。私はイエスを救い主と信じて、神の子どもになって生きたい」と信仰の告白をしたのです。そのようにして彼がキリスト者になったのは、もう四十年ぐらい前のことです。

それから彼の人生が変わりました。彼は毎朝起きると、お母さんに賛美歌のレコードをかけてもらって、そして、自分で聖書を読んでお祈りをする、それが日課になりました。私も時々訪ねていきました。私が話すと、彼は文字盤で返事をしてくれて、お話をすることができました。よく聖書を読んでお祈りをしました。私が神学校に行き、名古屋で牧師をするようになって彼を訪ねたある日、彼からこう言われました。「河野先生。あなたには足があります。あなたは手が利きます。あなたは言葉が話せます。私の分まで神さまの愛を伝えてください。」励ましに行ったつもりの私が逆に励まされることになったのですが、その最後に彼はこう付け加えたのです。「毎日、祈っています。」

彼の一番の仕事は、そのように多くの人のために祈ることでした。それを神から彼に与えられた使命――それはいのちを使ってなすべきこと――と理解していました。彼はもう、自分は価値のない人間だという、そういう思いは全然持っていません。「神が自分を愛して、『あなたは高価で尊い』と言ってくださっている」（イザヤ43・4参照）と確信していました。そして「自分に与えられた人生を生きよう。自分のできることをしよう」と、健康で忙しい人以上に祈るようになりました。さらに彼は、彼の周りにいる障害者一人ひとりに、当時は片仮名タイプライターを、後にはワープロを使って、手紙を出し始めました。「私はこういう境遇で生まれましたが、神の愛を知って変わりました。あなたも知ってください」と。そこから、やはり体の不自由なひとりの女性が神と出会って変えられていきました。

そのような勝さんが亡くなったことを聞き、私はお葬式に行きたかったのですが、教会のクリスマス行事の関係で行くことができませんでした。そこで、電報で「いつも私のことを覚えて、祈ってくれてありがとう」と送りました。

勝さんは、自分に与えられた使命は祈ること、そして障害者に福音を伝えることだと心得ていたのです。世の人は、そんなことを評価しないかもしれない。しかし、神の与えてくださった使命を生きるということは、他の人には分からない喜びと充実感を与え、満足を与えます。神の御手に帰ると、皆そのように生きることができるということです。

3　父を捨てた放蕩息子――神との関係回復の物語

またこう話された。「ある人に息子がふたりあった。弟が父に、『お父さん、私に財産の分け前を下さい』と言った。それで父は、身代をふたりに分けてやった。それから、幾日もたたぬうちに、弟は、何もかもまとめて遠い国に旅立った。そして、そこで放蕩して湯水のように財産を使ってしまった。何もかも使い果たしたあとで、その国に大ききんが起こり、彼は食べるにも困り始めた。それで、その国のある人のもとに身を寄せたところ、その人は彼を畑にやって、豚の世話をさせた。彼は豚の食べるいなご豆で腹を満たしたいほどであったが、だれひとり彼に与えようとはしなかった。しかし、我に返ったとき彼は、こう言った。『父のところには、パンのあり余っている雇い人が大ぜいいるではないか。それなのに、私はここで、飢え死にしそうだ。立って、父のところに行って、こう言おう。「お父さん、私は天に対して罪を犯し、またあなたの前に罪を犯しました。もう私は、あなたの子と呼ばれる資格はありません。雇い人のひとりにしてください。」』こうして彼は立ち上がって、自分の父のもとに行った。ところが、まだ家までは遠かったのに、父親は彼を見つけ、かわいそうに思い、走り寄って彼を抱き、口づけした。息子は言った。『お父さん、私は天に対して罪を犯し、またあなたの前に罪を犯しました。もう私は、あなたの子と呼ばれる資格はありません。』ところが父親は、しもべたちに言った。『急いで一番良い着物を持って来て、この子に着せなさい。それから、手に指輪をはめさせ、足にくつをはかせなさい。そして肥えた子牛を引いて来てほふりなさい。食べて祝おうではないか。この息子は、死んでいたのが生き返り、いなくなっていたのが見つかったのだから。』そして彼らは祝宴を始めた。」（ルカ15・11～24）

お父さんと二人の息子の物語です。弟息子のほうが、お父さんがまだ生きている間に、自分のもらうべき財産の分け前をくださいと言って受け取り、それをお金に換えて出て行きました。しかし、このようなことは、実は、中近東の世界ではありえないことだと言われています。お父さんが亡くなって初めて遺産を相続できるのに、お父さんがまだ生きている時に自分の分け前をくれと言うことは、お父さんを殺したも同然です。もっとも、これは日本においても同じでしょう。

「父は、身代を二人に分けてやった」と書いてある、この「身代」という語は、「いのち」と訳せる「ビオス」というギリシア語ですね。ですから、お父さんの財産の分け前をもらったということは、お父さんのいのちをもらって出て行ったという、それほどの大きな意味を語っていると言えます。

しかし、私たちにとって不可解で、どうしても解せないことは、このお父さんがひとこととの文句も言わないで、弟息子が出て行くに任せたということです。先ほど、このような息子の行動は許せないことだと言いましたが、一方で、お父さんが黙って出て行くに任せたことも、常識ではありえないのではないでしょうか。しかし、このありえないことというのが、たとえ話の鍵です。お父さんと二人の息子の物語としてイエスが語ったこのお話は、たとえ話です。それによって、現実の世界にありそうで、絶対にありえない事柄を語っていると言ってもいいのです。

では、ここの人物は誰をたとえているのかと言いますと、二人の息子というのは、私たちのことです。特に、弟の家出息子があなたであり、私のことです。お父さんというのは神のことです。ですから、人間の世界ではありえないようなことなのですが、神と私たちとの関係として、私たちはこのような者であり、父なる神はこのようなお方だと語っているわけです。

多くの人は聖書を読んでいて気づいていると思いますが、この弟息子がお父さんを殺すようにして、反逆して出て行くというこのお話は、エデンの園でアダムとエバが、神から禁じられていた、あの善悪を知る知識の木の実をもぎ取ってエデンの園から出ていくという物語の写しと言ってもいいものです。ですから、イエスが、そして聖書が言うことは、この弟息子の姿というのは、あなたであり、私だ。そして私たちはみな、このように神を裏切り、神を亡き者にし、いただける物は全部自分のものとして、神のもとから飛び出して生きているというのです。

＊

聖書に目を留めていきますと、13節には「それから、幾日もたたぬうちに、弟は、何もかもまとめて遠い国に旅立った。そして、そこで放蕩して湯水のように財産を使ってしまった」と書かれています。「放蕩して」というところから、この弟息子を「放蕩息子」呼ぶようになったのですが、現代ではあまり使わない言葉です。放蕩息子は、いったいどんな生活をしていたのでしょうか。お酒を飲んで酔っぱらい、女性と遊ぶというような、自堕落で不道徳な生活を想像するかもしれませんが、必ずしも不道徳に遊びほうけていたのではないかもしれません。

ここでは、放蕩の生活について二つの事柄が書かれているのですが、それは、私たち一人ひとりの生活のことと考えられます。一つは、この息子の生活が、お父さんからもらった考えられないほどの財産を自分のもののように使っていくことです。私たちは、生きるのに必要なすべてを神から恵みの賜物としていただいていますが、それを神からいただいた物と考えないで、自分自身の所有物、あたかも権利であるかのように、自分の思いのままに使っているのではないでしょうか。それが、ある意味では放蕩の生活です。

いのちそのものがそうです。神からいのちを与えられて地上に生まれてきたにもかかわらず、まるでそれが自分のもののように思っている。生活についても考えてみてください。私たちは空気を毎日吸っている。そのために一円も払っていない。いったい、それはどこから来ているのか。神が天地万物を造られて、私たちの環境を整えてくださった中で、それを無制限にタダで私たちに提供してくださっているのです。いや空気だけではない。水もそうでしょう。名古屋では、水は木曽川からタダで取ってきます。水道料金は水代ではありません。水道局の人たちの手間賃を払っているだけで、水はずっとタダで飲んできたのです。米もそうです。米代はお百姓さんや流通に携わる人やスーパーの人たちの手間賃を払っているだけであって、米は神の造られた自然の中からタダで収穫しているものです。野菜もそう。ましてや川や海から漁ってくる魚もそう。肉もそうです。食べているもの全部が、神の造られた世界からタダでいただいているものです。

食べるものだけではありません。私たちの着ている服もそうです。それが綿であろうと羊毛であろうとそうですし、また化繊のように石油から作ったものなら、地の中から勝手に人間が掘り出してきて作ったものです。家や車を作っている木材や鉄、ガラス、ゴムも全部そうです。このように、生活のために使っているすべての物は、神が造られた自然の中から私たちがタダでいただいており、それによって私たちは生きているのです。一〇〇パーセントそうです。それが私たちの現実です。

ところが、それを全部、自分の所有物、自分の権利であるかのようにして、あるいは、全部自分の力でそれを獲得しているかのように思い違いをして生きている。また、それでずっと生きていけると思っている。これがお父さんの財産を自分のものとした上に、お父さんのもとから出ていった放蕩息子の生き方です。ですから、必ずしも不道徳な生活をしていなくても、みんなが放蕩して生きているのではないかと、イエスは問いかけているのです。

放蕩息子の、もう一つの特徴は何かと言うと、生きる目的を自分で決めることです。最近よく使われる言葉では、「自己実現」ということです。「自己実現」という言葉を広辞苑で引いてみると、こう書かれていました。「自分の中に潜む可能性を自分で見つけ、充分に発揮していくこと。」これが現代人のみんなが考えている生き方です。自分の中に良い能力がある。それを自分で見つけ、自分で発掘して、発揮していくようにする。そのようにして自分の人生を実現していかなければならない。こう言われて私たちは、それが当たり前のように生きているのではないでしょうか。

しかし、このような言い方がされるようになったのは本当に最近のことで、特に近代になってからだといえます。デカルトという人をご存じでしょう。彼が、人間のことを洞察して「我思う。ゆえに我あり」と言ったのです。それはどういうことかと言うと、「すべてのことはその存在も不確かだけれども、考え、意識を働かせている自分がここにいることだけは、現実であり確かなことだ。そこから出発する」ということらしいのですけれども、そのデカルトから近代から始まったとも言われます。そのような時代の中に生きている私たちは、「自分がいる」という現実より確かなことはないと考えるようになったのです。「自分だけだ。頼りになるのも、また、確かなのも。そして自分を良く生かすのも、自分しかない。自分の力で頑張らなければならない。」私たちは、これが脅迫神経症になるほどに、世の中全体の雰囲気として周りから圧迫してくる時代に生きていると言ってよいでしょう。

イエスは二千年前の方ですけれども、当然、このような現代人が非常に強く持っている特徴を、実は人類みんなが持っていると見通した上で、この話をなさったのだと思います。昔も今もみんな、神からの賜物を賜物と意識しないで、自分のものと思いこみ、そして、自分の人生は自分で築くのだ、いや、そうしなければいけない。こう思って生きたのでしょう。放蕩の生活というのは、贅沢な消費的生活をすることだと一般には考えられていますが、それは表面的な見方です。私たちの国にも、勝ち組と言われているような人たち、贅沢な生活をしている人はたくさんいますが、その人たちは遊び暮らしているかというと、必ずしもそうではありません。むしろ必死に仕事をしている人が多いのです。みんなが寝たり休んだりしている間も、コンピュータで株価の動きをチェックしながら、一瞬の間に何千万円、時には何億円と稼ぎます。片時も休まないで、そういうことをやりながら生きているのです。彼らはただ遊んで、のほほんと暮らしているわけではないのです。彼らの中にある大きな心根は、「自分の人生の実現は自分の力で達成しなければならない」という考え方です。

＊

プロゴルファーである中嶋常幸さんの奥さまが書かれた『ロープ』（中島律子著、マナブックス）という本を読みました。この本には、中嶋常幸さんのゴルファーとしての生涯はお父さんとの壮絶な戦いであったということが、生々しく書かれています。小学生のときから好きでゴルフを始めたのですけれども、お父さんはとても厳しい方で、鬼監督と呼ばれるような方だったようです。ゴルフ以外のことはまったくさせられないで、負けたら叱咤激励し、勝っても「もっと上を求めよ」と、厳しく、厳しくされる中で、中嶋常幸さんは育つのですね。おかげで彼は、若くしてデビューし、日本のプロゴルフ界でのいろいろな賞を次々に獲っていきます。

しかし、スランプがやってきます。勝てなくなると、必死に練習する以外にないと、今までよりももっと練習をする。そして一年、二年とたって、スランプから回復していく。しかし、回復すると、またスランプが来るのではないかと不安になる。でも、「それは練習で乗り越えるほかない、人よりももっと練習する以外にない」と思って、頑張る。お父さんも叱咤激励する。

そのように彼が非常に孤独になっていく中で、最初のスランプのときに出会った律子さんと結婚します。結婚してもほとんど夫婦の生活はできないくらいに、お父さんからゴルフばかりさせられる。キリスト者だった律子さんは、そのような常幸さんをいたたまれず教会に連れて行き、常幸さんも洗礼を受けます。

しかし、奥さまは後に回想して「彼はイエスさまを信じて洗礼を受けたけれども、それはゴルフのこととは別だと考えていた。ゴルフは、神さまにもどうにもならない。自分の力でやる以外にない。これはもう、彼の信念であった」と書いています。奥さまはよく「祈ってるわよ」と声をかけていた。あるとき成績が良かった時に「祈ってたわよ」と言うと、常幸さんは機嫌を悪くして、「お前の祈りで俺は勝ったのか。俺は必死に練習して勝ったんだ。もう祈るな」と言ったといいます。奥さんも愕然とします。彼は、「ゴルフの世界に神さまがいらっしゃる。神さまと共に」なんていうことは想像もできなかった。「自分の人生をすべてゴルフにつぎ込んできた。これは自分の力でやる以外にない」、そう思っていたわけです。そのようにして、スランプになっても必死に頑張って這い上がってきたのです。

スランプがまた来る。そしてまた、ある程度勝てるようになるんですが、お父さんと一緒に住んでいることにどうにもいたたまれなくなります。ある時、彼と奥さんは二人で夜逃げするように家出をします。そのようにして、お父さんから独立した生活をするようになり、間もなく子どもが生まれます。

しばらくは、ある程度の成績を挙げるのですが、またスランプになります。今度は、とても長いスランプでした。私はゴルフをしないので分かりませんが、彼は手が震えて止まらなくなったのです。特に、最後の三十センチとか一メートルのところをパットで入れる時に手が震えて止まらない。さらには、遠い距離の時にも震えが止まらなくなったりして、百何十位とか予選落ちとか、本当にプロとはいえないような成績がずっと続きます。しかし、どうすることもできない。何度やっても勝てないし、コマーシャルのスポンサー契約も全部打ち切られて、収入の道もどんどん閉ざされていく。そういう中で、どん底まで落ちるのですが、それでも彼は「自分で何とかするしかない」と頑張り続けるのです。そのように長い長いスランプが続いても、彼はどうしても「自分でやらなければいけない」というところから抜け出ることができません。

これほどに、誰よりも真面目に真剣に一つのことに打ちこんでいる、そういう生き方も放蕩息子の生き方なのです。神さまから生かされ、神さまからすべてのものを与えられ、神さまから包まれているということをいっさい感じることなく、「いや、自分の人生は自分でやり遂げなければいけないんだ。瘦せても枯れても、どんなになっても……」、こういう生き方です。

聖書に帰って、放蕩息子を見てください。彼は放蕩三昧をして財産を無駄遣いしてしまったと書いてあるのですが、何もかも使い果たしてしまった時に、ひどい飢饉が起こります。ある人の所に身を寄せたところ、豚を飼う仕事に就かされた。ユダヤ人にとって豚は食べてはいけない動物ですから、ユダヤ人が豚を飼うはずはありません。それは異邦人のところです。その豚を飼う仕事をさせられて、豚の食べているいなご豆でお腹を満たしたいとまで思う。しかし、それでも、彼は自分で人生をなんとか切り開いていかなければならないと頑張る。そこで彼はふと思った。「このままでは這い上がれない。どうしようか。そうだ、お父さんのところに帰ろう。お父さんのところに帰って雇い人の一人にしてもらえばいい。雇い人はたくさんいるし、パンも有り余るほどあるのだから。」

私たちは、彼が「お父さんのところに帰ろう」と決めた時に、心を入れ替えたと思いがちですが、よくよく見てみるとそうではありません。彼はある意味では打算的に考えただけです。こんな、異邦人のところで豚を飼うよりも、お父さんのところに帰って雇い人の一人にしてもらえば、自分でちゃんと給料を稼げる、自分の力で生きられると考えているのです。姑息にもとでも言いますか、殊勝な考えではないのです。お父さんのところに帰って雇い人の一人にしてもらって、自分の生活を確立していこうと思っているのです。

なぜそれほどまでに、放蕩息子は自分の力でなんとかしようとするのか。また、先ほど紹介したゴルファーの中嶋常幸さんも、苦しんでどん底まで落ちても、どうして自分の力で生きていくことを止めないのか。それは、私たちはみんな、「自分の人生は自分の力で生きなきゃいけない」と思っているからではないでしょうか。「これを捨てたら、自分がなくなる。もう死ぬ以外にない」ということでしょう。このように、自分の人生は自分で成し遂げるのだという「自己実現」は、すべてのことは自分でやらなければならないという、一種の脅迫観念です。みんな多かれ少なかれ、そのように考えて生きているのではないでしょうか。

＊

ともかく放蕩息子は、お父さんのもとに帰って行きました。「雇い人の一人にしてもらおう」と。そこで働けばみんな何がしかの給料をもらっているし、パンも有り余るほどあるからです。ところが、ここでまた、ありえないお話が書かれています。20節の途中からですが、こうあります。

「ところが、まだ家までは遠かったのに、父親は彼を見つけ、かわいそうに思い、走り寄って彼を抱き、口づけした。息子は言った。『お父さん。私は天に対して罪を犯し、またあなたの前に罪を犯しました。もう私は、あなたの子と呼ばれる資格はありません。』ところが父親は、しもべたちに言った。『急いで一番良い着物を持って来て、この子に着せなさい。それから、手に指輪をはめさせ、足にくつをはかせなさい。そして肥えた子牛を引いて来てほふりなさい。食べて祝おうではないか。この息子は、死んでいたのが生き返り、いなくなっていたのが見つかったのだから。』そして彼らは祝宴を始めた。」

毎日毎日、息子の帰るのを待って、「今日帰ってこないか」と気にしながら見ていたお父さんだからこそ、家のほうに向かってくる息子を、自分のほうから見つけます。そして、「かわいそうに思い、走り寄って彼を抱き、口づけした」のです。お父さんはこの時、もう立場も面子もすべて失っています。自分を捨てて出て行った息子が帰ってきた時に、自分のほうから飛び出し、走って行くとは何たる父親でしょうか。中近東の格言にあるそうです。「賢い者は、走らない。」お父さんは泰然自若としているべきなのです。ところが、このお父さんは、そんな世間の考え方とは裏腹に、見つけたとたんに走って行きます。その理由を、「父親は……かわいそうに思い」と書いています。この言葉は、福音書の中に出てくる、独特かつ大きな言葉です。私たち人間をを救うために来られたイエスの私たちに対する思いを表現するときにだけ、「かわいそうに思い」と、このことばが使われている。それ以外に使われていないのです。その原意は何かと言うと、「はらわたが捻《ねじ》れるほどに共感する」ということです。そして、「彼を抱き、口づけした」のです。

ですから、何が描かれているかと言うと、ここでのお父さんは天の父なる神の姿でありつつ、イエスの姿です。「かわいそうに思い」という言葉が端的にそれを表しています。天におられる神は、私たちの生活を見て、わたしたちをかわいそうに思った。そして、私たちのところに走り寄って来られた。それがイエスだ、誰も頼みもしないのにクリスマスに来られたイエスだというのです。

ヘブル人への手紙12章2節には、こう書かれています。

イエスは、ご自分の前に置かれた喜びのゆえに、はずかしめをものともせずに十字架を忍び、神の御座の右に着座されました。

イエスが、この地上に来られて、そして、黙って十字架にまでつかれたのはなぜでしょうか。どうして、あんな恥を、辱めを、苦しみを受けられたのでしょうか。それは、この放蕩息子のたとえ話の、お父さんの行動と同じです。私たちを愛するがあまり、私たちのいる所まで走り寄って来て、首をかき抱き、口づけをして、その愛のゆえに息子を取り返す。私たちを取り返すという喜びのゆえに、恥をもいとわないで、十字架の死を耐え忍んだのだと書いているのです。

このお父さんから首を抱かれ、口づけされて初めて、息子の「自分の力で頑張らなくてはならない」という頑固なまでの心が溶けます。お父さんのところに帰ろうと思ったときに溶けたのではありません。その時はまだ打算的で、お父さんのところに帰って給料をもらい、自分の力で生きていこうと思っていたのです。しかし、お父さんから抱きとめられて、赦しと息子としての受け入れを感じた時、彼はお父さんにこう言います。「お父さん。私は天に対して罪を犯し、またあなたの前に罪を犯しました。もう私は、あなたの子と呼ばれる資格はありません。」これは、さっき帰ろうと思った時に言っていたではないかと思うかもしれません。しかし、その二つの文章を比べてみてください。帰ろうと思った時には、「雇い人の一人にしてください」という言葉が続いています。雇い人の一人になって、まだ自力で生きる道を思い描いていたのです。ところが、お父さんに抱きかかえられた時には、彼はもうその言葉を言いません。自分の力で頑張ろうと、どこまでも思っていた彼が、お父さんから抱きしめられた時に、「ああ、もうその必要はないんだ」ということを悟ったからです。ですから、お父さんはしもべに言います。「急いで一番良い着物を持って来て、この子に着せなさい。」 これを日本で言えば「紋付羽織はかまを持って来なさい」ということでしょうか。履物を履かせ、指輪をはめてやり、父親は彼を自分の子どもとして迎えたのです。

＊

先ほどの中嶋常幸さん。三度目のスランプが、長く長く、もうどうしようもない日々が続きます。どうしても駄目で予選落ちしたある日、彼はとうとう家に帰ってこなかった。奥さまに電話がかかってきて、「もう疲れた。頑張ったから、もうこれでいいだろう」と言い残したまま、携帯電話もつながらなくなります。奥さまは直感的に、「死ぬかもしれない」と思ったそうです。しかし、どうすることもできません。連絡が取れません。奥さまや子どもたちはみんなで祈った。それ以外できなかった。しばらくのあと、ついに彼は帰って来て、一緒に教会に行くようになりました。洗礼を受けていたけれども、教会にはずっと行かなかった。プロゴルファーの生活は日曜も大変だったからでしょうが、それだけではなく、そんな気持ちもあまり持っていなかったからだそうです。

しかし、奥さまや家族や、教会の人たちの交わりの中での温かさをだんだん感じるようになり、また、弟さんが病気になって入院する中での祈りなどを通して、神がここにいると感じるようになったというのです。彼は、「ああ、勝たなくてもいいんだ。負けても、神さまは自分を捨てない」、そう思えたそうです。教会の礼拝の中で、いっしょに賛美をしていた時に、神さまがそう語りかけてくださる体験をしたと書いてあります。それからは、「勝たなきゃいけない。勝たなきゃいけない」と強く思っていたその思いから、だんだん解き放たれていきます。そして、いざ、これを入れて勝負という時に、「これが入らなくても、優勝しなくても、神さまは見捨てない」、そう思って打ったところ、打てた。そして勝った。それが七年ぶりの復活優勝でした。

この本には、彼の奥さまがその一部始終を書いていて、最後に彼へのインタビュー記事が載っています。少しだけ紹介したいと思います。中嶋さんが生まれ変わったことで、何が変わったのか。もちろん、ゴルフで再び一番レベルの高いところで戦えるまでに体が戻ってきたこともひとつです。しかし明らかに、勝ち続けていた一九八〇年代の中嶋さんとは違います。「賞金を立て続けに獲っていた時、周りは喜んでくれるのだけれど、ひとり、妻の律子だけは不安そうな表情をしていた。俺が努力したから勝てたのだと、過信していたときだったからね。試合では勝てても、神さまからは遠く離れていたことを感じていたのだと思う。」その律子さんは、「今は主人のゴルフを安心して見ることができる」と語ります。では、それは中嶋さんが神に近くなったということなのでしょうか。「それは違うでしょう」と中嶋さんは否定します。そして確信をもってこう言いました。「人間はどんなに訓練、努力、修行しても、神さまの所には行けない。また、自分たちがそこに行っても、神さまはそこにいない。何故か。答えは簡単。神さまはもうぼくたちの所に来ていてくれるんだ。」彼がそのようになったときのことを、奥さまは最後にこう書いています。「放蕩息子が、中嶋常幸が、帰還したのだ。」

＊

放蕩息子は、どこまでもどこまでも、自分の力で生きることをやめられませんでした。しかし、お父さんから抱きしめられた時、その温もりを感じた時、「ああ、これが生きる土台なのだ。この中で生きるのだ」と分かって、お父さんの子どもに帰りました。そのように私たちも、無条件に愛して包んでくださり、わたしの腕の中にとどまりなさいと言ってくださっている神の恵みの中で、神の子として生きることができるのです。

基礎章　聖書が語る救いの豊かさをどうまとめるか

1　「キリストによる救い」には多くの側面がある

　聖書では、「キリストによる救い」を語るのに多くの言葉が使われています。代表的なものだけでも、義とされること、罪の赦し、和解、新生、聖化、贖いなどを思いつくでしょう。また、多様な物語や比喩やたとえ話も用いられています。それらの言葉や説明によって「キリストによる救い」の深さとともに、そのさまざまな側面を教えてくれていると感じます。しかし同時に、それらをどのようにまとめて整理したらよいのかと戸惑うことも多いのではないでしょうか。

　教会における神学の歴史は、その試みの実例です。それぞれの時代の教会と神学者は真剣にそれと取り組んできました。それらを読むと、「この説明が分かりやすい」とか、「これは、その時代の世界観に影響されている」「この説明はどうも偏っている」とか感じることがあります。あるいは、有名な神学者の説明を学び、そのまま受け取ることもあります。

　私の場合、神学生になってまずは、聖書についての代表的な考え方、まとめ方を学び、理解しようと努めました。それを評価する力はまだなく、「なるほど、なるほど」と感心することが多かったような記憶があります。しかし、神学校生活の終わりごろからは、それらを比較対照しながら、それぞれが時代思潮の影響を受けていることを理解したり、その神学の核となっているものが何かをおぼろげながら感じ取ったりするようになりました。そして、「神学する」とは、ただ有名な神学者の考えを記憶して身につけることではなく、聖書を自分の頭と心とからだで聞いて考え、表現し、生きるようになることだと理解するようになりました。

聖書の学びにおいて、聖書をどのように体系的に理解するかは重要です。それはある意味で、すべてのキリスト者が求め、試行していることでもあります。聖書の、神を中心とした普遍的かつ一貫した世界観、思想は深く、強靭である一方、歴史的に特殊な状況の中での具体的事実と信仰的解釈（通時的・個別的・ミクロ的な歴史）として書かれています。それをどんなに普遍化して解釈しようとしても、実際はまず、その時代、そこに生きている人々に対するメッセージを語っているのです。ですから、それをかなり後代に、しかも異なる状況下で生きている私たちが理解するだけでも大変です。まして体系化しようとするのは、なおいっそう大変なことです。しかし、そこにどれだけ困難が伴おうとも、そこから聖書が語る信仰の根本（共時的・横断的・マクロ的な原理）を理解して体系化しようとする試みは、大切であるばかりでなく、私たちが一貫したキリスト信仰に生きる上で必須の営みであると言わなければなりません。それはさらに、まだ聖書やキリストを知らない現代人に、私たちがどのように聖書の語っている福音を効果的に伝えるかにも関わってきます。人それぞれが持っている文化や感性やニーズに応じて福音を語るには、その福音の核心を摑《つか》むと同時に、その豊かさを適切かつ自在に表現できなければならないのです。とはいえ、「神学する」ことは自分の小さな偏った経験、思考のパターンや枠組み、無意識の信念のようなものに左右されますので、いつでも、よりよい理解に至る途上としての歩みをやめてはなりません。

2 「救いの秩序（オルド・サルティス）」はどこが問題か

私たちプロテスタントのキリスト者の「救い」理解にいまだ大きな影響を与えている考え方の一つに、プロテスタント正統主義神学によって言われるようになった「ラオルド・サルティス Ordo Salutis（救いの秩序）」があります。もともと「オルド・サルティス」とは、一七三七年にルター派神学者ヤコブ・カルポブが使った神学的な言葉です。彼によると、啓蒙・悔い改め・救う信仰・再生・回心・義認・神秘的結合・聖化・堅信と保持など、種々の恩恵の増進が考えられています。以降、ルター派（ホラッツ＝ピリピ）、改革派（ベルコフ）、ウエスレアン・アルミニアン、バプテストなどによって、「それぞれの救済観に基づいたオルド・サルティス」が作られていきました。

その問題点は、これらの救いにまつわる諸々の言葉を、強引に一直線上に並べようとしたことです。そのような「順序的」な考え方は、聖書の中にある序列への叙述（使徒26・17以下、ローマ8・29〜30など）に端を発しているようですが、そもそも、それが救いの順序として述べられたものなのかどうかという疑問があります。また、この考え方は、聖書の語る救いを教派にこだわらずに追求する機運を醸成するよりも、教派神学に基づく救済観同士の対立を際立たせ、論争激化に拍車をかける結果をもたらしたようにも思えます。カール・バルトも「オルド・サルティス」については『和解論Ⅲ／3』（新教出版社）で疑問を呈しています（二四一頁以下）。では、どのように秩序化すればよいのでしょうか。これは大きな課題ですが、以下でそのひとつの試みを提示してみましょう。

そもそも「救い」という言葉は、明確に限定された意味を持っていない言葉です。新約聖書で百六回も出てくる「救う㋖ソーゾー」という言葉の意味は、死の危機、死、病気、悪霊つき、罪、神から離れていること、永遠の滅びなどから救出されること、と多岐にわたっています（『ギリシア語新約聖書釈義事典Ⅲ』「ソーゾー」の項、および Perry B. Yoder, *Shalom : the Bible's Word for Salvation, Justice & Peace*, Evangel Publishing House, 1987, pp. 46-50を参照）。そして、これは日本語でもそうですが、他の宗教でも、さらには特別に宗教的でない日常生活でも使われる言葉です。ですから、人々は自分の理解（感覚）で「救われた」という言葉を使うことができますし、実際にそうです。

もちろん聖書では、イエスの誕生をヨセフに告げた主の使いの言葉に「ダビデの子ヨセフ。……マリヤは男の子を産みます。その名をイエスとつけなさい。この方こそ、ご自分の民をその罪から救ってくださる方です」（マタイ1・20～21）とあり、ルカの福音書での羊飼いに語った御使いの言葉では、「きょうダビデの町で、あなたがたのために、救い主がお生まれになりました。この方こそ主キリストです」（2・11）とあります。また、イエスが「金持ちが神の国に入るよりは、らくだが針の穴を通るほうがもっとやさしい」と言われると、人々は「それでは、だれが救われることができるでしょう」と言いましたし（ルカ18・25～26）、イエスご自身ザアカイに向かって「きょう、救いがこの家に来ました。この人もアブラハムの子なのですから。人の子は、失われた人を捜して救うために来たのです」

（同19・9～10）と言われました。使徒の働きでは「主も毎日救われる人々を仲間に加えてくださった」（2・47。他に4・12、11・14、15・1、11、16・30、31）とあるように、特にルカは、何から救われたかを明記せずに、キリスト者となる意味で使っています。パウロの言葉にも「『キリスト・イエスは、罪人を救うためにこの世に来られた』ということばは、まことであり、そのまま受け入れるに価するものです」（Ⅰテモテ1・15）とあります。このように、「イエス・キリストによる罪からの救い」として使われることが多い言葉ですが、その場合でも意味の概念は広くて、特別かつ具体的な内容を示すものではありません。

それに対して、聖書で表現されている救いに関する諸々の言葉、すなわち、義とされること、罪の赦し、神の子とされること、和解、新生、聖め、贖い、召命などには、それぞれ異なった固有の概念があります。それらには、それらが持っている概念やモチーフによって、聖書のキリストによる救いの内容と意味を明確にする力があり、だからこそ聖書は、これらの多くの言葉を使って、「キリストによる救い」を語っているのだと言えます。だとすると「オルド・サルティス」の問題は、救いについてまとめる神学的営みにおいて、その概念やモチーフの違いを十分に考慮しないまま、諸々の言葉を論理的、時間的順序を示すものとして一直線上に並べようとしたことに、根本的な原因があったと言うべきです。もともとの聖書著者たちは、さらには人間の言葉で語りかけられた主イエスご自身は、それぞれの言葉が持っている固有の概念とモチーフをよく認識しておられたに違いありません。以下に、その根拠を紹介していきましょう。

3　「三つの概念」で聖書の救いを語る

❖ルカ15章に見る「三つの概念」

「序章」で紹介した三つの説教のテキストであるルカの福音書の15章において、それぞれ救いの別な三側面が浮き彫りにされていることを、短くまとめてみましょう。

第一のたとえ（失われた羊のたとえ）では、百匹の羊のうちの一匹が群れから迷い出ます。羊は山羊とは違って弱く、外敵と戦う武器も持たず、羊飼いのもとでの保護と養いなしに野生の動物として生きていくことはできません。ですから迷い出た羊は、すぐにいのちの危機に陥ってしまいます。九十九匹を残して一匹を捜しに行った羊飼いによって捜され、見つけられ、かついで帰られた羊は、いのちを取り戻します。ここでは、キリストによる救いが、死と滅びの運命にあった罪人がいのちに生かされること（「いのちの回復」）として描かれているのが分かります。

第二のたとえ（失われた銀貨のたとえ）では、十枚の銀貨のうちの一枚が落ちて失われます。銀貨は人の手の中にあってこそ、本来のお金（通貨）としての働きができるのです。いったん人の手から落ちてしまうと、銀貨の価値は失われていませんが、その価値を発揮すること、それが造られた目的を果たすことができなくなってしまいます。そんな銀貨が女の人によって捜され、見いだされ、女の手に取り戻されるとき、本来の価値を再び発揮し、目的を果たすことができるようになります。それは、キリストによって救われることとは、人間として神の栄光を現して生きるように創造されていながら、生きる目的を失って虚しく生きている罪人が、その本来の充実した生き方に回復されること（「目的の回復」）であると告げています。

最後のたとえ（放蕩息子のたとえ）では、弟息子が父親の財産を分けてもらうと父と家を捨てて出ていきますが、放蕩のすえに全てを失い、落ちぶれてしまいます。そこで、その息子は我に帰り、父親のもとを出たことが困窮の始まりであったと気づき、「息子と呼ばれる資格はもうないが、雇い人の一人にでもしてもらおう」と一種の打算によって家に向かいます――ここで悔い改めているわけではありません――。しかし、息子の帰りを待ち続けていた父親は彼を見つけるや走り寄り、抱き寄せ、その背きを赦して彼を息子として迎えます。そこにおいて息子は父親の腕の中にとどまり、回心に導かれます。もはや彼の口から「……雇い人の一人にしてください」との言葉が出ることはありません（ケネス・E・ベイリー『ヤコブと放蕩息子』、教文館参照）。それは、神に反逆し、神から離れて生きている罪人が、その罪を赦されて神の子として迎えられる救い（「関係の回復」）をよく表しています。

前節で述べたように、「救い」という言葉は聖書で多く使われていますが、この語そのものは多義的で特定の概念的意味はなく、文脈から考える以外にない言葉です。ですから、「キリストによって罪から救われる」という言葉を聞いただけでは、それが「どのようなことが起こる」ことを言っているのか、私たちにはイメージできません。だからこそイエスは（そして、それを記録したルカは）、「キリストによる救い」には「いのちの回復」「目的の回復」「関係の回復」の意味があるとして、それらをこの三つのたとえによって絵画のように描いてみせたと言えるのではないでしょうか。

❖三つの要素で語られる十字架のメッセージ

パウロも、コリント人への手紙第一1章30節において「キリストは、私たちにとって、神の知恵となり、また、義と聖めと、贖いとになられました」と言いました。この「義、聖め、贖い」は恣意的に書かれたものではないと思われます。なぜならそれは、上述したルカの福音書15章の三つの側面に結びついているからです。キリストが与える「義」とは、何よりも人を神との義《ただ》しい関係に回復することであり、「聖め」とは、通俗的な理解とは違って、神の性質といのちを注ぐことと関係しており、「贖い」とは、奴隷状態にあった者を解放するという基本的な意味のゆえに、本来の目的に沿って生きる自由へと解放することだからです。この三つの概念による救いの描写は、ほかにもコロサイ人への手紙2章12～15節やテトスへの手紙3章3～7節、さらにはヨハネの黙示録21章6～7節や22章1～5節でも出てきますので、後の本論で詳述します。

旧約聖書では、詩篇103篇3～4節に「主は、あなたのすべての咎を赦し、あなたのすべての病をいやし、あなたのいのちを穴から贖い」とあります。ここでは主が下さる良いもの（救い）を三つの並行文で語っていますが、それがやはりこの三つの側面から述べられたものであることは驚くばかりです。

❖十字架のメッセージを効果的に伝えるために

聖書の記述を三つの概念を考慮して読むという、このような見方は、あまりにも穿《うが》ちすぎたこじつけでしょうか。アリスター・マクグラスが『キリストの十字架と復活の意味』（いのちのことば社、一九九五年）の中で、次のように語っているのは示唆に富んでいます。

十字架とは、たとえば解放であり、いやしであり、赦しです。この三つのイメージは互いに補い合っています。それぞれが合わさって、一つにまとまったものとなるのです。イエス・キリストの十字架と復活とによって変えられるとは、解放され、いやされ、赦されることです。いな、それ以上です。（一二二頁）

なぜ、このように救い（キリストの十字架と復活の意味）を分析的にまとめなければならないかについては、こう言っています。

十字架のメッセージは一つですが、それは複雑に重なり合ったものです。それぞれの要素を一つ一つ調べることによって、全体のメッセージがよく分かるのです。しかし、これらの要素は発明されたものではありません。見出されたものです。神学的に過敏な想像力の所産ではないのです。すでに『十字架のメッセージ』の中に存在するものであり、私たちの分析を待っているのです。神学者がしたことは、それらを分けることであり、それによって一つ一つを研究することができます。（一二四頁）

さらに、マクグラスは続けます。

どうして、このような分析にこだわるのでしょうか。その目的は何でしょうか。答えは、重要であるとともに単純です。そのメッセージを聴衆に伝えるためです。十字架のメッセージができるかぎり効果的に伝えられるようにする必要があります。……十字架のメッセージの要素はすべて、人間の状況に対して意味のあるものですが、個々人の必要は違っています。たとえば、ある人は心から死を恐れているでしょう。ですから、福音をこの状況に合わせてしつらえる必要があります。それは福音の価値を減じることでしょうか。いいえ。それは、この人の場合には、ここからならうまくいくということを見つけることです。残りは、福音によるいやしの意味が信仰という新しいいのちのなかで明らかになるにつれて、自然と後についてきます。……ですから、「十字架のメッセージ」をその要素に分けることで、私たちの手の内にある豊かな富の本質を理解することができます。（一二五～一二六頁）

我が意を得たり！　です。

4　複雑な現象を理解し、説明するには

このような豊かな「救い」の分析と三つの概念（側面・視点）による説明の有効性を納得していただくために、私たちの一般生活での経験から考えてみましょう。

まず、立体的な（三次元の）構造物を表す設計図において、平面図、立面図、側面図の三つの図を必要とすることと似ていると言えるでしょう。二次元の紙の上に三次元の立体をそのまま描くことはできません。そこで、三つの方向から見た三枚の図を描いて、それらを合わせ見ることによって構造物全体をイメージできるようになるのです。現代ではコンピュータによるＣＡＤが当たり前になり、いろいろな角度から自由に見ることができますし、３Ｄプリンタなるものの出現によって、好みの大きさで立体的模型を手にすることもできますが、製作従事者にとっては、三つの方向からの図面を見ることは今で

も便利です。

また、前述のマクグラスの本の中でも触れている、光について考えてみましょう（一二四頁参照）。光（可視光線）はスペクトルと呼ばれる波長成分から成り、青紫は四〇〇～五〇〇ナノメートル、緑は五〇〇～五五〇ナノメートル、赤は六〇〇～八〇〇ナノメートルのスペクトルを多く含んでいます。これら赤、緑、青紫を光の三原色といい、白色光（太陽光）はこれらの三原色すべてが等分に集まった集合体であり、自然界ではそれぞれの成分がいろいろな割合で混ざり合ってさまざまな色を表現していきます。このことを理解するとき、白色光やすべての色の光が実は単純なひとつの光ではなく、三原色という基本三要素が交じり合ったものであると分かります。実際、テレビ・モニターなどの液晶画面やLED電球の原理を知ると、すべての色がこの三原色から構成されていることを納得するでしょう。

さらに、人体という複雑で有機的な統一体について学ぶときには、それらを一度に説明しようとすると困難を極めます。そこで私たちは、いくつかの系・機能に整理、分類して、それぞれの系の視点から体の構成を学ぶことによって理解しようとします。たとえば、エネルギー代謝系、構造と運動系、そして神経系などに分析、限定して学ぶと便利です。もちろん、人体はそれらの総和以上のもので、複雑でありつつ有機的な結びつきとバランスのもとに生命活動を営んでいます。ですから、体のある部分に異常をきたした患者を診察し、病状を理解するには、それらの知識を総動員しなければなりません。それでも、基本的な身体機能を学ぶには、さまざまな系に分けて学ぶ方法が効果的です。

5　神経心理学者による洞察

神経心理学分野の研究者である山鳥重は、『「わかる」とはどういうことか』（ちくま新書、二〇〇二年）という著書の中で、こう述べています。

出来事の記憶にたいして、意味の記憶と呼ばれている記憶があります。出来事は移り変わる生活の流れですが、意味の記憶はその中の変わらない部分です。生活に必要なさまざまな概念や約束事の記憶です。意味の記憶には三つくらいの種類が考えられます。もっとあると思いますが、とりあえずは三つくらいに整理してみましょう。（七一～七二頁）

そして、人間が物事の意味を理解、記憶、表現しようとする概念には、おもに「ことがらの意味」「関係の意味」そして「変化の概念」があると述べています。

この場合の「ことがらの意味」とは、出来事に言葉があてがわれて記憶として繰り返されるうち、重なり合った部分が共通の心理イメージとして抜き出されていくものです。たとえば「権利」という言葉の意味は、一回教えてもらっただけでは、あるいは一回教科書を読んだだけでは、よく分かりません。何かの時に友人の「俺にだって権利はあるからな」という言葉や、「みなさん、一票の権利を行使しましょう」と宣伝カーが叫んでいる声、また「権利だけを声高に主張するこのごろの風潮」などという記事の一節を読むという経験を繰り返していくうちに、これらのそれぞれ異なった状況・文脈で使われている「権利」という言葉が自分の頭の中で重ね合わされます。そしてどの文脈にも共通する「社会が自分に許しているある種類の行動で、その考え方に沿って行動した時に、たとえ誰かと衝突することになっても、誰からも非難・攻撃されることのない行動」とでもまとめられそうな「権利」の概念が作り上げられていきます。

「関係の意味」としては、人間にさまざまな関係があることがよい例です。親子という関係、子から見て父親・母親、祖父・祖母、さらに曾祖父・曾祖母という関係。親から見て、息子・娘、少し離れて孫、もっと離れて曾孫、という関係。少し斜めの関係になると、子から見て叔父・叔母、あるいは伯父・伯母という関係、あるいは従兄弟・従姉妹の関係、親から見て甥・姪の関係など、いろいろです。人にはそれぞれ固有の名前もありますが、自分との関係でそのような呼び方をよく使います。そのときに使う言葉が持っている関係をイメージできなければ、それは理解できません。身体の各部分についての名前も、関係を理解することができないと、意味が摑《つか》めないもののひとつです。たとえば「手」がそうです。身体全体とそこから伸びている四本の長い可動部分のうち、上のほうの可動部分で、手首から先の部分を普通には「手」と呼んでいますが、関係が理解できないと「手」の意味を正確には把握できません。空間的な関係をイメージしないと、意味が作れないのです。理解できる人は逆に、「手」という言葉を、「鍋の手」とか、「その手のところを持って」とか、「それに手をつけたら使いやすい」などと、人間とはまったく関係のない物体にも抵抗なく応用することができます。このような芸当は、モノとモノとの相互関係が心象化され、それが概念化されているからこそ可能なのです。

もうひとつは「変化の概念」です。赤ちゃん相手の遊びにイナイイナイバーというのがあります。たいていの赤ちゃんは大好きです。隠れたり、見えたり、という変化に赤ちゃんは異常に興奮します。そして遊びの中からイナイという概念を獲得します。この概念が成立するには、イルという反対概念が必要です。イルがあって、イナイがあるわけです。イナイけれども、それは動きの一部であり、見えないけれどもイルはずなのです。その証拠にまたバーと、陰から顔が現れます。連続する動きの中で、実際には存在しているのですが、一時視界からは消えることをイナイと概念化するのです。「隠れる」はモノではありません。そこにはないのですから、指差すことはできません。モノとモノとの空間関係でもありません。モノや関係とはまた別の概念です。同じモノの時間的な変化が心象化されたものです。スワルの動きの反対はタツです。動きや変化の概念は、ひとつの言葉だけでは表せないのが特徴です。その変化の前の過程と後の過程が概念化されて記憶されないと、ひとつの言葉だけでは意味が出現しないのが重要な点です。つまり、動きがイメージできなければ意味も成立しません。これが変化を表現する語彙、あるいは動詞と呼ばれる言葉の特徴です（同書、七八～八八頁参照）。

そして山鳥は、このような三つの仕方と概念で意味を理解し表現していくことが、人間生活において普遍的であることを示唆しています。身近な例としては、自己紹介にあたって、まず名前や年齢、身長などの固有な「ことがら」を言い、次に、誰々の夫・妻とか、誰々の子どもである、友人には誰がいるといった「関係」を述べ、それから生活の中で何をしているか、すなわち職業や地域社会、あるいは教会での役割などの「活動」を述べることが分かりやすいでしょう。私たちは意識することなく、これらの三つの意味・概念を駆使してものごとを理解し、記憶し、表現しているのです。

6 聖書論として妥当か

神のことばである聖書をこのような方法で分析することは、はたして妥当なのでしょうか。私は妥当であるばかりか、有効かつ必要であると考えます。「神のことば（啓示）」は三重の同心円で表せる三形式を持っています。その第一形式（中核）である、啓示された（生起した）神のことばのクライマックスは、受肉した「神のことばご自身、キリスト」であり、そこには、人に対する啓示が可能となるための必須条件とも言える二つの性質がありました。すなわち、キリストは神であると同時に人である（キリストの二性）ということです。そうであるなら、キリストにその権威と信頼性の根拠をもち、キリストを証言する機能を与えられている「書かれた（記録された）神のことばである聖書」と、そこから「宣教される（神学される）神のことば」にも、類比的にその二性が存在すると推測されます。

実際、神のことば（啓示）の第二形式である聖書の神性は、神の霊感（英inspiration）によって説明されてきました。もう一方の聖書の人性とは、具体的な人たちによって人間の言語で書かれたものであり、

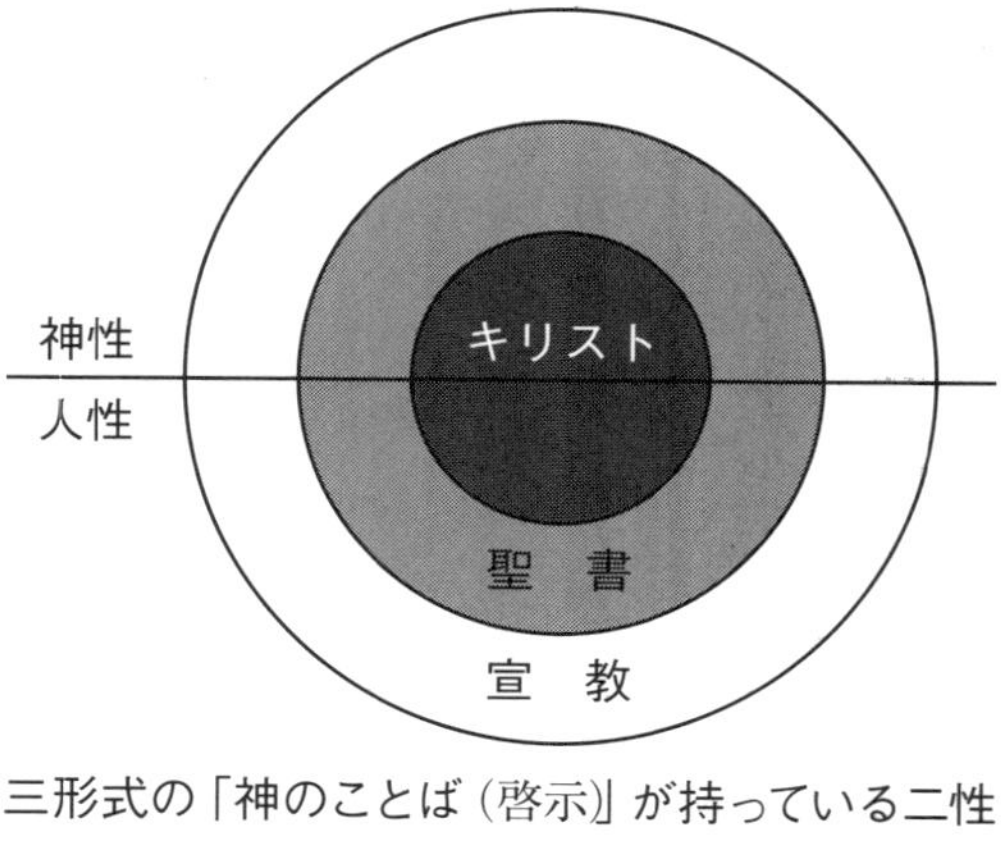

三形式の「神のことば（啓示）」が持っている二性

それは当然、当時の人の言語表現の性質と文化の制約のもとに語られ、書かれているということです。このような、キリストと聖書の間にある「神のことば（啓示）」としての類比の重要性を考えるならば、次のような洞察が与えられます。すなわち、この「類比的関係」を見落とすと、そのどちらかだけを強調することとなり、現に二十世紀には二つの落とし穴が現れてきました。ひとつは、エビオン派的キリスト論に類似したリベラリスト（自由主義者）の聖書観であり、それは聖書を人間による歴史的・宗教的著作と見て、神の啓示としての性質を無視することです。いまひとつは、仮現論的キリスト論に類似したファンダメンタリスト（根本主義者）の聖書観であり、それは聖書が神のことばであることを高唱するあまり、人間による著作性を軽視して聖書の批評的研究を否定することです。私たちは、このどちらにも陥ることなく、神の啓示を正しく、豊かに聞き取って生き、神学する聖書論的な根拠をもたなければなりません。その根拠がキリスト二性にもとづいた聖書の二性、すなわち聖書の二重著者性です。

では、私たちが取り組もうとしていることと、それはどのように関係してくるでしょうか。ひとつは、聖書が時代状況や文学類型においてどんなに多様であり、そのメッセージが時には矛盾するように見えたり、鮮明でなかったりしても、聖書がキリストを指し示すその証言性において信頼できること（無謬性）を意味しています。一方、当時の人たちの生きていた時代や文化の特殊性や限界による制約があることはもちろんですが、それには次のようなことも含まれます。たとえば豊かな神の性質ひとつを述べるにしても、それは人間にとってあまりにも大きく豊かですので、人間の使っているただ一つの言葉や概念によって表現し、理解することは不可能です。《神のかたち（似姿）》としての人間についても、堕落、救い、神の国にしてもそうです。そしてそれは、イエスご自身が神の国について語るときに多くのたとえを使わなければならなかった理由や、聖書が救いを表現するのに、罪の赦し、義とされること、和解、新生、聖化、贖い、召命などと多くの言葉を使わなければならなかった理由を理解することにもつながります。それを私は三つの概念に大別して「関係概念」「実体概念」「目的概念」と名づけてみました。すると聖書解釈やキリスト教教理をめぐる議論において、次節で述べるように、この三つの概念による理解が絶えず登場してきていることに気づかされるのです。

さらに、聖書の解き明かしによってキリストの福音を神のことばとして宣べ伝えようとする第三の形式においては、私たち現代日本という文化の中にいる者にも、聖書に尋ね聞き、解釈・神学してその福音に生き、人々が理解できるように宣べ伝える使命が与えられています。その際の宣教のことばにおいても、やはり二性が必須です。すなわち、聖書と宣教者との間に、そして聞き手の中に、神性としての聖霊の照明（英 illumination）が必要とされるとともに、宣教者である私たちの生きている文化の中での言語、概念、価値観などの具体的人性を用いることが不可欠です。教会によるその宣教の営みの最前線は説教ですので、本書の冒頭における序章で、ルカの福音書15章からの三つの説教の試みを掲載したわけです。

神学における「二項対立」について

神の啓示である聖書をまとめようとするとき、どうしても人間の論理では説明しきれないところが出てくるのは当然です。まず何よりも、神の性質とその働きについてがそうです。たとえば古代教会が、神が一人（一性）でありつつ三つの位格（三性）であることを「三位一体」と言い表したこと、また、キリストはまったき神でありつつ、同時にまったき人間であると告白したことなどが典型的です。さらには、神が超越的であるとともに内在的でもあること、教会内の議論となっていることですが、神の予定と人間の自由意思の関係を、歴史と摂理における「神と人との協同（コンカレンス）」や「神人協働説（オープン神論）」で説明しようとすること、さらには、神の選びと人間側の信仰的応答との関係、神の正義による最後的なさばきと愛による人々の救いなど、いわゆる二項対立があります。

これらを考えるときに、ひとつには人間の論理の限界を示す「二律背反（antinomy）」として受け取ることが大切です。広辞苑では、二律背反とは〝相互に矛盾する二つの命題が、同じ権利をもって主張されること〟と定義しています。その好例として、光には波動（エネルギー）としての性質があると同時に、粒子（物質・質量）としての性質があることが、よく言われます。それぞれ単独で考えると問題なく理解できますし、現象を明快に説明することもできます。ところが、それを同時かつ総合的に説明しようとすると、人間の概念と思考と論理の限界ゆえに説明不能となるのです。アインシュタインは、$E=mc^2$という数式をもって、質量とエネルギーが交換可能であることを示しましたが、私たち平均的な人間の頭脳と言葉の論理ではうまく理解できません。それでも、そのような私たちもその法則の支配している世界で、現に光の恩恵にあずかって問題なく生きていくことはできています。

同様に、被造物として有限な人間がする神学においては、アナロギア・フィディ（信仰の類比）によって創造主の神を認識し、その神との関係における人間の実存について表現しようとするとき、この二律背反をそのまま受容する以外にないことが多々生じてきます。いいえ、そのほうが人間的な論理に歪曲、矮小化するより正しいことなのです。この二律背反が持つ緊張のダイナミックスに耐えきれずに人間的論理に還元してしまうと、二項の一方だけを採用する異端となってしまいます。それは、信仰のない者や信仰初心者にとっては一見分かりやすく思えるので、多くの人を引きつけるのは周知のとおりです。

もうひとつ、一見、二項対立と見える事柄をさらによく理解するのに有効な仕方は、私が提案している「三つの概念」という観点から見てみることです。もちろん、すべての事柄にこれが有効というわけではありませんが、これは、神に直接関係しない事柄、キリスト信仰や救いのあり方の理解においてかなり有効です。代表的なものには、人が義とされるのは信仰によるか行いによるか、ということがあります。そのほか、救いにおいて義とされることと聖化の関係、御霊の賜物と御霊の実の関係などがそれです。これらは、従来、二極構造の物差しで直線的に議論されて、絶対を主張する二項の対立というようになりやすかったことを三極構造という平面の中に位置づけるのです。そうすると、異なった観点から見ることによって必ずしも全面的対立としてではなくて、そこに、そのひとつのことを別の角度から見ることによる豊かささえ感じ取れるようになるでしょう。以降の本論において、それを展開してみたいと思います。

7　神学における諸説の対立、そして統合の試み

❖「キリストのからだなる教会」の三つの解釈

一九七〇年代のことですが、神学校での卒論に「《キリストのからだ》としての教会観」を取り上げました。そして、そこには代表的な三つの理解があることに気づきました。

第一は、カトリック教会的な「受肉の延長」としての「キリストのからだ」観です（J・A・T・ロビンソン『〈からだ〉の神学』、日本基督教団出版局、一九六四年参照）。これは、受肉し、十字架に死なれたキリストを教会という共同体が肉のからだをもって継承していく、それがキリストのからだの実体であるというものです。

第二は、プロテスタント主流教会的な理解ともいえる「キリストとの結合」としての「キリストのからだ」観で、それは、松永晋一の次の言葉に見られるような理解です。

信者は、主イエスの告白と洗礼においてキリストに在る一つのからだの肢体とされる。そのことによって、『あなたはキリストのからだであり、また各自は肢体である』というリアリティーに与

るのである。(『からだの救い』、新教出版社、二〇〇一年、一六〇頁)

第三は、プロテスタント自由教会的な理解ともいえる、「キリストの手足」としての教会である「キリストのからだ」観です。それは、コリント人への手紙第一12章の「からだが一つでも、それに多くの部分があり、からだの部分はたとい多くあっても、その全部が一つのからだであるように、キリストもそれと同様です」(12節以下)との比喩的表現を中心に考えて、教会は、キリストが父から遣わされて遂行した人類救済の使命を受け継いで、キリストなき後にキリストの手足となって働く共同体と考えるのです(W・バークレーなど)。

それぞれは、「教会はキリストのからだである」の「である」を神秘的実体、霊的関係、機能的隠喩として解釈しています。それを私は、それぞれがおもに用いている概念(イメージ)を際立たせて、実体概念的理解、関係概念的理解、機能概念的理解と名づけました。するとそれは、「これは、あなたがたのためのわたしのからだである」の「である」理解をめぐっての聖餐論争にそのまま通じていることが分かります。すなわち、パンとぶどう酒がキリストのからだに実体的に変化すると考える実体変化説、パンとぶどう酒によってキリストと私たちとの霊的結合が強化されるとする聖霊現臨説、私たちにキリストの十字架の死を想い起こさせるパンとぶどう酒の機能を考える象徴説です。

❖《神のかたち》の三つの解釈

さらに他の分野に目を移していくと、このような三つの概念およびイメージは、さまざまな場面で共通的に見られることに気づきました。たとえば、創世記1~2章での《神のかたち(似姿)》解釈においてです。その諸説は、J・モルトマンによって以下のようにまとめられています。

人間の神の似姿性はどこにあるのだろうか。神学的伝統が与えた答えは、次のように要約されよう。⑴実体の類比によれば、魂、つまり人間の理性と意志の本性が神の似姿性の場所である。魂は不死であり、神の本性に似ているからである。⑵形態の類比によれば、人間の直立歩行と視線を上へ向けていることである。⑶比例の類比によれば、神の普遍的世界支配に対応しているかぎり、神の似姿性は、地に対する人間の支配の中にある。⑷最後に関係の類比によれば、神の似姿性は、神の三位一体内の交わりに対応している男と女の交わりの中にある。（『創造における神』、新教出版社、一九九一年、三二三〜三二四頁）

このうち、⑵をその中心的意味と考える人は少ないので、代表的解釈としては⑴、⑶、⑷の三説と考えてよいでしょう。

ミラード・エリクソンも、その主著『クリスチャン神学』（いのちのことば社）の中で、《神のかたち》についての諸見解として、⑴実体的見解、⑵関係的見解、⑶機能的見解、と整理しています。このように邦訳されている二人の神学的著書において、神学史上での《神のかたち》解釈は「実体的類比」「関係的類比」「機能的類比」による三つの解釈に分かれてきたことが述べられているのです。

《神のかたち》についての最近の包括的な研究としては、J. Richard Middleton, *The Liberating Image: THE IMAGO DEI IN GENESIS 1*, 2005, Brazos Press. がありますが、そこでもやはり、神学史上の諸説を、⑴イマゴ・デイの実体的（substantialistic）解釈、⑵イマゴ・デイの関係的（relational）解釈、⑶

イマゴ・デイの機能的（functional）解釈、と三つに分類しています（一五〜三〇頁を参照）。

このように、《神のかたち》が三つの解釈をもたらしたことは、多くの神学者によって認められているのですが、エリクソンは「実体的見解」、ミドルトンは他の解釈の可能性を認めつつも旧約聖書神学的には「機能的解釈」が優位であると見ています。しかしモルトマンが、人間の神の像としての地上的現れはこれらの三つともにあるとしているように（三二四〜三二五頁）、私も《神のかたち》の意味としては、これらのうちのどれかひとつだけを排他的に選択しなくてもよいのではないかと考えます。いやむしろ、聖書（特に創世2章）は、三つの概念のすべてを語っていると理解するべきではないのかとの考えから検討を始めました。「本論I章」でそれを考察、詳述します。

❖救済論・宣教論の三次元的理解

救済論に目を移すと、『ウエストミンスター信仰告白』はキリストの救いの説明において、11章「義認について」、12章「子とすることについて」、13章「聖化について」の三章に分割しています。それを見るとき、もちろん、概念やイメージ、あるいは側面による分類との言明はないのですが、その解説書（岡田稔『改革派神学概説』、聖契授産所出版局や、トム・ウィルキンソン『現代に生きる信徒のためのウエストミンスター信仰告白』、一麦出版社）を読んでも、ひとつの救いを三章にわたって別々な側面から述べているのは、それらを一度には説明できず、それらをひとつの救いとして説明しようとするとさまざまな神学的歪みが生じるからであると、その理由を説明しています。すなわち、それらは関係概念、目的概念、実体概念で表現されている救いをひとつの平面上で理解しようとするならば、その豊かさを消してしまう危険があることを暗示していると思われます。

宣教において「力あるキリスト教へのパラダイム転換」を主張するチャールズ・クラフトも、キリスト教証言には三つの次元があるとし、それを真理、関係、力と表現しています。そして、これら三つの次元のバランスがとれていなければならないと言います（福田充男編『宣教学リーディングス――日本文化とキリスト教』、ＲＡＣネットワークほか）。ここで言われている真理、関係、力は、私たちの考えてきた実体概念、関係概念、そして目的（機能）概念をもって聖書に証言されている福音、すなわちキリストによる救いを表現した代表的な言葉であると思われます。

結論として、聖書に書かれていることがら、特に《神のかたち（似姿）》として創造された人間や、それを毀損した罪人の悲惨、そしてそこからの救いについて説明しようとするとき、基本的にはこの三つの概念で語ることが非常に有効であろうと考えます。まず、「関係概念」では、神と人間との関係（交わり）の側面から語りますが、それは聖書の語っている「契約」がその中心的思想としてあるからです。次には「実体概念」ですが、それは、私たち自身の実体が神の栄光を反映したものであり、それが堕落、救いによってどのように変わるかという側面からの説明です。ここで聖書は「生命」的表現を多用します。最後に、聖書が人について語るとき、神に委託された「使命」を果たすことの重要性を描いていますが、これは、人間がこの世にあっての生きる目的、職能、力についてのものですから、「目的概念」という呼び方を中心にしたいと思います。

8　救いの構造としての《神のかたち》のスキーマ

❖「スキーマ」とは何か

これまで述べてきたところを「《神のかたち》のスキーマ」として描くと、一八二頁の図のようになります。ここで、「スキーマ」という用語を採用した理由について、少し述べておきましょう。スキーマ（英 schema）とは、もともと図や図式あるいは計画のことを指す用語で、今ではさまざまな分野で広く用いられる言葉のようです。ギリシア語の「スケーマ」が語源であり、それは「スキーム（英 scheme）」とほぼ同じ意味ですが、一般にスキームが具体的にほとんど完成された計画や図を意味する「静的概念」であるのに比べて、スキーマは柔軟で、ゴールに向かうためにひとつのプロセスを選び取る（筋書きを書く）ようなことを意味する「動的概念」であるようです。

認知心理学分野におけるその用語の使われ方について、高野陽太郎はこう言います。

人工知能の研究者たちはコンピュータが人間とおなじように現実を理解できるようにするためには、情報をどのように組織化すればよいかという問題に取り組み、スキーマ（schema）という考え方を発展させてきた。「スキーマ」というのは、もともとは哲学で使われていた用語だが、心理学でも「理解の枠組み」というような意味でよく使われるようになっていた。「図式」と訳されることもあるが、「スキーマ」というカタカナ書きの方が定着しているようである。ドイツ語あるいはフランス語読みで「シェマ」と記されることもある。……スキーマは、カテゴリーだけでなく、よくある出来事を表すこともできる。そうしたスキーマはスクリプト（script）と呼ばれている（Schank & Abelson, 1977）。「スクリプト」というのは台本のことである。つぎにどういう場面が出てきて、そこでどう振る舞えばよいかを定めているスキーマなので「台本」と呼ばれるのである。たとえば、「レストラン」のスクリプトは、「レストランに入る」から始まって、「空いている席をさがす」「どこに座るかを決める」「メニューを見る」……とつづき、最後に、「レジに行く」「勘定する」「レストランを出る」で終わるまで、とるべき行動が時間的な順序に従って構造化されている。（以上、『認知心理学』、放送大学教育振興会、二〇一三年の「7章　記憶3　知識の構造」一三四～一四八頁より）

また、アメリカンフットボール経験者の話ではその用語を、クォーターバックが相手（ディフェンス）の布陣と味方メンバーの個性や能力や調子、そして試合の状況などを判断して、いくつかあるスキーマ（攻撃パターン）から瞬時にひとつを選び取って実行するというように使うそうですから、その場合の意味は、前述した「スクリプト＝台本」に近いものなのでしょう。

❖《神のかたち》をモチーフとしたスキーマ

するとここでは、「聖書が語るキリストによる救いについての、《神のかたち》をモチーフとしたスキーマ」とするのが正確かもしれません。それを短く「《神のかたち》のスキーマ」としますが、「スキーマ」という用語の採用は以下の論述の性格にも関わっていることを了解していただきたいと思います。その性格とは、私という個人がこれまで聖書から学び、思索し、それを生活の中で体験してきたさまざまなことをまとめたものであり、このまとめ方が唯一絶対であることを主張するものではありません。それは、キリストの豊かな救いについての現時点での私個人の理解の仕方、かつ同時代の人々がよりよく理解できるような福音の伝え方を、ひとつの「スクリプト＝台本」として選び出していくことができるようにまとめたものです。そして、それは私にとってさえも完成品であると考えてはおらず、日々改善、発展されていくものであるということです。

そのことは、論述の仕方にも影響を与えます。本書は論文ではありませんので、これまでなされてきた神学との議論を目的としてはいません。学術的文献の引用もできるだけ少なくして、「私の理解」を提示することを心がけます。とはいっても、述べることの多くは神学の先輩たちの業績から影響を受け、刺激を与えられてきたことですので、その分野における専門的研究を引用することもあります。神学に素養のある方々は、この論述は誰の神学を採用しているとか、誰の神学を批判しているとか感じられることも多々あると思いますが、それぞれでご判断ください。

私の関心・目的は、聖書に啓示されている「救い」の一貫性をどのように表現し、その豊かさをどのように体系化したらよいか、さらには、それをどうしたら効果的に伝えていけるかということにあります。そして、読者の皆様がこれを刺激剤として、それぞれの信仰生活と宣教において駆使しておられるご自分の「救いのスキーマ」を再考し、改善していただけたらと願うものです。

❖思考の方法

ちなみに、このような聖書の内容を体系的に考える神学を、私たちは「教義学」（㊥dogmatik）あるいは「組織神学」（英systematic theology）と呼んできました。それが非常に大切な神学分野であることに異論の余地はありません。組織神学を過剰な体系化として批判する向きもないではありませんが、まったく体系化しないで聖書の記述そのものを学んでいくだけでは、聖書の歴史的出来事、思想、すなわち神の啓示のメッセージを理解したり、生活に活かしたり、人に全体の主旨を伝えたりすることに非常な困難をきたします。いいえ、すべての人にとって、いろいろな関連を考えつつ聖書を読むなら、何らかの体系化をすることなしに済ますのは不可能であると言ってもよいでしょう。もちろん、ひとつの体系にまとめすぎると聖書の持っている出来事の現実性や生き生きとした物語性からいのちとインパクトと具体性を消してしまいかねません。このバランスはとても難しいものです。では、どうすればよいのでしょうか。私たち人間にとっては、この二つの間にある緊張関係を解消しようとしないで、絶えず互いに批判し合うこと以外に道はないと思われます。そのような営みの中での暫定的な体系化の例を「スキーマ」と考えているとご理解ください。

❖「コンパートメント思考法」と「パースペクティヴ思考法」

そこで、そのまとめ方、体系化の仕方が問題となります。これまでの組織神学は、緒論、神論、人間論、救済論、教会論などと縦割りに枠づけて体系化してきました。それはちょうど、列車の一号車、二号車……あるいは個室のようですので、「コンパートメント思考法」と言われます。これは聖書を、できるだけ論理的順序に沿いながらテーマごとに思想を集約する典型的な整理方法であり、そのテーマについて互いに議論を交わすにはとても便利なものです。しかし、有機的な神の啓示である聖書は縦横無尽であり、このような縦割りの枠組みだけでは捉えきれませんので、このような体系化を、全分野に流れている多様な出来事や表現や思想の川が堰き止められてできた溜め池のように、ひとつの閉鎖的かつ静的な教義領域として議論されているように感じることもしばしばです。

これに対して、さまざまな観点（側面）で横切りすることが大切ではないかと訴えているのが、加藤常昭らによる「パースペクティヴ思考法」です。たとえば、創世記から黙示録までの聖霊の働きに注目して述べていくときには、それを「聖霊論的パースペクティヴ」での思考と呼びますし、神論、創造論、人間論から救済論、教会論、終末論を、「牧会（魂の慰め）」という視点から一貫して見ていくときには「牧会的パースペクティヴ」での研究、「宣教（英Mission）」という視点から見ていくときには「宣教的パースペクティヴ」の研究となるというものです（牧田吉和監修『福音主義神学における牧会』、いのちのことば社所収、加藤常昭論文中の項目「パースペクティヴ思考法」二一五〜二一九頁を参照）。

❖「スキーマ思考法」

そのような論議をも踏まえ、私はあえて聖書の救いについて縦割り（各論）と横切り（概念、パースペクティヴ）の枠組みによるひとつの体系化を試みようと思います。これが従来の組織神学の範疇に入るものであるかどうかは微妙かもしれません。そこであえて、このようなまとめ方を勝手に「スキーマ思考法（英schematic thinking）」と名づけました。この思考法は当然、ひとつのスキーマ（枠組み）によるまとめ方を示すものではありますが、すべての聖書思想をこの枠に押し込めるものではありません。イメージとしては、むしろ人体の骨格のように、表面的には目に見えませんが、内にあって人体全体の構造と体重と動きを支え、結びつけているものと考えるのが近いでしょう。当然、体そのものはその骨格の周りに肉が付き、血が流れ、神経が複雑に張り巡らされ、さらには皮膚が全体を包んで有機的な個体となっているように、まさに聖書の各書、章節より成る啓示は、このスキーマよりもはるかに豊かで多様、かつ有機的であり、また、私たちの分析した諸概念が互いに交じり合ったり、その表現法に例外があって調和的に説明しきれなかったりします（スキーマ思考法には多くの〝隙間〟があります！）。しかしその長所として、読者に聖書全体をひとつの定点から眺望させることにより、聖書のメッセージを、シンプルでありつつ強いインパクトをもって伝えることを可能とするものです。

9　神学の方法論――プラグマティック・セオロジー

諸分野を渡り歩くように思考するこの仕方は、従来の神学分野分けとは異なり、信仰に生き、教会で奉仕しているキリスト者の思考と実践の現実により合致したものではないかと考えます。

❖哲学としてのプラグマティズムに学ぶ

伊藤邦武の『プラグマティズム入門』（ちくま新書、二〇一六年）という本は、私たちが日常会話の中でやや思想の浅さを指摘するような気持ちを込めて使っている「英プラグマティズム（日本語では明治四五年に初めて「実用主義」と訳された）」という言葉の、アメリカにおける哲学としての生い立ちと歴史を要約的にまとめるとともに思想的意義を明確にして、神学する方法に示唆を与えてくれました。また、それと同時に、私はこのプラグマティズムの思考法を同時代的に実践していたことを発見しました。

私の生きてきた時代思潮が、知らず知らずのうちに影響していたのかもしれません。

「プラグマティズム」は、ギリシア語で実践、行為、活動を意味する「プラグマ」から作られた言葉ですが、チャールズ・パース（一八三九～一九一四）が一八七〇年ごろにそれを新しい思想の名前として考案しました。その哲学は、百五十年後の現在に至るまでの発展において多様かつ複雑な過程を経ていて、「これがプラグマティズムだ」という定説があるわけではないようです。しかし基底においては、それまでの「真理」と「方法」、「事実」と「価値」を分離して思考していた哲学に対して根源的な問い直しをし、それらは不分離であることを示そうとしたと言えるのではないかと思います。その思想を日本で紹介した最初の言葉として残っているのは、西田幾多郎の講義のようです。〝アメリカにいた友人の鈴木大拙からの情報を通してジェイムズの思想に接していた西田幾多郎は、大正年間の京都大学での『哲学概論』で、この思想を「実用主義」と訳したうえで、「真理とは人生にとって有用usefulなものの謂である。その外に別に永遠不変なそれ自体に於ける真理という如きものがあるのではない」と紹介していた〟（一九頁）とあります。とはいえ、〝それは「真理」を「有用性」と同一視しているかのように聞こえますが、その「有用性」もそれらが「実在」と「一致」しているからこそなのであり、「有用性だけではそのような一致は成立しない。それら（真なる観念）が、我々のその後の経験が不愉快な驚きにならないように行動するよう、導くことによって有用となる」ことに注目しているものと考えられるのである〟（ヒラリー・パトナム『プラグマティズム』、晃洋書房、二〇一三年の高頭直樹による訳者あとがき、一三三頁）という文を付け加えることで、より良いプラグマティズムの紹介になると思われます。

❖「実用神学（プラグマティック・セオロジー）」

そのような思考法は、それまでの真理と方法、理論と実践、客観と主観を分離するデカルト的二元論思考よりも、聖書の真理を把握して伝えるのにより適しているのではないかと思います（S・R・ペイス『はじめてのニーバー兄弟』、教文館、一八頁以降で紹介されているように、ラインホルド・ニーバーの神学もプラグマティズム哲学の影響を受けて形成されたようですし、ハンス＝ゲオルグ・ガダマーの『真理と方法』、法政大学出版会、にある解釈方法とのつながりも感じさせられます）。

あえて、私がこの本で述べようとしている神学方法を名づけるならば「[英]pragmatic theology プラグマティック・セオロジー（実用神学）」と言えるかもしれません。それは、従来の領域で分けられた「聖書神学[英]biblical theology」「組織神学[英]systematic theology」や「実践神学[英]practical theology」などの神学分野には収まりきらず、それらを含みつつ、それらの分野をまたいで（現代的な言葉でいうと「クロスオーバー」して）聖書の真理・有用性をもっと統合的に理解、表現しようとする態度、方法でしょうか。ともかく、私自身の意図としては、そのようなものだとご理解ください。本書のタイトルを『わかるとかわる！《神のかたち》の福音』にしようと考えてきた私の狙いも、これで奇しくも明確化されたように感じています。

*

さあ、それでは聖書全体に現されている「《神のかたち（似姿）》の福音」を、このスキーマに沿って見るならばどのようになるのか、述べていきましょう。

本論Ⅰ章 《神のかたち（似姿）》としての人の創造

A 《神のかたち（似姿）》として創造された人

聖書的（神学的）人間論として人間を表現することばの中では、《神のかたち（似姿）》が最高、最適でしょう。なぜなら聖書の冒頭、創世記1章の天地創造の最後で神が人を創造されたときのことが、こう書かれているからです。

神は仰せられた。「さあ人を造ろう。われわれのかたちとして、われわれに似せて。彼らが、海の魚、空の鳥、家畜、地のすべてのもの、地をはうすべてのものを支配するように。」神は人をご自身のかたちとして創造された。神のかたちとして彼を創造し、男と女とに彼らを創造された。（26～27節。9・6も参照）

また、聖書には人間について語るさまざまな表現や見方がありますが、この《神のかたち》ほどに単純でありながら包括的であり、創造から終末まで一貫して述べられているものはありません。しかもそのすばらしさ、栄誉、尊厳、人格的価値を語っているものは、ほかにないと言えるでしょう。

しかし、人間論としてはそうであっても、キリストによる救いや聖書における福音を語ろうとするときには「神の国」のほうが適切ではないか、と考える方がいるかもしれません。確かに、そのほうが人間だけでなく世界、宇宙にまで及ぶ救いの大きさ、歴史を通して救いをもたらす神の働きのダイナミズムをよりよく表します。イエスご自身も伝道生活での開口一番、「時が満ち、神の国は近くなった。悔い改めて、福音を信じなさい」（マルコ1・15）と言われましたし、神の国到来こそが彼のメッセージの中心であったといっても過言ではありません。しかし、《神のかたち》と「神の国」は別のものではなく、ある意味で《神のかたち》は「神の国」の人間に焦点を当てた表現であると言えるのではないでしょうか。

そこで本書では、ひとりの人間の救いを中心にして、伝道に用いやすいよう、《神のかたち》に集中して語っていきたいと思います。そしてまた、《神のかたち》自体も、社会（共同体）的、世界的（宇宙的）な広がりを持っていますが、その中心軸である神の前での個人としての生き方に論点を絞って述べていきます。ですから、創造論を初め、教会論、宣教論、社会倫理、そして終末論などには最小限しか触れないことをご承知くださり、それらに関しては、読者である皆さんがそれぞれ展開・応用を試みていただければと思います。

＊

キリスト者が人間について語る場合、通常にはまず「罪人」であるという現実から語り始めることが多いでしょう。もちろん、それも大事な側面ですが（次の項目で述べます）、聖書が人間について語った順序に従えば、何よりも人は本来《神のかたち》として造られているということが最初に、しかも声高に語られています。ですから、「罪人」ということを聖書的に理解しようと思うならば、まずこの《神のかたち》として造られている人間の尊厳をよく知ることです。そして、そこから落ち、そのように生きることができなくなっている人間との落差が見えるようにならなければ、「罪人」であることの深刻さを本当に知ることはできないのです。ですから、まず《神のかたち》として造られた人について考えてみましょう。

1　旧約における《神のかたち》の由来

❖「かたち」という言葉の意味

さて、創世記1章26節「われわれのかたちとして、われわれに似せて」における「かたち」と「似せて」は、ヘブル語では「ツェレム」と「ドォムート」という言葉ですが、浅井導が書いているように「ドォムート」は「ダマー」（似る）という動詞から派生したもので、「似せて作られたもの」としての「像」の意味になります。「ツェレム」の方は、おそらくアラブ語の「ツェラマ（切る）」という動詞と同じ語根から派生した言葉と思われます。木や石を切って造られた「像」のことです。

（『神のかたちに』、キリスト新聞社、一九九三年、四二頁）

「かたち」の日本語訳において「像」という字をあてたものがあるのは、これらの言葉が、メソポタミアの王が自分の存在と支配を示すために町や神殿に建てた「像」を指して使われていたのと同じ種類のものだったからです。また、それは神々の「像」、すなわち偶像としても聖書に出てきます（Iサムエル6・5、Ⅱ列王11・18、アモス5・26など参照）。目で見ることができない神に不安を覚える人々が、古今東西ほとんどすべての世界で何らかの像を刻み、それに神の臨在の保証を求めてきた結果です。

では、創世記1章の中で、創造の冠として創造された人間が、なぜ《神のかたち＝像・似姿》と呼ばれているのでしょうか。浅井は続けて次のように述べています。

「われわれに似るように、われわれのかたちに、人を造ろう」という創世記のことばを、抽象的な意味ではなく、文字どおり、「われわれの姿に、われわれの像として、人を造ろう」と訳すことも、可能であることが分かってきます。つまり、神は人間を神の「像」として造られた、ということです。それは、ちょうど、王が自分の像を自分の占領地に置いて、自分の存在をそこにいる人々に示すものであったように、神さまは、ご自分の存在をこの地に示すものとして、人間を造られたということです。人間は、神さまの存在を現す「像」です。つまり、神を代表する者、見えない神を見える「かたち」として、この地にその栄光と恵みと力を現す者であるということになります。……聖書はその創世記の初めから、人間そのものが神の存在を現す者、つまり、神が宿る神殿であることをはっきりと示しているのです。（『神のかたちに』四一〜四三頁。人間に与えられた聖霊による「天と地が出会う神殿性」については、N・T・ライト『クリスチャンであるとは』、あめんどうも参照）

❖人間の尊厳と栄誉を表現する《神のかたち》

また、人間に関わる旧約思想には、そのことを暗示する表現がしばしば出てきます。知恵文学にその多くを見ることができますが、代表的なものとして、詩篇8篇4〜5節の「人とは、何者なのでしょう。

あなたがこれを心に留められるとは。人の子とは、何者なのでしょう。あなたがこれを顧みられるとは。あなた（神）は、人を、神よりいくらか劣るものとし、これに栄光と誉れの冠をかぶらせました」と告白した詩は、そのように人を造ってくださった神への賛美の歌であり、人間の存在が神の栄光と誉れを現していると教えてくれます（ヨブ7・17、詩篇144・3も参照）。

二〇一四年の夏から『クリスチャン新聞』に連載された、鎌野直人による「旧約知恵文学――神のかたちに生きる民」は、箴言、ヨブ記、伝道者の書という知恵文学における《神のかたち》思想の展開を詳しく解説する導入部で、次のように述べています。

人の使命、そしてイスラエルの使命には、天における神と対となる存在として、神のわざと同じわざを地上で行うことが含まれている。つまり、「神のかたちに生きる」ことを通して、人は、そしてイスラエルは、「地上における神の顕現」として生き、神を代表し、そのわざを仲介しているのである。

そして、創世記1～3章に述べられている「《神のかたち》に生きる」ことについての三つの視座、すなわち(i)家族という文脈、(ii)人が《神のかたち》に生きることを妨げるもの、すなわち偶像礼拝、(iii)《神のかたち》に生きるようになるには、神によるプロセス（試練）が必要であるという創造論的視座が、ちょうどそれに対応する三種の「知恵」として、(i)箴言、(ii)伝道者の書、(iii)ヨブ記に典型的に書かれているとしています。また、クリストファー・J・H・ライトは『神の宣教Ⅲ』（東京ミッション研究所）第13章「宣教と神の像」の七一頁以降において、すべての人が《神のかたち》として創造されているという創造論的視点から記されている知恵文学の重要性と宣教論的意義について述べています。さらに、このような知恵文学と後期パウロの手紙（コロサイ人への手紙など）の関連についての学問的研究には、清水哲郎『パウロの言語哲学』（岩波書店、二〇〇一年）などがあります。

旧約聖書ではこのように、現代における人格性、人間性などの言葉をもじれば「神格性」とも言えるような《神のかたち》としての人間の尊厳と栄誉が創造論的に語られているといえるでしょう。下図はそのような人間のユニークさを示したものです。人間は一方では神によって創造された「被造物」の仲間であって、決して神ではありません。しかし他方では、《神のかたち》として他の被造物とは一線を画しています。神の息吹を吹き込まれたいのちを持ち、被造物を管理する役割を与えられ、神と対等に交わる相手とされている「神的」な存在でもあるのです。

一般書ではリン・ホワイト以来、このように人と他の被造物との間に一線を引くことがキリスト教の特徴であり、それが人間の他の被造物、自然界支配、収奪に許諾を与えてきたとの批判が多く見ら

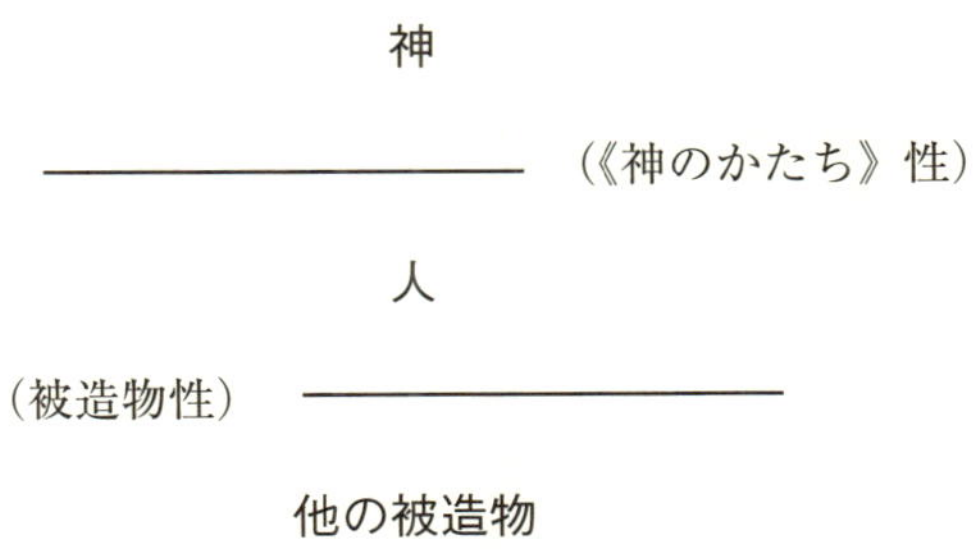

《神のかたち》として創造された人のユニークさ

れます（最新の一例として、広井良典『ポスト資本主義』、岩波新書の、特に5章があります）。確かに、西欧キリスト教文明の歴史の中ではそのような傾向がある程度あったでしょうが、以下に述べるように、聖書には人の被造物性が語られているだけでなく、人が被造世界を「耕し、治める」《神のかたち》性が込められていますので、そのような主張にうろたえる必要はありません。逆に、人の《神のかたち》性を全く認めない現代の多くの考えに対して、聖書だけが記している人の尊厳と栄誉の根拠である《神のかたち》性を語る手綱を緩めてはなりません。むしろ、それを福音として宣べ伝えなければならないと考えます。

2　新約に見る《神のかたち》の反映

新約聖書において、人が「《神のかたち》として〈神にかたどって〉創造された」と文字どおり語っているテキストは、コリント人への手紙第一11章7節の「男は神の似姿（ギエイコーン＝かたち）であり、神の栄光の現れだからです」と、ヤコブの手紙3章9節の「私たちは、舌をもって、主であり父である方をほめたたえ、同じ舌をもって、神にかたどって造られた人をのろいます」しかありません。しかし、直接その言葉が使われていなくても、「《神のかたち》としての人間」観が反映されているのをあちこちに見ることができます。

主イエスが、律法学者から「すべての命令の中で、どれが一番大切ですか」と尋ねられたときに引用した次の言葉も、まさに人間は《神のかたち》として神の栄光と誉れを与えられているので、ほかの何にも優って神を愛することが大切であると語っていたのでした。

「聞きなさい。イスラエル。主は私たちの神。主はただひとりである。心を尽くし、精神を尽くし、力を尽くして、あなたの神、主を愛しなさい。」（申命6・4～5。マルコ12・29～30も参照）。

❖カイザルのものはカイザルに、神のものは神に

それに関連して、マルコの福音書12章13～17節に記されているパリサイ人とヘロデ党の者とのイエスのやりとりの最後にイエスの語られた有名なことば「カイザルのものはカイザルに返しなさい。そして神のものは神に返しなさい」も、この理解なしにはその意味を取り違えてしまうでしょう。彼らのイエスに対する悪意と偽装に満ちた問いかけ「カイザルに税金を納めることは律法にかなっていることでしょうか、かなっていないことでしょうか」に対して、デナリ銀貨を見せて「これはだれの肖像（ギエイコーン＝かたち）ですか。だれの銘ですか」と問い返し、彼らが「カイザルのです」と答えたのに対して、イエスの「カイザルのものはカイザルに返しなさい」という機知に富んだ答えだけでも彼らの問いに対して十分でした。しかし、イエスはさらに「そして神のものは神に返しなさい」と追加し、彼らの問いかけを逆手にとって彼らの根源的な問題点を突いたのです。ここでの「神のもの」とは、「神の肖像（かたち）が刻まれたもの」のことですから、人間を意味します。すると、イエスの意図は「《神のかたち》として造られている人間は神のものであるから、神に（栄光を）返さなければならない。そのことのほうがはるかに重要なのに、あなたがたはそれをしていない！」と糾弾することにあったといえます。それを聞いた人々は、イエスの言葉の意味をよく理解できて、その教えに「驚嘆」しています。

当時のユダヤ人たちは、人が《神のかたち（肖像）》として造られたものだと知っていたことを、うかがい知れるのではないでしょうか。

また、コリント人への手紙第一15章45～49節における復活のからだへの言及において、最初のアダムの子孫である私たちのからだが復活のキリストのからだと同じものに変えられることを述べる中で、「かたち（[ギ]エイコーン）」という言葉が使われています。

聖書に「最初の人アダムは生きた者となった」と書いてありますが、最後のアダムは、生かす御霊となりました。……第一の人は地から出て、土で造られた者ですが、第二の人は天から出た者です。土で造られた者はみな、この土で造られた者に似ており、天からの者はみな、この天から出た者に似ているのです。私たちは土で造られた者のかたちを持っていたように、天上のかたちをも持つのです。

3　《神のかたち（似姿）》の原型は《神のかたち（姿）》である御子キリスト

❖《神のかたち（姿）》である御子に似せて

さらに、新約聖書において、ほかならぬイエス・キリストを《神のかたち（姿＝新共同訳）》と呼んだり、そのように理解させようとしたりしている表現が複数回見られます。まず、「御子は、見えない神のかたち（[ギ]エイコーン）であり、造られたすべてのものより先に生まれた方です。なぜなら、万物は御子にあって造られたからです。……御子は、万物よりも先に存在し、万物は御子にあって成り立っています」（コロサイ1・15〜17）とありますし、「その場合、この世の神が不信者の思いをくらませて、神のかたち（ギエイコーン）であるキリストの栄光にかかわる福音の光を輝かせないようにしているのです」（Ⅱコリント4・4）も、キリストを《神のかたち》と呼んでいます。コロサイ人への手紙1章15節では、御子キリストが天地創造の前に《父なる神のかたち》として生まれていた、すなわち、三位一体のひとつの位格を持つ神として生まれ、存在していたと語られていることが分かります。それはまた、先在の（受肉前の、そして創造以前からの）神の御子キリストが、全き神でありつつ「オリジナルな《神のかたち（姿）》」であり、「後に《神のかたち（似姿）》として創造される人の原型」だということです。言い換えると、御子は永遠において真性の神でありつつ、真性の人であると言えるでしょう。

すると、この御子キリストが、三位一体の神の第二位格として創世記1章に記されている天地創造に携わったというだけでなく、創世記1章26節の《神のかたち（似姿）》を具体的かつキリスト論的に説明することが可能となります。すなわち、人（アダム）が《神のかたち（似姿）》として造られたということは、オリジナルな《神のかたち（姿）》（オリジナルかつ真性の人）である先在のキリストに似せて創造されたので、人（アダム）は人と呼ばれうるのだとも言い換えることができます。そうならば、私たちアダムの子孫は、御子キリスト（神の姿）のように生きるときこそ、本当に人（神の似姿）らしい生き方をしていることになります。

❖《神のかたち（似姿）》の回復と完成に向けて

ところが、人（アダム）は《神のかたち》として造られたにもかかわらず、神に背いて《神のかたち》を毀損してしまいました（詳しくは後述します）。それで人自身では、人とはどういうものか分からなくなってしまいました。そういう人を、本来の人である《神のかたち》に回復するために、まず神は、選びの民に対してご自身を顕す、啓示と救済の働きを始めてくださいました。そのクライマックスとして聖書に書かれているのが、イエスとしての神の御子の受肉・顕現です。それは、罪人としての人類のただ中における先在の（受肉前の）神の御子、全き神でありつつ全き人、すなわちオリジナルな《神のかたち（姿）》の受肉・顕現でした。ヨハネの福音書の冒頭では、それを「初めに、ことばがあった。ことばは神とともにあった。ことばは神であった。……ことばは人（直訳＝肉。すなわち、神による被造物でありながら、神に反逆した罪人の子孫）となって、私たちの間に住まわれた。私たちはこの方の栄光を見た。父のみもとから来られたひとり子としての栄光である。この方は恵みとまことに満ちておられた。……いまだかつて神を見た者はいない。父のふところにおられるひとり子の神が、神を解き明かされたのである」（1・1〜18。14・8〜9も参照）と語っています。ペテロが「キリストは、世の始まる前から知られていましたが、この終わりの時に、あなたがたのために、現れてくださいました」（Ⅰペテロ1・20）と語っているのも同じです（ヘブル1・1〜3も参照）。

そして、このキリストによって《神のかたち》を回復されたキリスト者（教会）は、主のかたち（姿）に似る者として造り変えられていくと、救済過程の「目標」としても語られています。「私たちはみな、顔のおおいを取りのけられて、鏡のように主の栄光を反映させながら、栄光から栄光へと、主と同じかたち（ギエイコーン）に姿を変えられて行きます。これはまさに、御霊なる主の働きによるのです」（Ⅱコリント3・18）がその代表です。ほかに、「またあなたがたが心の霊において新しくされ、真理に基づく義と聖をもって神にかたどり造り出された、新しい人を身に着るべきことでした」（エペソ4・23～24）、「新しい人は、造り主のかたち（ギエイコーン）に似せられてますます新しくされ、真の知識に至るのです」（コロサイ3・10）も参照ください。さらに、創造と救済の両方を神の聖定として一気に語っているのが、ローマ人への手紙8章29節の「なぜなら、神は、あらかじめ知っておられる人々を、御子のかたち（ギエイコーン）と同じ姿にあらかじめ定められたからです。それは、御子が多くの兄弟たちの中で長子となられるためです」や、エペソ人への手紙1章4～5節の「すなわち、神は私たちを世界の基の置かれる前から彼（キリスト）にあって選び、御前で聖く、傷のない者にしようとされました。神は、みむねとみこころのままに、私たちをイエス・キリストによってご自分の子にしようと、愛をもってあらかじめ定めておられました」であり、エペソ人への手紙5章1～2節、ヨハネの手紙第一3章2～3節も、倫理的な意味合いを込めつつ、同じことを語っているといえるでしょう。（J. Richard Middleton, *The Liberating Image: The Imago Dei in Genesis 1*, p. 17 参照。またこれは、カール・バルトがイエス・キリストを通して「神の人間性」を神学的に展開していることの根拠ということができます。『神の人間性――カール・バルト著作集3』、新教出版社の「キリストとアダム」や「神の人間性」参照。さらには、東方正教会がキリストによって与えられる救いを「神化」と表現することともつながっています。）

＊

このように、《神のかたち（似姿）》こそが、聖書が人間を言い表すのに用いた最高の神学的表現なのです。ですから、以降、罪人の悲惨について述べるときには「《神のかたち》の毀損」として、さらに、人間の救いについて述べていくときには、私はそれを「《神のかたち》の回復」としてまとめてみようと思います。

4 《神のかたち》とは——創世記2章を中心に

創世記1章の中では、創造の冠として創造された人間が《神のかたち（似姿）》と呼ばれていますが、それは、具体的にどのようなことを意味しているのでしょうか。そこでは、その意味が必ずしも明白ではありません。しかし、続く創世記2章4節以降では、そのことが詳しく語られています。そこには人間の創造についてもう一度記述されていますが、単に二つの創造伝承が並べられているのではありません。今度はまるでおとぎ話のような記述ですが、現代的表現で言えば、人間の《神のかたち》としての創造をズームアップ、スローモーション化してさらに具体的に、言い換えれば、神との関連と同時に地である被造世界との関連の中で記述していると考えることができます。

そこでこの項では、物語として描かれている2章を《神のかたち》の詳しい説明として受け取り、具体的に分析してみることとします。もちろん、このような洞察はこの箇所だけから可能となるものではなく、聖書全体、神学の全分野を包括した思考から可能となることですが、聖書の最初の部分にそのことが端的に描かれているのです。以下に述べる三つの概念（側面）は、序論において、その神学史上の議論として触れたものですので、繰り返しになりますが、聖書に即して詳しく述べたいと思います。この三つの概念のすべてが、《神のかたち》理解にとって重要であると私は考えているからです。聖書の記述順序に必ずしも沿いませんが、本書全体にわたっての一貫性を保つために、「関係概念」「実体概念」「目的概念」の順序で述べることとします。

⑴　神と、そして男・女として交わりに生きるようにされた存在――関係概念

エデンの園では、「見るからに好ましく食べるのに良いすべての木」が生えていて（9節）、神は人に「あなたは、園のどの木からでも思いのまま食べてよい」（16節）と許可を与えていましたが、同時に「しかし、善悪の知識の木からは取って食べてはならない。それを取って食べるとき、あなたは必ず死ぬ」（17節）との禁止事項をも与えました。どうして神はそのように言われたのでしょうか。それは、人が神と向かい合い、神の語りかけに応答する存在、対等に交わる相手として造られていること、すなわち、人は神を信頼して約束（契約）を守りつつ生きるべく造られているという《神のかたち》の関係概念的意味を物語っています。どのような動物にもないそのような特質を、神への「応答責任性（英 responsibility）」と言いますが、英語の responsibility が二つの言葉英 response（応答する）と英 ability（能力）の合成語であることがよく表しているように、人にだけ神に応答する能力が与えられているので、人は神との豊かな交わりと会話を体験できるのです。それと同時に、その約束を守る責任も与えられていますので、その交わりを拒否して孤立したり、約束を破ってしまったりするとき、人は自らを貶めるばかりでなく、当然、神の怒りを買うことにもなります。

さらに、それは人（男）が向かい合い、語り合って交わる相手として女が造られ、ふたりが一体となるべきだと言われていることにまで関連しています（18～25節）。興味深いことにその前では、主が「人が、ひとりでいるのは良くない。わたしは彼のために、彼にふさわしい助け手を造ろう」と言われて、あらゆる野の獣や鳥などを人（アダム）の前に連れて来て人に名前をつけさせますが、どれも人にふさわしい助け手とはならなかったと書かれています（19～20節）。現代、多くの人がペットを家族代わりに飼っていますが、それで孤独な心の隙間を埋める慰めの相手としているのは理解できるとしても、所詮ペットはペットであり、人間同士の交わりの深さにまで至ることはありません。そこで、男のあばら骨から造り上げられた女だけがそれにふさわしかったと続くのです（21～23節）。すでに1章27節に「神のかたちとして彼を創造し、男と女とに彼らを創造された」とあったようにです。この場合の「助け手」という言葉は、詩篇33篇20節において「主は、われらの助け（手）、われらの盾」と、神を指してても使われている言葉ですので、単なる「助手」と考えてはならず、対等性と相補性をもって向かい合う、信頼と交わりの対象と考えるべきでしょう。このように、男と女という間柄で言われている人間同士の交わりは、親子や他の人にまで広がる人間同士の交わりの最も基本的なものなのですが、それは、神ご自身の中で交わりを持っている三位一体という存在のあり方の反映ということができます。

(2) 神の息（霊のいのち）を吹き込まれた存在――実体概念

神が人をどのようにして造られたのかは、次のように書かれています。「神である主は土地のちりで人を形造り、その鼻にいのちの息を吹き込まれた。そこで人は生きものとなった（［ヘ］ネフェシュ・ハヤー）」（2・7）。ここでは、人間が他の被造物と同じく、「土地のちり」によって造られていることと（19節参照）、反面、それらとは違って「その鼻に神のいのちの息（［ヘ］ニシュマット・ハイーム。7・22では、［ヘ］ルーアハ・ハイームと言われている）が吹き込まれている」と描かれています。それは、人間理解における根源的で深い意味を語っており、人は被造物性と同時に《神のかたち》性、あるいは神性をも併せ持っている独特な存在であることを告げているのです。

確かに、1章30節や6章17節、7章15節では、動物のことをも「いのちの息（［ヘ］ルーアハ・ハイーム）」を持つ「生きもの（［ヘ］ネフェシュ・ハヤー）」と書かれているように、動物も人間も同じようにいのちの息（霊）を宿しているという表現もあります（伝道者3・19、21はそのことを強調しています）。これは、人間を含むすべての被造物、特に微生物に至るまでのすべての生物が、神からいのちを与えられた存在であることを表しているといってよいかもしれません。ここに、地球全体をひとつの生態系と見て、それはいのちの循環という複雑でありながら統一的な体系をなしていると理解する根拠があります。そのような生態系に組み込まれている人間を聖書では、地にあって人間にだけは「その鼻から神がいのちの息を吹き込まれた」とわざわざ書いていることに、他の生物とは違う人間の特別性が意図されていると思わずにはいられません。

H・W・ヴォルフは、こう語っています。

> 生命の標識としての呼吸は、人間がヤハウェと、ときはなすことができないほど固く結びついて

いることを、明示している。およそ人間的なるものは、たとえヤハウェ自身によって造られたにしても、すべて地上的・物質的である。しかし人は生きているものである限り、ヤハウェによって吹き込まれた息に依存している。……動物の息については、はっきりとした表現はない（ただ創世記7・22で、それは原形の文脈の中で暗示されているに過ぎない）。（『旧約聖書の人間論』、日本基督教団出版局、一九八三年、一三四～一三六頁、「呼吸」の項）

この引用文は私の語っていることを援護してくれています。7章22節の理解については、直前の21節と直後の23節において人を含んだ地上のすべてのものが死んだことを述べた二つの文章に挟まれて、「乾いた地のすべてのもののうち、その鼻に命の息と霊のあるものはことごとく死んだ」（新共同訳）と語られていることから見て、22節の「その鼻に命の息と霊のあるもの」とは人間のことを言っている可能性があるのではないかと、私は考えています（「霊」と「いのち」については後述）。

ですからここでは、人間が《神のかたち》であることのもうひとつの意味は、その鼻に神の（霊の）いのちが吹き込まれていることだと考えられます。人間はあくまで一被造物でありながらも特別に霊的（神的）ないのちを所有している存在であるということを、生命論的かつ実体概念的に説明しているのです。そしてそれは、人間だけが他の被造物とは違って、霊のいのちと神に似た人格性（神格性）を与えられていると示唆しています。加えて、人間だけが理性や豊かな感情や創造性を備え、意志によって決断する自由を持ち、さらには、真理を探求する知識的欲求、善を判断する倫理的性質、美を喜び楽しむ感性などの価値観を与えられていることなどの根拠がここにあると考えることができます。

(3) 神の協働者として地を治めることを委託された存在——目的概念

神である主は、人をエデンの園（喜びの園）に置いたとき、彼に十分な実りを約束しつつも働くべき仕事を与えました（8、15節）。初めに天地を創造するという大きな働きをし、それ以降も摂理（被造物が生きるためにすべてを治め、必要なものを絶えず供給する働き）をもって働き続けておられる神が、ご自分に似せて人を造られたからです。それは、人は生きていて何をするのかという《神のかたち》の目的概念を語っていると言えましょう。働くことについて、ここでは「耕させ」「守らせた」（15節）との二つの動詞が使われています。耕す（英cultivate）は文化（英culture）を連想するように、ここでの命令を「文化命令」と呼ぶ神学もあります。《神のかたち》である人間は、神の代理（エージェント）あるいは協働者（パートナー）として、この地を耕し、利用し、文化を築いていくように命じられたのです。ただ、「耕す＝ヘオヴダハ」は人に対する場合は「仕える」と訳されている言葉（名詞形は「しもべ」）ですから、強圧的にではなく、仕えるように地を治めることを意味していると考えられます。すると、続けて「守らせた」とあるように、神は人に、地を破壊しないで神の御旨にそった文化を築いていくよう、管理者としての責任を与えたのだと言えるでしょう。

見方を変えれば、人は地、すなわち全被造物の代表として、そこに属する被造物ひとつひとつが神に造られた目的を果たすことによって神の栄光を現していくように、神に執り成していく責任を与えられているとも言えましょう。人間以外の被造物は働くことを目的としません。高度な文化を築いていくこともありません。本能と習性に従って生きているだけです。そのような中で人間だけは働くために生きる動物ですし、被造世界を管理しつつ文化を築いていくように、立場と考える力と責任が与えられているのです。二十世紀後半になって、地球規模の環境問題が大きく取り上げられるようになると、創世記1章26節の「さあ人を造ろう。われわれのかたちとして、われわれに似せて。彼らが、海の魚、空の鳥、家畜、地のすべてのもの、地をはうすべてのものを支配するように」の「支配するように」を、人間が欲するがままに他の被造物を支配することを良しとしていると受け取る「人間主義」の元凶として攻撃する人たちが出てきました。しかしその聖書箇所は、上述したように、人間には被造世界に対する管理責任が与えられているとの言及と無関係に理解してはならないでしょう。

とはいえ、地を支配するべき人間にだけ、神から大きな権威が委譲されていると語っていることも見過ごしてはなりません。新約の福音書において、主イエスが弟子たちとともに湖で舟に乗っていたとき、大暴風が起こって慌てる弟子たちに主イエスが「なぜこわがるのか、信仰の薄い者たちだ」と語るとともに風と湖をしかりつけると、大なぎになったことがありました（マタイ8・23〜27。マルコ4・36〜41、ルカ8・22〜25も参照）。まことの神であり、まことの人であるイエスご自身がこのような権威をもっておられることを私たちは容易に受けとめることができますが、主イエスが弟子たちに「もしあなたがたに、からし種ほどの信仰があったなら、この桑の木に、『根こそぎ海の中に植われ』と言えば、言いつけどおりになる（従う）のです」（ルカ17・6。マタイ17・20、21・18〜21、マルコ11・23も参照）と言われた言葉には戸惑いを覚えます。しかしこの言葉は、《神のかたち》として造られている人には本来、それほど大きな「地を従える権威」が与えられていることが前提となっているといえないでしょうか。また、ヤコブがキリスト者の祈りの力について述べる中で、「義人の祈りは働くと、大きな力があります。エリヤは、私たちと同じような人でしたが、雨が降らないように熱心に祈ると、三年六か月の間、地に雨が降りませんでした。そして、再び祈ると、天は雨を降らせ、地はその実を実らせました」とあるのも同様です（ヤコブ5・16〜18）。これらは、《神のかたち》として造られた人間に与えられている、大きな権威と栄誉について語っていると考えられます。

ですから人間は他の被造物と同様、生きるために必要なものはすべて神から恵みとして与えられているものでありつつも、人間に特有な労働をもって被造世界を治めるために生きるのであり、その労働は、神を喜び、神に仕える礼拝行為、文化を築いて神の栄光を現していく創造的行為でもあるのです。

❖創世記1章27節での三回の「創造した」

このように見てみると、《神のかたち》が最初に語られていた創世記1章26〜27節の微妙な言い回しの中にもすでに、2章で述べられている《神のかたち》の複数の概念が隠されていると見ることもできるように思います。まず1章26節の神の独白「さあ人を造ろう。われわれのかたちとして（[ヘ]ベツァルメーヌ）、われわれに似せて（[ヘ]キドォムテーヌ）」は、その後に「彼らが、海の魚、空の鳥、家畜、地のすべてのもの、地をはうすべてのものを支配するように」と続けられていますので、27節ａの「神は人をご自身のかたちとして（[ヘ]ベツァルモー）創造された」のは、神に託されたすべての被造物を治める使命を担う者としての職能論的・目的概念的な意味を宿していると言えるでしょう。そのあとの27節ｂでは「神のかたちとして（[ヘ]ベツェレム）彼を創造し」、27節ｃでは「男と女とに彼らを創造された」

とあり、特にｃでは、人が男と女として交わりを持つ存在として造られたことが、《神のかたち》であることを暗示しています。すなわち、それは《神のかたち》である人間を、三位一体の神の内にある交わりを反映する存在として男と女に造られたのであると関係概念的に説明していると考えられるのです。もし、27節ｂの「神のかたちとして（［ヘ］ベツェレム）彼を創造し」をｃから独立した言明と考えるなら、それは実体概念的な言述であるといえる可能性があるかもしれません。もちろん、27節ｃへと続いていて、ｂが神と交わりを持つ存在として創造されたことを語り、ｃではそれに基づいて、男と女としての交わりの存在として創造されたと見て、両方ともが関係概念的説明であるとも受け取ることもできます。どちらにしても、27節で三回も「創造した（［ヘ］バラー）」という言葉が使われ、そのうちの二回はそれぞれ目的概念、関係概念としての説明がなされているのは確かです。このことが、とりもなおさず《神のかたち》解釈の違いを生み出す原因を作ったのですが、三つの概念どれもが重要であることをひとたび認めるならば、27節において三回も執拗に言い重ねられている「創造した」記述の不思議さ（奇妙さ）は、《神のかたち》に複数の概念があることと関係しているかもしれません。

ともかく創世記２章で見たように、これら実体概念、目的概念、関係概念による三つの意味の総体が《神のかたち》の意味であると私は考えます。そして、このような《神のかたち》の三概念のそれぞれが語っている固有かつ重要な思想を丁寧に検討することにより、《神のかたち》の豊かさが明瞭に浮き出てくると考えられます。

B　《神のかたち》を毀損した「罪人」の悲惨

創世記1章にある天地創造の記述において、《神のかたち》としての人の創造をもって完成された被造世界は「非常に良かった」（1・31）と書かれています。創世記2章4節からは、その《神のかたち》の具体的意味が三つの側面から（三つの概念をもって）書かれていることを前節で述べました。ところが、人はそこにとどまっていませんでした。続く3章では、最初の人、アダムとエバが神に背いて罪を犯し、その報いを身に負った生活に墜ちてしまう次第が描かれています。

最初の人への蛇（悪魔）の誘惑は、被造物ながら《神のかたち》という光栄ある立場をすでに与えられていたにもかかわらず、人に「このままでは惨めである私は、神のようになりたい」「そのためにはそれを奪い取らなければならない」と思わせることでした（創世3・5）。実際、人は禁じられた木の実をもぎとることによって神の地位を奪い取ったのです。同じような誘惑に遭いながら、神の地位を奪い取らなければならないとは考えなかったキリストとは対照的です（ピリピ2・6～7、ルカ4・1～13参照）。

1　罪の本質としての「神への反逆・背信」

a　旧約聖書における「罪」

旧約聖書において「罪」を表す語は多いのですが、おもなものは以下の四つです。

(1) ヘハーター(動詞)の意味はもともと「的または道をはずす」です。「失敗する」(士師20・16)、「失っている」(ヨブ5・24)、「つまずく」(箴言19・2)などと訳されていますが、神との関係においては「罪を犯す」(詩篇41・4、51・4など)と訳され、その名詞形ヘハッタートが「罪」と訳されています(創世4・7、出エジプト17章など)。

(2) ヘアーオーンは「曲げる」が原意といわれていますが、その名詞形は「咎」(創世4・13、44・16、出エジプト20・5、詩篇32・2)などと訳され、悪の行為を表しています。

(3) ヘペシャは背くことで、名詞形は「そむき」(ヨシュア24・19、詩篇32・1、107・17)、「そむきの罪」(出エジプト23・21、詩篇32・5、イザヤ53・5)と訳されているように、罪が神への反逆であることを最も強く表しています。

(4) ヘシャーガーは「あやまち」「あやまって犯した罪」(レビ4・13、ヨブ6・24、19・4、エゼキエル45・20)や「迷い出ること」(詩篇119・10、21)と訳されています(『新聖書辞典』、いのちのことば社、「罪」の項＝河野執筆を参照)。

❖罪とは神に反逆すること

N・H・スネイスは、『旧約宗教の特質』の「罪は、違反であるよりも反逆である」という項目の中で、次のように言っています。

これら四人の預言者たち(アモス、ホセア、ミカ、イザヤ)はすべて、罪とは根本的に神に対する反逆であると考える点、一致している。彼らの最も特色ある言葉は「ヘペシャ」である。これは、……実際には「反逆」（rebellion）を意味する。……ヘブル語の「ペシャ」に「違反」、「侵害」、「犯罪」を意味させるのは、事実にそぐわない。この語は「反逆」を意味し、常にそう訳されねばならない。……ホセア書8・1は「彼らがわたしの契約に違反し、わたしの律法に背いた」と読まれるべきで、また本書の最後は「反逆者」はつまずくとすべきである（14・9）。同じように、「堕落」（backsliding）と訳されている言葉（ホセア11・7、14・4）も「そむき去ること」、「背信」を意味し、したがって、その癒しは神に「帰る（[ヘ]シューブ）」ことである（ホセア6・1、7・10、12・6、14・1、2）。（『旧約宗教の特質』、日本基督教団出版局、八六～八七頁）

ここからも分かるように、旧約における罪は本質的に神に対する反逆・背信です。

このことをよく示しているのは、旧約聖書における「罪を犯す」の表現の仕方です。「神に罪を犯す」（創世39・9）、「ただあなたに、罪を犯し」（詩篇51・4）、「あなたに（対して）罪を犯したために」（Ⅰ列王8・33、35、46、50）、「彼らは……わたしに罪を犯した」（ホセア4・7）などと、「罪を犯す」という言葉には古典的な「関係の与格」に等しい「～について、～に対して」が付いています。それによって、「罪を犯す」とは「神に対して背いている」ことであり、「神との信頼関係を裏切っている」ことを明確にしています（同書、八四～八五頁参照）。しかし、モーセを通して神の民イスラエルに、十のことば（十戒）を代表とする律法と祭儀規定が与えられてから時代を経るにしたがって、罪とは神から与えられた具体的な律法や規定を破ることとして、法的、祭儀的に意識される「罪の実体化」傾向が強くなっていきます。そのように、ユダヤ教の罪観が強化された中にイエスが登場するのです（後で引用するマルティン・ノート『契約の民その法と歴史』、日本基督教団出版局の「五書における法」をも参照)。

b　新約聖書における「罪」

❖だれだれに対して罪を犯す

イエスとその弟子たちを記録している新約聖書で「罪を犯す」と訳されている言葉は、ギリシア語では「ハマルタノー」という一語であり、本来、自動詞的に「(的を)外す、誤る、(正しい道から)迷い出る」を意味します。それが日本語聖書では「罪を犯す」と二語に訳され、しかも他動詞「犯す」と組み合わされていますので混乱させます。しかしここでも、「ギハマルタノー」の後には直接に目的語(対格)が来ないで、「~に対して(ギエイス)」「~の前に(ギエノーピオン)」という言葉と一緒に用いられていることに注目しなければなりません。

「兄弟が私に対して罪を犯した場合、何度まで赦すべきでしょうか。」(マタイ18・21~22。18・15の欄外注、ルカ17・4も参照)

「お父さん。私は天に対して罪を犯し、またあなたの前に罪を犯しました。」(ルカ15・18、21)

「私たちも、私たちに負いめ(罪)のある人たちを赦しました。」(マタイ6・12=主の祈りも参照)

しかしパウロは弁明して「私は、ユダヤ人の律法に対しても、宮に対しても、またカイザルに対しても、何の罪も犯してはおりません」と言った。(使徒25・8)

あなたがたはこのように兄弟たちに対して罪を犯し、彼らの弱い良心を踏みにじるとき、キリス

トに対して罪を犯しているのです。（Ⅰコリント8・12）

　したがって、もし、ふさわしくないままでパンを食べ、主の杯を飲む者があれば、主のからだと血に対して罪を犯すことになります。（Ⅰコリント11・27）

その反意語である「信じる」（[ギ]ピステューオー、信頼を寄せる、信頼の態度をもつ）」も、「～を信じる」というときには自動詞のように人の与格をとることによって、ちょうど同じような経緯をたどっていることも興味深いことです。たとえば、「アブラハムは神を信じた」は「アブラハムは神に信頼を寄せた」と訳したほうがその感覚に近いかもしれません（ローマ4・3、ガラテヤ3・6、ヤコブ2・23）。「もしあなたがたがモーセを信じているのなら、わたしを信じたはずです」（ヨハネ5・46）や、「しかし、このわたしは真理を話しているために、あなたがたはわたしを信じません。あなたがたのうちだれか、わたしに罪があると責める者がいますか。わたしが真理を話しているなら、なぜわたしを信じないのですか」（8・45～46）なども「～に信頼する」というように読んでみてください。

　また、信仰のイエスとの結びつきは、多くの場合[ギ]エイスに続いて対格が来て、「イエスに対して信仰する」とか、「イエスに向けての信仰」というような言い回しで表現されます（ヨハネ3・36、12・11、使徒10・43、14・23、19・4、ガラテヤ2・20、Ⅰヨハネ5・10など多数）。ただし「事柄や命題を信じる」ような場合は、「[ギ]ピステューオー」が対格を取る他動詞のように使われています。「私たちが主イエスの恵みによって救われたことを私たちは信じますが、あの人たちもそうなのです」（使徒15・11。9・26、13・12も参照）。

❖罪はおもに単数形

さらに、名詞の[ギ]ハマルティアは新約聖書において単数形と複数形で語られていますが、日本語では一様に「罪」と訳されていることが不明瞭さを生みます。聖書のこの使い分けには、それなりの意味があるからです。要点を言えば、ユダヤ教的律法主義によると罪は複数形で語られます。なぜなら、彼らにとっての罪とは、あの規定、この規定を破ることであり、ひとつ、ふたつと数えられ、多い、少ないと量れるものであるからです。これに対して、イエスが中心的に語り、パウロもヨハネも伝えた罪は、おもに単数形で表現されています。

神学的に非常に重要であるのは、まず第一に、罪についてのパウロの発言である。もちろん罪の「教説」ではない。罪を単数で表す用法は、既に七十人訳にある。……個々の罪については、パウロ自身はロマ7・15、Iコリ15・17（3節に従う）で語るだけであるが、意味上はロマ14・23、IIコリ11・7でも単数である。（『ギリシア語新約聖書釈義事典I』、「ハマルティア」の項、一〇〇頁）

それは、神に反逆したという根源的な罪を意味しているからです（ヨハネ9章、16・8〜11、ローマ7・7〜24など）。以上は、『ギリシア語新約聖書釈義事典I』のほか、小林稔『ヨハネ福音書のイエスIII』（岩波書店）の2章「自分たちの罪のうちに死ぬであろう――ヨハネ文書における「罪」の概念」、および、大貫隆他編著『受難の意味』所収の大貫隆「苦難を『用いる』――パウロにおける十字架と苦難の神学」（東京大学出版会）などを参考にしましたが、さらに興味のある方は直接ご覧ください。

このように、「罪」は神への反逆、背信、不従順として書かれていることが分かります（このことについては、キリストに関する項で再述します）。

c　日本語における「罪」と「罪を犯す」

以上のことは、私たち日本のキリスト者が「罪」について語るときに注意深くあらねばならないことを教えてくれます。というのは、私たちが生きている現代日本社会における「罪」という言葉は、「刑罰を課せられる不法行為。法律上の犯罪」という意味で語られることが多いからです。それ以外にも「社会の規範・風俗・道徳などに反した、悪行・過失・災禍など」と考えられます（以上、『広辞苑』から抜粋）。すると、聖書を読んで「罪」という言葉に抱くイメージもそのようなものになりやすく、それは、上述のユダヤ教律法主義のそれによく似た、「あれこれの悪い行い、律法違反」となってしまいます。先に述べた日本語の「罪を犯す」という表現が、「罪を」という目的語と他動詞「犯す」の二語で表されていることが、それに拍車をかけているとも考えられます。

では、どのように説明したらよいのでしょうか。言葉を変えることは今さら難しいですし、「罪」や「罪を犯す」に代わるより良い表現があるわけではありません。ですから、私たちは機会あるごとに丁寧に説明するべきでしょう。

2　罪の報いとしての《神のかたち》の毀損――創世記3章を中心に

アダムとエバが神との約束を破った結果、その子孫である人類は神からの祝福を失うとともに、《神のかたち》に致命的な傷を負ってしまいます。「罪」とは単に一つの犯罪行為ではなく、心の奥底からの神への不従順、不信、反逆、そして「神からの逃走」(マックス・ピカート)と自立願望が、神の地位と栄光の乗っ取りという行為に至ったものです(ローマ1・16〜23参照)。人類の始祖アダムのこの罪によって彼が死という報いを受けたばかりか(神の霊のいのちに死んだ人、神と断絶した人、《神のかたち》の毀損された罪人となったばかりか)、以来人はみんな罪を犯す者となってしまったのです(創世2・15〜17および3・22〜24参照)。

❖アダムは罪を犯し、人は霊的に死んだ

罪を犯した報いとしての死について、J・メイエンドルフは『ビザンティン神学』(新教出版社)で、こう語っています。

　東方ビザンティンの霊的文献は頻繁に、神に対する反抗の結果としての、すなわち、罪の結果としての「霊魂の死」という言い方をしている。「パラダイスでわれわれの先祖が違反を犯した後、……罪が生命の中に入ってきた。われわれ自身は死んでいるのである。肉体の死以前にわれわれは霊魂の死を被っている。すなわち、神からの霊魂の分離である」とグレゴリオス・パラマスは書いている。(二二二頁)

また、このアダムの堕罪が私たちとどのようにつながっているのか、西方カトリック教会からプロテスタント教会の流れにおいては、「原罪」すなわち、アダムが罪を犯した報いを受け継いでいる一人ひとりは、アダムのように罪を犯さずとも罪人として断罪されている、という理解が大勢でした。しかし、東方正教会では、少し異なった説明をします。再度、J・メイエンドルフの文をお読みください。

アウグスティヌスとペラギウスとの論争で決定的な役割を果たした聖書本文がローマ5章12節にある。そこでは、アダムについて語っているパウロが「一人の人によって罪がこの世に入り、また罪によって死が入ってきたように、こうして、すべての人が罪を犯したので（ギエプ・ホー・パンテス・ヘーマルトン）、死が全人類に入り込んだのである」と書いている。この文章の中に、翻訳上の大争点がある。この四つのギリシャ語の単語は、ラテン語で in quo omnes peccaverunt（「彼において［すなわちアダムにおいて］すべての人が罪を犯した」）と訳され、アダムから遺伝され、その子孫に広がった罪過の教理を正当化するために、西方ではこの翻訳が使われた。しかし、このような意味は本来のギリシャ語からは引き出すことができないのである。ビザンティン人たちが使った本文は、もちろんギリシャ語である。（エピの短縮形と関係代名詞ホーが結びついた）エプ・ホーの形は、「……ので」と訳すことができるが、それは、あらゆる教派的背景に立つほとんどすべての現代の学者が受け入れている意味である。この訳語によれば、パウロの思想は、アダムに対する「罪の報酬」（ローマ6・23）であった死はアダムのように罪を犯す者たちへの刑罰である、という意味を持つことになる。それはアダムの罪の宇宙論的意義を前提にしているが、アダムの子孫はアダムが罪を犯したように罪を犯さなくても、彼のように「有罪」である、とは語っていないのである。

フォディオスを含め、多数のビザンティン著作家たちは「エプ・ホー」を「ので」を意味すると理解し、パウロの本文に、アダムと他の罪人の道義的類似を超えた何物も見なかった。死は罪に対する適正な罰なのである。しかし、ローマ書5章12節をIコリント書15章22節と密接に結びつけて解釈する東方教父の大部分は、復活した主と洗礼を受けた者には「生命の」連帯性があるように、アダムとその子孫には「死の」連帯性がある、という点に関して合意がある。

❖ローマ書5章12節の解釈

この解釈は明らかに、ローマ書5章12節の字義通りで文法的な意味から来ている。「エプ・ホー」がもし「ので」を意味しているなら、それは中性代名詞である。しかしそれは、(文法的には)直前の名詞「タナトス」(死)を指す男性形でもありうる。その場合、この文章は、アウグスティヌスに親しんでいる読者には考えられないかもしれないが、実際にはほとんどのギリシャ教父が受け入れた意味を持つことができる。すなわち、「一人の人によって、罪がこの世に入り、また罪によって死が入ってきたように、死が全人類に入り込んだ。そして、死のゆえに、すべての人が罪を犯した」。

死すべき性質、あるいは「破壊力」、あるいは(個人的な意味で理解された)端的な死は、人間性を霊的にも身体的にもその支配下に置いている宇宙的な病であり、「初めから人殺し」(ヨハネ福音書8・44)である者に支配されている、と実際にキリスト教古代から見なされてきた。罪を不可避的にし、この意味で本性を「破滅させる」のは、この死なのである。(J・メイエンドルフ『ビザンティン神学』、新教出版社、二二六〜二二七頁)

現代のプロテスタントの多くの人たちは、アウグスティヌスの解釈を避けつつ、以下の織田昭のように解釈しているようで、それが新改訳や新共同訳にも反映されています。織田は、ローマ人への手紙5章12節を次のように私訳しています。

このようなわけで、一人の人によって罪が世に入り、罪によって死が入り込んだように、死はすべての人に及んだのです。すべての人が罪を犯したからです。

そして、こう説明しています。

「アダム」はヘブライ語で「人」をさす言葉です。その私たちの肉の人間の代表かシンボルのような一人の人が、神に禁じられた行為を敢えてしたのと同時に、罪が人の世界に入って来た。そして、その罪によって死が例外なくすべての人に取り付いた。12節の最後のところは、「すべての人が罪を犯した事実から明らかです」という意味の“because everyone has sinned”だと、私は思うのですが、この“because”を“in whom”（in quo）と読んだアウグスチヌスが、その後の「原罪」のイメージを作ったと言われます。「そのアダムに於いて全ての人が罪を犯した」となるからです。実際は、「死がすべての人に例外なく入り込んだと断定する理由は、現実にすべての人が罪を犯すことになったからだ」ギエプ・ホー・パンテス・ヘーマルトンという意味に私は理解しています。

（『ローマ書の福音』、教友社、一六四～一七一頁。Sanday and Headlam, *Romans*, ICC, T. & T. Clark の当該箇所註解も参照。）

「ギエプ・ホー」が何を指示しているかについての織田の考え方は、東方教会のそれと異なっています。釈義的にどちらが正しいかを判断するだけの力は私にはありませんが、聖書の神学的一貫性（信仰の類比）を考えるときに、結局は同じような訳文になるようです。ただ、東方教会のほうが「アダムが罪を犯したことによって人類に霊的死が入り、その死の下に生まれてくるすべての人（肉の人）は例外なく罪を犯した」と明確に理解する根拠を示しているように感じ、このほうに惹かれます。

まとめると、アダムの罪の結果としてすべての人が「霊のいのち」の死に支配されるようになるのですが、それはまた、神との関係の断絶、人として生きる目的の喪失でもあります。前章で見た人間の《神のかたち》の三つの側面すべてが、以下のように毀損されてしまうのです。それを、創世記3章を中心に見てみましょう。

(1)　神との関係の断絶——関係概念

罪を犯した人に神が言われた「見よ。人はわれわれのひとりのように……なった」（22節）という言葉は、辛辣《しんらつ》な皮肉です。現実は、裸であるみじめな自分を知ったのですから。そのような人と神との関係に恐れが入って自ら神に疎遠になっていくと（8～10節）、男と女の間にも対立が生じます（12、16節）。そして、ついに神はエデンの園から人を追放し、いのちの木への道にケルビムと回る炎の剣を置いて、彼らがそこに帰れないようにしました。すなわち、神との関係が断絶してしまったのです。

以来、アダムとエバの子孫である全人類は、神を知らない中で生まれ育つ「孤独」を運命づけられることになったのです。そのように、親しく交わり、信頼することのできる対象である神を失った人間は、何にも頼らずに孤高に生きていくほど強くはありませんので、その人生は不安に満ちたものにならざるをえません。他方、人が神の代わりに何かに依存して生きようとするとき、かえってそれは人を奴隷として縛り付けるようになります。不幸で悲しくも、それは「依存症」の症状を呈して不健全なのですが、人はそこから抜け出ることができない人生を歩むこととなります。

その悲惨をパウロは「それゆえ、神は、彼らをその心の欲望のままに汚れに……恥ずべき情欲に……良くない思いに引き渡され、……彼らは、そのようなことを行えば、死罪に当たるという神の定めを知っていながら、それを行っているだけでなく、それを行う者に心から同意しているのです」と、「引き渡し」という言葉を用いて書いていますﾞ（ローマ1・24〜32）。それは、「放蕩息子のたとえ話」（ルカ15・11〜32）において、息子が要求するままに黙って財産を分けてやり、旅立つにまかせた父親の態度でもあります。しかし、その父は、息子の帰ってくるのを来る日も来る日も待ち続けたのですから、神の怒りの「引き渡し」は悲しみと痛みを伴ったものであり、いつの日か人が神を心から愛し、信頼するようになることを期待して待ち続ける、神の深い愛の裏返しであることが分かります。

ともかく、ルカの福音書15章にある三つのたとえ話において、罪人は、羊飼いの下から迷い出た羊、持ち主の女の手から落ちて失われた銀貨、そして、父親を裏切り、親子の縁を切って出て行った息子として描かれており、その中心的概念は神との関係が断絶している人の姿です。このようにしてすべての人が、神と断絶した状態の中で生まれ、育っているのです。

(2) 霊のいのちにおける死——実体概念

人間が創造されたときに「善悪の知識の木からは取って食べてはならない。それを取って食べるとき、あなたは必ず死ぬ」(創世2・17)と警告していた神は、罪を犯した人に、今や「あなたはちりだから、ちりに帰らなければならない」(3・19)と宣告されます。2章7節で「神である主は、土地のちりで人を形造り、その鼻にいのちの息を吹き込まれた。そこで人は生きものとなった」と語られていたのに、ここでは、人は「ちり」と言われているだけです。それは「神のかたち」の生命論的側面である「霊のいのち、永遠のいのち」に死んでしまっている罪人の人生を言っているのです。新約で「罪から来る報酬は死です」(ローマ6・23)と語られている死は、地上に生きているものが例外なく経験する現象としての死を意味しているのではなく、神の霊のいのちを失ってしまっている状態、および、その結果として地上の死が永遠の滅びとなることを言っているといえましょう。「そういうわけで、ちょうどひとりの人によって罪が世界に入り、罪によって死が入り、こうして死が全人類に広がった」(ローマ5・12)、「アダムにあってすべての人が死んでいるように……」(Iコリント15・22)とはその死についてのことであり、そのような人類である「あなたがたは自分の罪過と罪との中に死んでいた者であって」(エペソ2・1)と、キリスト者となる以前の人間は「死んでいる」状態であったと書いてあるようにです。

そのような人間を、創世記6章以降では動物たちと同じように「肉なるもの」と呼んでいます(6・3、12、13、17、19、7・15、16、21、8・17、9・15~17などを参照)。そして、新約におけるパウロも、「私たちが肉にあったときは、律法による数々の罪の欲情が私たちのからだの中に働いていて、死のために実を結びました」（ローマ7・5）と言い、キリストの救いを受ける前のことを述べたローマ人への手紙7章14節では、「わたしは肉の人であり、罪に売り渡されています」（新共同訳）と語り、生まれたままの人を「肉に属する人・肉の人（［ギ］サルキノス）」と呼んでいます（Ⅰコリント3・1）。それはまた、「生まれながらの人間（［ギ］プシュキコス・アンスローポス）」（同2・14）、「血肉のからだ（［ギ］ソーマ・プシュキコン、新共同訳「自然の命の体」）」（同15・44）「地から出て、土で造られた者（［ギ］アンスローポス・エク・ゲース・コイコス）」（同15・47、48）と表現されているものでもあります。

　聖書から考えるとき、人が地上の死を恐れるのは、霊のいのちを失った罪人（肉の人）にとって地上の死が即滅びですから当然です。しかも、誰も地上の死を免れることはできませんが、多くの人は「死を忘れて（意識しないようにして）生きる」ために日常生活に没頭します。とはいっても、地上の死は厳然とした現実ですので、転倒して「死を美化する」人も出てきます。日本で死者を弔う儀礼が死後五十年にわたって丁重に行われ、その後は祖先を神として崇拝する習わしにもそれを見ることができます。

　また、真を探求し、善を選び取り、美を喜び楽しむ生き方は大きく棄損されて、偽りが利の大義で横行し、悪が暴力とともに社会に蔓延し、美よりも醜悪さを好むような頽廃した文化を形成しています。そのような人生ははかなく悲しいものですが、霊のいのちを失った「肉なるもの」として滅びの死に向かって生きている人を、「迷い出た羊のたとえ話」（ルカ15・4〜7）に、端的に描き出しています。

(3) 人として生きる目的の歪曲——目的概念

罪を犯したエバとアダムに、さらなる神のさばきが臨みました。女に言われた「わたしは、あなたのうめきと苦しみを大いに増す。あなたは、苦しんで子を産まなければならない」(16節)がその一つでした。女の人生の象徴として子どもを産むことが取り上げられ、「産めよ。ふえよ。地を満たせ」(1・28)と、神の祝福として与えられた子どもを産み育てる生活の中に、大いなる苦しみが入ったことを語っています。

加えて、男には「土地は、あなたのゆえにのろわれてしまった。あなたは、一生、苦しんで食を得なければならない」(17節)と語られます。男の生活の中心として与えられた労働は本来、食を得るためのものではなく、神に仕え、神のパートナーとして地を治めて働くという、喜びに満ちたものでした(2・9、16参照)。ところがそれは今や、呪われていばらやあざみを生じるようになった土地と戦いながらの苦労となったばかりか、食を得るための仕方なしの枷《かせ》のようになってしまったのです。

すなわち、女も男も、その人生の中に戦いと苦しみが入ったばかりでなく、神の栄光を現すために、すなわち礼拝行為として生き、働くという祝福と喜びが失われてしまったのです。それは《神のかたち》の目的論的側面が歪められ、その結果、あらゆる人生の営みが空しくなったことを意味しています。それは、「失われた銀貨のたとえ話」(ルカ15・8〜10)において、価値と目的をもって作られた銀貨が人間の手から落ちてしまい、その価値はありながら、その価値を発揮して目的を全うすることができなくなっている姿として描かれているのと似ています。

しかし、人は生きていくかぎり、目的もなく、生きている価値も意味もないと思いながら生きていくことはできない存在です。すると人は、自分で価値を付加していこうとし始めます。大多数の親が自分の子どもに幼いときから、他人に優った価値をつけるために教育を施し、体力をつけさせ、稽古事に時間を費やさせるようになるのは、その現れです。それら自体は良いことですが、それらを身に着けることによって自分の価値を増し、社会的に高い評価を得ることを目指すようになってしまうところに問題があるのです。

日本では古来、地位や名誉や肩書きを得ることを「箔を付ける」と言ってきましたが、言い得て妙です。中身そのものに価値があると考えられないと、人は外側に箔、すなわちメッキを張って、自分は価値ある人間だと見せようとするというのでしょう。このように、神から価値ある者として創造され、神の栄光のためにひとりひとり使命を委託されていることを知らないまま生きるとき、人はただ自分の価値を高め、他人に認められるために生きるようにならざるをえません。しかしそれは、とても虚しい罪人の人生です。

＊

ここで、付記しておくべきことは、神がそのような人を決して見捨ててしまったわけではないことです。むしろ、「神である主は、アダムとその妻のために、皮の衣を作り、彼らに着せてくださった」（創世3・21）とあるように、裸の人を覆ってくださいました。それは、神の恵みとあわれみが罪を犯した人間にも注がれていることが暗示されているといえるでしょう。

新約に至って、キリストによる《神のかたち》の回復が語られる中でも、罪人となった人間の悲惨な状態を、パウロはローマ人への手紙3章において、詩篇とイザヤ書から引用しつつ一気に描いています。その詩篇からの引用部分を三つの概念を念頭に置いて読むとき、奇しくもそこに、私たちの三つの概念の言葉による表現を見いだすことができます。3章9～14節を示しておきましょう。

私たちは前に、ユダヤ人もギリシヤ人も、すべての人が罪の下にあると責めたのです。

それは、次のように書いてあるとおりです。

「義人はいない。ひとりもいない。

悟りのある人はいない。神を求める人はいない。（関係概念）

すべての人が迷い出て、みな、ともに無益な者となった。

善（有益なこと）を行う人はいない。ひとりもいない。」（目的概念）

「彼らののどは、開いた墓であり、彼らはその舌で欺く。」

「彼らのくちびるの下には、まむしの毒があり、」

「彼らの口は、のろいと苦さで満ちている。」（実体概念）

本論Ⅱ章　真性の《神のかたち（姿）》であるキリスト

《神のかたち（似姿）》を毀損した人間には、自分の力でそれを回復することはできません。それどころか、自分が《神のかたち（似姿）》を毀損した罪人であるという自覚さえ持つことができません。そのような私たち、罪人である人類の《神のかたち（似姿）》を回復して救うために、神の御子キリストは受肉し、十字架に死に、よみがえられました。ここでは、その御子キリストは真性の（オリジナルな）《神のかたち（姿）》であり、イエスとして受肉した御子キリストこそが、私たちの救い主であることについて述べます。

A　御子キリストは永遠において、神であり同時に人である

❖「わたしはある」と宣言するイエス

御子キリストは三位一体なる神の第二位格であり、永遠から永遠まで存在しておられます。ヨハネの福音書8章48～59節におけるイエスとユダヤ人（ユダヤ教の指導者たち）との対話において、イエスご自身「まことに、まことに、あなたがたに告げます。アブラハムが生まれる前から、わたしはいるので

す（［ギ］エゴー・エイミ、新共同訳「わたしはある」）」（58節）と宣言されました。ヨハネの福音書において目立って用いられている、この「エゴー・エイミ」（ヨハネ4・26、6・20、8・24、58、18・5〜6）は英語で「I am」に相当する言葉であり、直接にはイザヤ書43章10節の七十人ギリシア語訳による表現を背景にしていると言えるでしょうが、出エジプト記3章14節の「わたしは、『わたしはある』という者である」との神名とも関係づけられます。

ついでに、この旧約におけるイスラエルの神と「わたしはある」という神名の意味について、触れておきましょう。

この『わたしはある』（［ヘ］エヘイエー）という動詞は、「［ヘ］ハヤー」という動詞の未完了態(imperfect)、第一人称単数形です。「ハヤー」は英語の「be」にあたる「ある」という意味の動詞ですが、実は、ヘブル語では「〜である」という現在時制の意味で、この動詞が使われることはありません。もし、現在時制での「存在」の意味で、「わたしがそこにいる（存在する）」ということが言いたいのであれば、「［ヘ］アニー（わたし）・シャム（そこ）」というように、動詞を使わないで表現します。そうすると、この箇所で、聖書は決してこの動詞（［ヘ］ハヤー）を使って「わたしはある」、つまり「私は存在する」というような、ギリシアの形而上学的、あるいは存在論的な意味で「神が存在する」という提示を行なっているのではないということです。……日本語だけでなく、ほとんどの言語でも、これを「わたしはある」と訳していますが、正確には正しくなく、また誤解を招きやすいようです。これを正確に訳すことはほとんど不可能というべきでしょう。……神さまが、自分が「あろう」とする神であられること、すなわち、ご自分が意志された、そのみことばを成就させるべく、絶対的権威を持って事を行っていかれることを、その名前によって示されたと考えられます。（浅井導『神のかたちに』、キリスト新聞社、一五九～一六四頁）

❖「イエスは主」告白の意味

以来、それゆえにイスラエルの神名は「ＹＨＷＨ」（ヘブル語の記述は子音だけですので、英語のアルファベット表記にするとこのようになります）と記されてきました。ところが、神の御名はあまりにも特別で聖なるものとみなされたので、イエスの時代前の数世紀間、特別な場合を除いて声に出して言うことを禁じられていました。それで、古代イスラエル人は聖書を読む時、「ＹＨＷＨ」の言葉がくると、代わりに「[ヘ]アドナイ（わたしの主）」と読み替えましたので、もともとその名がどのように発音されていたかが分からなくなるということが起こってしまったのです。今日では「ヤハウェ」という呼び方が最も信憑性があるとされていますが、私たちの日本語聖書では「ＹＨＷＨ」を「[ヘ]アドナイ」の意味を取って「主」と訳しています。新約聖書を見ると、早い時期からキリスト者たちはイエスを「主（[ギ]キュリオス）」と呼んでいましたが、それは(i)「自分の従うべき主人」や(ii)「真の王」（「主」という同じ呼称で呼ばせたカイザルに対抗するため）、そして(iii)「旧約聖書の神であるＹＨＷＨ（主）」の三つの意味合いがありました。そして、(iii)の意味こそがその他の意味の基本であったと考えるべきでしょう。

　すると、ヨハネの福音書においてイエスが「[ギ]エゴー・エイミ」と言っているのは、「わたしはヤハウェである」と宣言しているのだということがよく分かりますし、「[ギ]エゴー・エイミ・～（わたしは～

です)」という言い方で、「わたしはいのちのパンです」(6・48、51、58)、「世の光です」(8・12、9・5)、「門です」(10・7、9)、「良い牧者です。」(10・11、14)、「よみがえりです。いのちです」(11・25)、「道であり、真理であり、いのちなのです」(14・6)、「まことのぶどうの木です」(15・1、5)と七つの自己同定の言葉を語られたのも、「私はあなたがたのために、あろうとする何にでもなるのだ」ということを七つの例で示すためであったと言うことができます。

このように、御子キリストは「ヤハウェ」なる神であることを自ら宣言しており、よく知られているヨハネの福音書1章1節の「初めに、ことばがあった。ことばは神とともにあった。ことばは神であった」は、それを証言しています。また、ペテロも次のように言っています。

キリストは、世の始まる前から(新共同訳「天地創造の前から」)知られていましたが、この終わりの時に、あなたがたのために、現れてくださいました。あなたがたは、死者の中からこのキリストをよみがえらせて彼に栄光を与えられた神を、キリストによって信じる人々です。(Ⅰペテロ1・20~21)

❖キリストによって神を知る

この項では、御子キリストが神であると納得していただくように書いてきました。それは、キリストを信じていない多くの人がその点に疑問をもっておられるからですが、そこでは「神」とはどのような存在であるかは分かっているものとして、キリストがそれに匹敵するかどうかを考えているといえましょう。しかし実は、神とはどのようなお方かは、ほんとうには誰にも分かっていないのです。ですから聖書の論点はむしろ、神がどのようなお方かを、人間である私たちはどうすれば知ることができるかなのです。そこで、神がどのようなお方かは御子キリストを見ることによってのみ知りうるのだということを述べておきましょう。

聖書での「神」という言葉は、ヘブル語では「エル（複数形はエロヒム）」、ギリシア語では「セオス」の翻訳語ですが、いずれも一般名詞です。その点では、日本語の「神」と同じです。ということは、それは聖書の「ヤハウェ」という名前を持ったまことの神とは異なる異教の神々にも使われている言葉であり、そこには、「神と呼ばれる存在」一般に対する人間側の先入見があることが推測されます。その先入見は人によっていろいろな傾向があるでしょうし、その人が育った文化によっ大きく影響を受けているでしょう。たとえば、姿が見えない、あらゆる場所に遍在している、人間や社会の運命を動かすことができる、などなどですが、そのようにして作られた神観（神のイメージ）は偶像の神観とならざるをえません。

多神教文化の日本で生きてきた私たちが聖書を読んで「神」という言葉に出会った時、初めは自然に、自分の文化の中でイメージしてきた神観を読み込むことになりかねません。しかし私たちキリスト者は、聖書こそが神のことば、神の啓示の書であると告白していますので、聖書に記されていることのみに基づいて「神」を理解しようとします。とはいえ、特に旧約聖書に啓示されている神の語りかけ、働きは神の性質の片鱗を明らかにしてはくれますが、私たちを容易に「神」の全体像とその中核を理解する域にまで導くことはありません。それを神学的には「漸進的啓示」と呼んでいます。神に背いて、まことの神が分からなくなった人類に対して、神はまずひとりの人（アベル、セツ、ノア、セム、アブラハム、イサク、そしてヤコブ）を選んで自分を知らせることから始めて、その子孫であるイスラエルに、彼らの神受容の段階に応じて徐々にご自身を啓示してくださったのです。それでも、旧約聖書を読むと、イスラエルの民はまことの神に信頼し続けることにたびたび失敗し、神の取り扱い（さばきと再召命）を受けたのでした。

そのような長い歴史を経て、ついに御子キリストが受肉される時が来たのです。肉をとられた、この御子キリストこそが、神の全体像と本質を私たちに見える形で啓示してくださった方ですから、御子キリストこそが神のことば、神の啓示そのものなのです。ヨハネの福音書1章18節に「いまだかつて神を見た者はいない。父のふところにおられるひとり子の神が、神を解き明かされたのである」、14章9節のイエスの言葉に「わたしを見た者は、父を見たのです。どうしてあなたは、『私たちに父を見せてください』と言うのですか。わたしが父におり、父がわたしにおられることを、あなたは信じないのですか。わたしがあなたがたに言うことばは、わたしが自分から話しているのではありません。わたしのうちにおられる父が、ご自分のわざをしておられるのです」とあり、コロサイ人への手紙2章9節には「キリストのうちにこそ、神の満ち満ちたご性質が形をとって宿っています」とあるようにです。ですから、「神」について知ろうとするならば、私たちは聖書全体に聞き、とりわけイエス・キリストを見なければなりません。

❖人を知るのもキリストによって

このことを、前章で述べた、御子キリストこそが「ほんとうの人・人間の原型」であることと併せて考えてきたのが、「キリスト論的認識」と呼ばれている聖書の読み方です。すなわちそれは、《神のかたち》としての人のあるべき姿、および神の認識、神との交わりはすべて、イエス・キリストを支点として成り立っているということです。言い換えると、この御子キリストと神との間には類比（アナロギア）がありますので、御子キリストを見れば神が分かるということです。また、人間について知りたければ、罪人となった私たち自身を見るのではなく、ほんとうの人、オリジナルの《神のかたち》として私たち人間と類比（アナロギア）関係にある御子キリストを見なさい、ということでもあります。

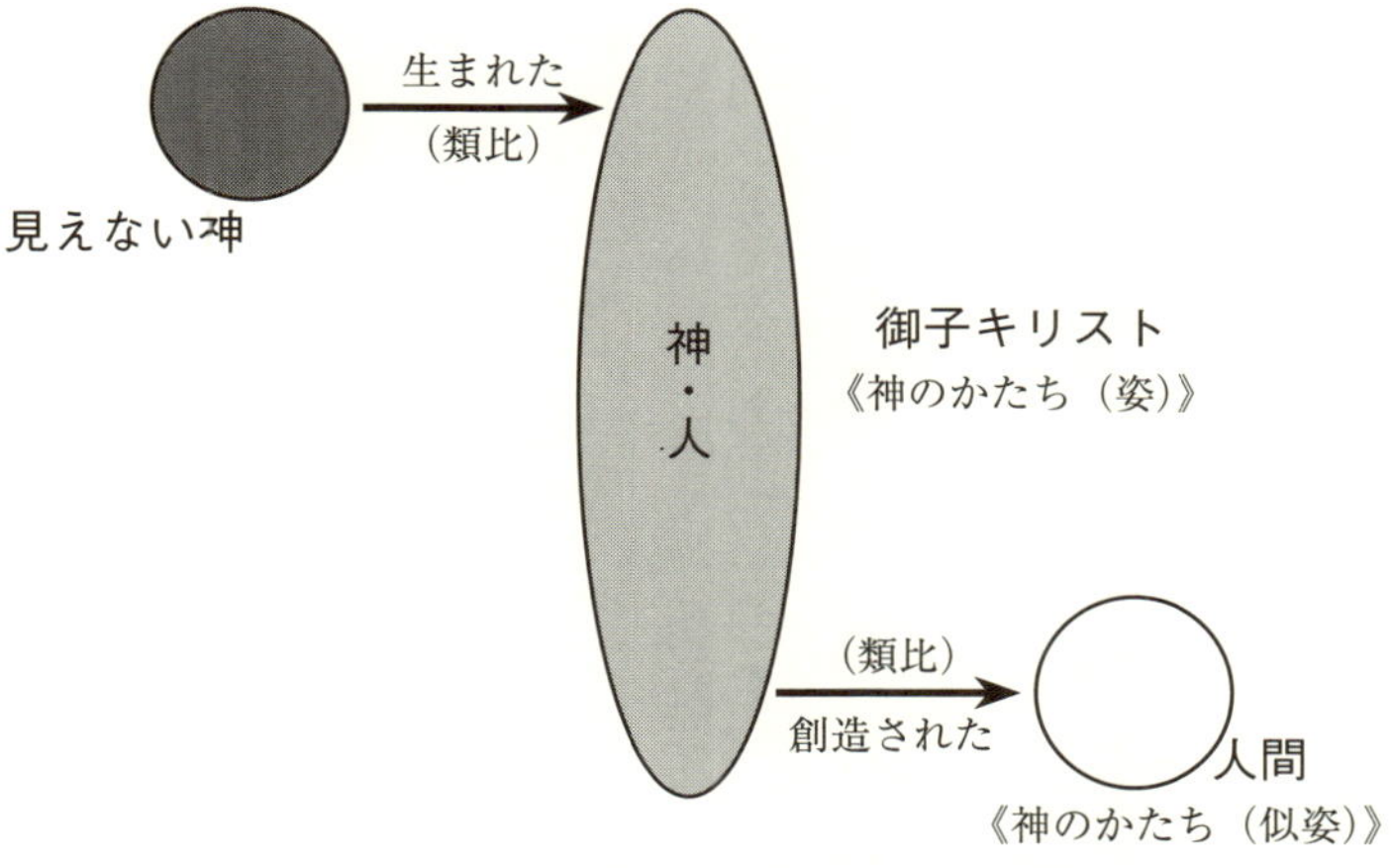

キリスト論的認識（信仰の類比）の構造

B　御子キリストの三状態

しかし、聖書を見るときに、旧約時代の御子の存在、そして新約の福音書に描かれているイエス・キリストとしての地上の生涯と十字架上での死と葬りまでの存在、さらには、死からよみがえらされ、天に昇っていったキリストの存在のあり方は大きく変化していることも見過ごしてはなりません。教会が「キリストの三状態」と呼んで区別してきたそのことを、まずここで述べましょう。

(1)　先在のキリスト──オリジナルな《神のかたち（姿）》のキリスト

人間の創造について、旧約の創世記では「神は人をご自身のかたち（似姿）として（かたどって＝新共同訳）創造された」（1・27。9・6も参照）と記していますが、新約のイエス・キリストの受肉と死、そして復活と昇天を経験した弟子たち以降の啓示として「御子は、見えない神のかたち（姿＝新共同訳）であり、造られたすべてのものより先に生まれた方です」（コロサイ1・15）と記されています。ここでは、三位一体の神が理解され始めており、御子キリストは創造以前から「見えない神（父）のかたち（姿）」として存在していたことが示唆されています。すなわち、御子こそが《神のかたち（似姿）》の原型、オリジナルな《神のかたち（姿）》であり、完全な神性とともに真性の人性とを持っていたと言えるのです。続くコロサイ人への手紙1章16節以降に、「なぜなら、万物は御子にあって造られたからです。天にあるもの、地にあるもの、見えるもの、また見えないもの、王座も主権も支配も権威も、すべて御子によって造られたのです。万物は、御子によって造られ、御子のために造られたのです。御子は、万物よりも先に存在し、万物は御子によって成り立っています」とあるように、天地創造とその後の摂理のわざも御子によってなされていると書かれています。それゆえ、新約の啓示を経て創世記1章27節を読むとき、その「ご自身のかたちとして」とは「御子キリストの似姿として」のことであり、最初の人アダムはこのオリジナルな《神のかたち（姿）》である御子に似せて造られたと結論づけられます。

❖旧約に登場している御子キリスト

そのキリストが旧約時代においても姿を見せていると考えられる代表的な箇所は、創世記18章1～19節です。そこでは、「主（ヤハウェ）はマムレの樫の木のそばで、アブラハムに現れた」と書き出されています。実際には、そこに三人の旅人が登場するのですが、その一人を「主（ヤハウェ）」と呼び、他の二人を「御使い」と呼んで、はっきり区別しています（特に18・9、13、22、33、19・1、12～13参照）。ここでの主（ヤハウェ）は、どのように理解したらよいのでしょうか。父なる神がこのように人の姿をとって現れたというのは考えにくいことです。聖霊とも考えられません。まことの神（ヤハウェ）でありつつ真性の人である御子（三位一体の神の第二位格）が、霊のからだ（次に述べる受肉のからだではなく）をもって地上に現れたと考えるなら納得のいくことです。

旧約の他の箇所（創世28・10～19、32・22～32、出エジプト3・4～6、ダニエル3・24～27、10・16の「人の姿をとった者」など）も、先在の御子キリストが現れたと考えられる可能性がありますし、それ以外でも旧約全般の多くの箇所において、「見えない神のかたち」であり、神のことば（啓示）である御子が、王や預言者たちに語りかけたと理解できる箇所が多々あるのではないでしょうか。

新約聖書にも、御子の先在について書いた言葉があります。ヨハネの福音書のプロローグである1章1～18節の前半（1～13節）は、バプテスマのヨハネのことなどの挿入がありますが、「ことば（御子）」の天における先在について書き（1～2節）、その「ことば」によってすべてのものが成ったこと、すなわち創造されたこと（3～4節）、さらには、「この方（「ことば」）はもとから世におられ、世はこの方によって造られたのに、世はこの方を知らなかった。この方はご自分のくに（神が選んだ民であるイスラエル）に来られたのに、ご自分の民は受け入れなかった」（10～11節）と、旧約時代における御子の臨在と働きについて書いています。そして、続く後半の14～18節になってやっと、次項で述べる「ことば」の受肉について書きます（大貫隆『福音書のイエス・キリスト4～ヨハネによる福音書』、日本基督教団出版局、一九九六、六五頁、一五二～一五五頁参照。ヘブル1・1～3も参照）。

ほかにも旧約と新約との関連において、先在のキリストを理解するとよりよく解釈できるようになると思われるひとつの箇所と、その可能性のあるもうひとつの箇所を見てみましょう。

❖ノアの洪水のとき

まずは、ペテロの手紙第一3章18～22節です。ここの「その霊において、キリストは捕らわれの霊たちのところに行ってみことばを語られたのです」（19節）を、キリストが死者のところ（黄泉）へ行って福音を語ったと理解して、人には死んだ後にもう一度救いの機会が与えられると極端に解釈するにしても、「みことばを語られた」を「罪に対する勝利を宣言された」と無難に解釈するにしても、多くの人はこれを、キリストが死と復活の間に死者のところへ行ったことへの言及と考えています。しかし、これを、前に引用した1章20節のように先在のキリストのことだと理解するならば、まったく違った解釈の可能性が出てきます。それは、3章20節にあるように「昔、ノアの時代に、箱舟が造られていた間、神が忍耐して待っておられたとき」のこと、すなわち創世記6章1～8節で述べられていることとして、率直に受け取る解釈です（以下、拙著『現代を創造的に生きるために』、いのちのことば社、八八頁以降を参照）。

創世記6章1～8節は、なぜ「ノアの洪水」が起こったのかを説明しています。「地上に人の悪が増大し、その心に計ることがみな、いつも悪いことに傾く」（5節）とは、罪が多くの人々に広がっていくとともに、その心の中の深みにまで浸透していったことを告げています。しかも、それは結婚を通してなされていったというのです（1～2節）。ここの「神の子ら」とは神に選ばれた「セツの子孫」、そして「人の娘たち」とは「カインの子孫たち」であろうと考えられます。すると、セツの子孫の息子たちがカインの子孫の娘たちと結婚したということですが、彼らの結婚を決意するときの仕方が問題です。「いかにも美しいのを見て、その中から好きな者を選んで、自分たちの妻とした」と書いてあるからです。このようにして、神によって選ばれたセツの子孫も「肉にすぎな」くなったのです。「すべての肉なるもの」と動物とともに呼ばれてもいます（6・12、13、17、19、7・15、16）。4節の「ネフィリム」も、ヘブル原語の意味は「堕落した人」という意味で（12節参照）、民数記13章32～33節ではカナンに住む

「巨人」のこととされています。

さて、神はこの事態にどのように対処したのでしょうか。まず「わたしの霊は、永久には人のうちにとどまらないであろう」（3節）と言われました。この「わたし（神、主）の霊」との言い方は、ヨブ記27章3節、33章4節を除いて、主なる神が選んだ人を動かして神の働きをするときに使われていますから（イザヤ42・1など多数）、それは神の選びとして注がれた御霊が取り去られると理解するのが妥当でしょう（Iサムエル16・14、詩篇51・11参照）。「それで人の齢は、百二十年にしよう」（3節。七十人訳によるもの）は、何百年も生きていた人間の寿命が神のさばきによって百二十年に短縮されたとの理解が大勢ですが、もう一つの解釈の可能性があります。新改訳の欄外注のように、選ばれた民が罪に傾いていくのをご覧になった神が、肉に過ぎなくなった「人を百二十年まではかばわない（責任を負わない）」（ヘブル語のマソラ本文による訳）と、すなわち、神の選びの民として神の働きを担うべく注がれた御霊をセツの子孫から取り上げないでおくのも百二十年が限度だ、と言われたというものです（榊原康夫『ローマ人への手紙講解3』、教文館、八一頁参照）。

ペテロが語ったのはこのことであり、その百二十年の間も御子キリストが霊のからだをもってセツの子孫に熱心に悔い改めを迫っていたというものです。結果は、そのような忍耐の約百～百二十年の後に神は「悔やみ、心を痛められ」、選びの民を滅ぼすとの決断をしたのでした（創世5・32と7・11を参照）。

ペテロはこう述べています。

その霊において、キリストは捕らわれの霊たちのところに行って、みことばを語られたのです。

昔、ノアの時代に、箱舟が造られていた間、神が忍耐して待っておられたときに、従わなかった霊たちのことです。わずか八人の人々が、この箱舟の中で、水を通って救われたのです。（Ⅰペテロ3・19～20）

ここで受肉前の霊のからだを持った御子キリストについて考えられていることは、ペテロの手紙のこの文脈で、キリストの受肉前と復活後の「霊」のからだと、降誕から十字架の死までの間の「肉」のからだとしての存在が、はっきり区別して書かれていることからも支持できると思われます。

❖大祭司メルキゼデク

もう一か所は、キリストを「メルキゼデクの位に等しい大祭司」であると語るヘブル人への手紙です。5章7～10節では、「キリストは、人としてこの世におられたとき（肉の日々＝直訳）、自分を死から救うことのできる方に向かって、大きな叫び声と涙とをもって祈りと願いをささげ、そしてその敬虔のゆえに聞き入れられました。キリストは御子であられるのに、お受けになった多くの苦しみによって従順を学び、完全な者とされ、彼に従うすべての人々に対して、とこしえの救いを与える者となり、神によって、メルキゼデクの位に等しい（の系統の＝岩波訳）大祭司ととなえられたのです」とあります。ご存じのように、メルキゼデクは創世記におけるアブラハムの時代に登場するシャレムの王であり、アブラハムをパンとぶどう酒を持って迎え祝福した、いと高き神の祭司です。その名の意味は「義の王」です（創世14・18～20）。

キリストをこのメルキゼデクと関連づけて語るヘブル人への手紙は、キリストがアロンの系統によらない真の（神から直接任命された）大祭司であると語っており、メルキゼデクはそのキリストの型であると理解されてきました。もちろん、それでよいと思いますが、メルキゼデクは先在のキリストであると理解する可能性も完全には否定しきれないのではないかと考えます。その理由は、彼は上述の箇所のみに忽然と現れていること、彼の名前が「メルキゼデク（義の王）」、呼び名が「シャレム（平和）の王」と「いと高き神の大祭司」であること、加えてアブラハムをパンとぶどう酒をもって祝福している記述があり、それに言及しているヘブル人への手紙6章19節~7章28節の書き方です。特に7章3節ではこう言っています。「父もなく、母もなく、系図もなく、その生涯の初めもなく、いのちの終わりもなく、神の子に似た者とされ（ギアフォーモイオーメノス、新共同訳「似た者であって」）、いつまでも祭司としてとどまっているのです」（詩篇110篇をも参照）。

❖キリストは人間の原型、完成型

東方教会とギリシア教父研究者であるジョージ・A・マローニィはこう言っています。

　エイレナイオスは、人間を理解するために、アダムが神人イエス・キリストの像（かたち）によって造られたと明確に言っている。人間となられた神のロゴスは型であり、この型によって、創造主なる神は、人間を造った。イエス・キリストは、人間の原型である。つまり、イエス・キリストはアダム（つまり全人類）が完成することによって、なるように運命づけられていた「人間の型」である。『使徒たちの使信の証明』のなかで、エイレナイオスは、この点を次のように書いている。「なぜなら、神は、神の像（かたち）として人間を造られました（創世記9・6）。」この『像（かたち）』は、神の御子であり、この御子の像（かたち）によって、人間は造られたのである。（ジョージ・A・マローニィ『人間、神のイコン』、あかし書房、の第三章「聖エイレナイオス」五四～五五頁）

すなわち、人間は直接《神のかたち》として造られているのではなく、御子というオリジナルな《神のかたち》によって造られているというのです。

このように、御子キリストは天地創造の前から永遠において「神であり、同時に霊のからだを持った《神のかたち》、すなわち真性の人として天におられ」、必要に応じて地にある神の民、イスラエルに現れて働きをされたと考えることができます（「神が天におられる」の表現の意味については、N・T・ライト『クリスチャンであるとは』、第5章「神」を参照）。

(2) 謙卑のキリスト――受肉し十字架に死なれたキリスト

先在の御子キリスト（受肉以前のキリスト）は、まことの神でありつつ霊のからだを持った「真性の人間＝《神のかたち》」でした。先の項で触れた旧約におけるキリストの現れは、すべてこの「霊のからだ」による現れであり、その姿はおおよそ成人男性のようですが、必要に応じて忽然と地上に現れ、忽然と消えて（去って＝天に帰って）います。

❖イエスとして受肉した御子キリスト

しかし、新約におけるイエス・キリストの現れは、これとはまったく違ったものです。ここでは、御子がイエスとして「処女マリヤより」生まれ（ルカ1～2章）、聖書はそれを「ことばは人（直訳＝肉）

となって、私たちの間に住まわれた」（ヨハネ1・14）と語っています。新改訳が「人」と訳している言葉は「[ギ]サルクス」で、欄外注にあるように直訳は「肉」ですので、私たちはそれを「受肉」と呼んで、旧約時代の現れと区別しています。ほかにも、以下の箇所がそのことを示唆しています。「御子は、肉によればダビデの子孫として生まれ」（ローマ1・3）、「神はご自分の御子を、……罪深い肉と同じような形でお遣わしになり」（同8・3）、「神はご自分の御子を遣わし、この方を、女から生まれた者……となさいました」（ガラテヤ4・4）、「キリストこそ……ご自分の肉において、敵意を廃棄された方です」（エペソ2・14～15）、「キリストは肉において現れ、霊において義と宣言され」（Iテモテ3・16）、「あなたは、彼を、御使いよりも、しばらくの間、低いものとし」（ヘブル2・7）、「キリストは、人としてこの世におられたとき（直訳＝彼の肉の日々。新共同訳＝肉において生きておられたとき）」（同5・7）などです。

ただ、ピリピ人への手紙2章6～8節の「キリストは、神の御姿である方なのに、神のあり方を捨てることができないとは考えず、ご自分を無にして、仕える者の姿をとり、人間（[ギ]アンスローポス）と同じようになられました。人（[ギ]アンスローポス）としての性質をもって現れ、自分を卑しくし、……」だけは、イエスのことを「神であるお方が『人間』と同じようになったのだ」と表現しています。しかし、このような言い方は新約でここだけですし、その「人間」は「肉なる人間」を指すことは、明瞭でしょう。ついでに述べますと、ここの翻訳には二つの点で別の可能性があります。ひとつは、「神の御姿である方なのに」です。すなわち、キリストは神のあり方に反してと理解しているのです。しかし、この状況分詞は「神の御姿であられるので」と、以降に述べるキリストの行動の理由と訳すこともできます（マイケル・ロダール『神の物語』、日本聖化協力会出版委員会、二〇二～二〇七頁／ジョン・オートバーグ『あなたがずっと求めていた人生』、地引網出版、一七九～一八二頁、参照）。もうひとつは、「神のあり方を捨てることができないとは考えず」という訳です。ここで「捨てることができない」と訳されている「[ギ]アルパグモン」は聖書に一回だけ出てくる語ですが、「奪う、強奪する[ギ]アルパゾー」の名詞形であり、「奪い取るべきもの」と訳す可能性が強いものです（『ギリシア語新約聖書釈義事典Ⅰ』、一九三頁を参照）。するとここは、次のように訳すこともできます。「キリストは、神のご性質そのものであればこそ、神と等しくあることを奪い取るべきものとは考えないで、ご自分を無にして、仕える者の姿をとり、人間（[ギ]アンスローポス）と同じようになられたのです。」キリストはこの神のご性質そのものを受肉によって啓示されたのです。

❖聖書における「肉」

ともかく、聖書における「肉」とは、旧約における「[ヘ]バサル」、七十人訳において二百七十三回その訳語となっている「[ギ]サルクス」のことであり、新約でもその意味を継承して使われている語です。旧約、新約におけるそれらの用法はともに、

(i)　基本的には被造物である人間や獣に共通な「肉体」のことであり、外的・自然的存在という視点からとらえた人間、獣全体の意味です。端的に言えば全人、すなわち単に「被造物であるひと」を表します。

(ii) しかし同時に、その「ひと」は神の前に罪を犯したアダムの子孫として、被造物としての有限性と霊的な死の下におり、その点で、霊であり肉でない神とはコントラストをなし、神の被造物として神の前に立ちつつも「神から離れる性向を持つ存在」であることも意味しています（本論Ⅱ章の2、(2)項参照）。

すると、私たちがクリスマスの奇跡を、ピリピ人への手紙にならって「神が人となられた」と言うだけでは、現代の人々にその十分な意味を伝えきれていないのではないでしょうか。神が神であることをやめて人間になられたわけではありません。また、肉体（物質的からだ）を持たない神の御子が、肉体（物質的からだ）を持つ人間となられたということでもありません。その奇跡の真の意味は、まことの神であり真性の人である（霊のからだを持った）御子キリストが、被造物であり、しかも罪を犯したために神から離反し、弱さと死とに支配されて生きている私たちと同じ「肉のからだ」をとるべく、肉なる人類の一人であるマリヤから生まれてくださったということです。神であり真性の人であるお方が、私たちと同じ罪人の仲間になってくださったのです。

ヨハネの福音書1章14節もその意味から解釈されるべきことは、同じヨハネの福音書の3章6節「肉によって生まれた者は肉です。御霊によって生まれた者は霊です」を見るときに頷かれることでしょう。

カール・バルトが次のように言っているとおりです。

神の御言葉が肉となり給うたということ、それが神の恩寵だからである。肉とは、〈われわれ一人ひとりのように〉ということである。神の御言葉が肉に変じたのではない。神が神であることを廃め給うたのであれば、たとえ神にそういうことが可能であるとしても、どうしてそれが恩寵であろうか。そのようなことで、神がわれわれに、どのような憐憫を示し給うであろうか。否、御言葉は肉となり給うたのである。……しかも十分に理解していただきたいが、この人間的存在というのは、罪によって暗くなり・破れた姿の・このわれわれの人間的存在のことであって、したがって、人間的存在の力や価値やまた何か他の資格のゆえにではなく、神御自身が良しとし給うたゆえに、またその愛ゆえに、このようなことが起こったのであって、『処女マリヤより生れ』とは、このことの徴のためである。（『福音と律法』、新教出版社、二〇〇七年復刊、六七〜六八頁）

❖肉をとりながら、罪を犯さなかったイエス

ついでに述べると、新約において、イエス・キリストはその生涯において罪を犯さなかったと記されています。

私たちの大祭司は、私たちの弱さに同情できない方ではありません。罪は犯されませんでしたが、すべての点で、私たちと同じように、試みに会われたのです。（ヘブル4・15。7・26〜27も参照）

神は、罪を知らない方を、私たちの代わりに罪とされました。（Ⅱコリント5・21。ヨハネ8・46〜47、19・6も参照）。

前章で述べた《神のかたち》の原型としての御子キリストを知っている私たちは、そのお方が受肉されたイエスであれば、これを当然と受けとめることができるでしょう。しかし、ここで「罪を犯されなかった」「罪を知らない」とはどういうことでしょうか。悪事はもちろん、律法違反も、不道徳的なこ

とも、また過失さえもまったく行わなかったというように理解するならば——むろん、それは当然のことです！——、それは聖書がほんとうに言いたいこととは違うのではないでしょうか。むしろ、イエスは私たちと同じ試み（誘惑）に遭いつつも、決して神を裏切ること、神に反逆することはなかった、いつも神（父）に信頼を寄せ、神に従順であられたということでしょう。

アダムとエバに対する悪魔の誘惑にちょうど対応するように、イエスもその活動に先立って悪魔の誘惑を受けていますが、そこでイエスは（アダム、エバとは対照的に）、神のことば、旧約聖書を引用しながら、神への絶対信頼と服従を貫いています（ルカ4・1〜13。マタイ4・1〜11も参照）。ご自身の死を意識させられたゲツセマネの祈りの際にも、深く恐れもだえて祈りながらも「しかし、わたしの願うことではなく、あなたのみこころのままを、なさってください」（マルコ14・36）と締めくくって立ち上がられました。このように生涯を歩み、十字架上で死んでいかれたイエスを教会では「キリストは、神の御姿である方なのに（なればこそ）、神のあり方を捨てられない（奪い取るべき）とは考えず、ご自分を無にして、仕える者の姿をとり、人間と同じようになられました。人としての性質をもって現れ、自分を卑しくし、死にまで従い、実に十字架の死にまでも従われました。それゆえ神は、この方を高く上げて、すべての名にまさる名をお与えになりました」（ピリピ2・6〜9）と言い伝えたのでした。

その目的は、何でしょうか。「肉によって無力になったため、律法にはできなくなっていることを、神はしてくださいました。神はご自分の御子を、罪のために、罪深い肉と同じような形でお遣わしになり、肉において罪を処罰されたのです」（ローマ8・3）、「そこで、子たちはみな血と肉を持っているので、主もまた同じように、これらのものをお持ちになりました。これは、その死によって、悪魔という、死の力を持つ者を滅ぼし、一生涯死の恐怖につながれて奴隷となっていた人々を解放してくださるためでした。……そういうわけで、神のことについて、あわれみ深い、忠実な大祭司となるため、主はすべての点で兄弟たちと同じようにならなければなりませんでした。それは民の罪のために、なだめがなされるためなのです。主は、ご自身が試みを受けて苦しまれたので、試みられている者たちを助けることがおできになるのです」（ヘブル2・14～18）が代表的に語っているように、キリストはアダムの子孫（古い人間、罪人の子孫、肉の人）として女から生まれ、私たちと同じようになられ、その死によって罪に支配された人類の歴史に終止符を打たれるためでした。この点については、次項の「受肉したキリストの十字架の死と復活の意味」で詳しく再述します。

(3)　高挙のキリスト――復活、昇天し、神の御座の右に着座されたキリスト

そのように、十字架上で死なれたキリストを、父なる神はそのままにしてはおきませんでした。

キリストは、聖書の示すとおりに、私たちの罪のために死なれたこと、また、葬られたこと、また、聖書の示すとおりに、三日目によみがえられたこと、また、ケパに現れ、それから十二弟子に現れたことです。（Ⅰコリント15・3～5）

そのときのキリストは、十字架の死までの肉のからだとは違い、受肉前の状態と同じ霊のからだをもって復活されたのです。

死者の復活もこれと同じです。朽ちるもので蒔かれ、朽ちないものによみがえらされ、卑しいもので蒔かれ、栄光あるものによみがえらされ、弱いもので蒔かれ、強いものによみがえらされ、血肉の（ギプシュキコン＝自然の）からだで蒔かれ、御霊に属する（ギプニューマティコン＝霊の）からだによみがえらされるのです。血肉のからだがあるのですから、御霊のからだもあるのです。聖書に「最初の人アダムは生きた者となった」と書いてありますが、最後のアダムは、生かす御霊となりました。最初にあったのは血肉のものであり、御霊のものではありません。御霊のものはあとに来るのです。（Ⅰコリント15・42〜46）

「キリストは肉において現れ、霊において義と宣言され、御使いたちに見られ、諸国民の間に宣べ伝えられ、世界中で信じられ、栄光のうちに上げられた。」（Ⅰテモテ3・16）

福音書の報告を見ても、復活のイエスは、肉のからだを持っていたときとは違う様子で描かれています。マタイの福音書の最後、ガリラヤの山上では「そして、イエスにお会いしたとき、彼らは礼拝した。しかし、ある者は疑った」（マタイ28・17）とありますし、エマオの途上においても「彼らとともに食卓に着かれると、イエスはパンを取って祝福し、裂いて彼らに渡された。それで、彼らの目が開かれ、イエスだとわかった」（ルカ24・30〜31）、そしてエルサレムに戻っては「これらのことを話している間に、イエスご自身が彼らの真ん中に立たれた。彼らは驚き恐れて、霊を見ているのだと思った」（同24・36〜37）。この文章に続いては、新共同訳で「わたしの手や足を見なさい。まさしくわたしだ。触ってよく見なさい。亡霊には肉も骨もないが、あなたがたに見えるとおり、わたしにはそれがある」（ルカ

24・39～40）とあるように、からだのない亡霊ではなく、ちゃんとしたからだがあることを悟らせようとしています。すなわち、霊のからだで復活したイエスであることを告げていると言えるでしょう。

ヨハネの福音書には、このように記されています。

その日、すなわち週の初めの日の夕方のことであった。弟子たちがいた所では、ユダヤ人を恐れて戸がしめてあったが、イエスが来られ、彼らの中に立って言われた。「平安があなたがたにあるように。」（ヨハネ20・19）

八日後に、弟子たちはまた室内におり、トマスも彼らといっしょにいた。戸が閉じられていたが、イエスが来て、彼らの中に立って「平安があなたがたにあるように」と言われた。（ヨハネ20・26）

テベリヤ湖畔においても、

夜が明けそめたとき、イエスは岸辺に立たれた。けれども弟子たちには、それがイエスであることがわからなかった。……イエスは、彼らに言われた。「さあ来て、朝の食事をしなさい。」弟子たちは主であることを知っていたので、だれも「あなたはどなたですか」とあえて尋ねる者はいなかった。（ヨハネ21・4～14）

この復活のイエスはまもなく、霊のからだを持った「まことの神、まことの人」として天に昇って行き、神の御座の右に着座されました。

こう言ってから、イエスは彼らが見ている間に上げられ、雲に包まれて、見えなくなられた。イエスが上って行かれるとき、弟子たちは天を見つめていた。（使徒1・9～10）

イエスは、ご自分の前に置かれた喜びのゆえに、はずかしめをものともせずに十字架を忍び、神の御座の右に着座されました。（ヘブル12・2。1・3も参照）

そして、やがて再び、今度は霊のからだのままで来られます。

こう言った。「ガリラヤの人たち。なぜ天を見上げて立っているのですか。あなたがたを離れて天に上げられたこのイエスは、天に上って行かれるのをあなたがたが見たときと同じ有様で、またおいでになります。」（使徒1・11）

その時にすべてをさばき、人類救済のわざを完成されるためです。

キリストも、……二度目は、罪を負うためではなく、彼を待ち望んでいる人々の救いのために来られるのです。（ヘブル9・28）

私たちはイエスが死んで復活されたことを信

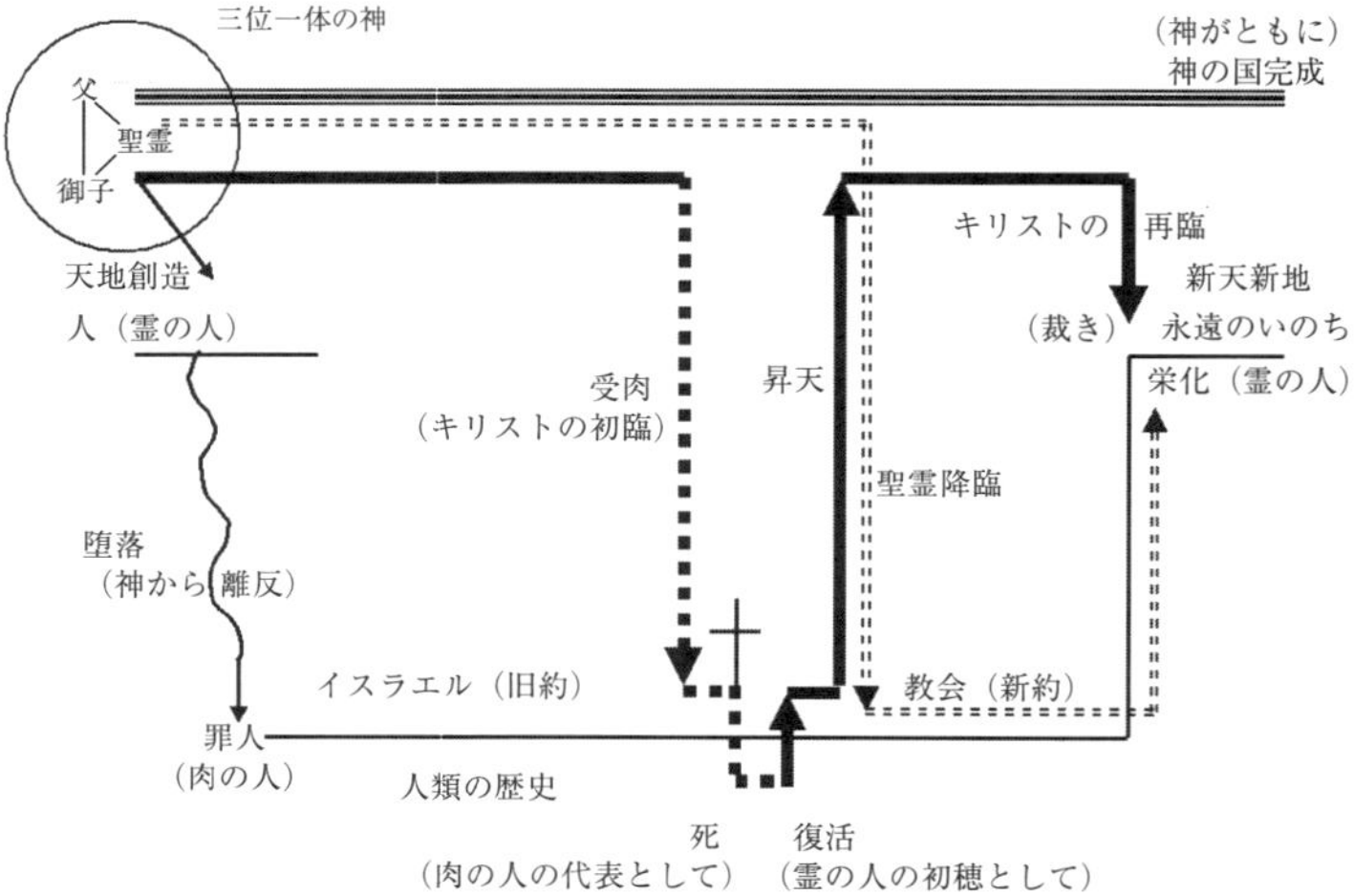

キリストの状態と働きのパノラマ

じています。それならば、神はまたそのように、イエスにあって眠った人々をイエスといっしょに連れて来られるはずです。……主は、号令と、御使いのかしらの声と、神のラッパの響きのうちに、ご自身天から下って来られます。……このようにして、私たちは、いつまでも主とともにいることになります。（Ⅰテサロニケ４・14〜17）

イエスご自身も、こう言っておられました。

「その日には、その苦難に続いて、太陽は暗くなり、月は光を放たず、星は天から落ち、天の万象は揺り動かされます。そのとき、人々は、人の子が偉大な力と栄光を帯びて雲に乗って来るのを見るのです。そのとき、人の子は、御使いたちを送り、地の果てから天の果てまで、四方からその選びの民を集めます。」（マルコ13・24〜27。マタイ24・29〜31、ルカ21・25〜28も参照）

C　受肉したキリストの十字架の死と復活の意味――キリストの働き

「すなわち、神は私たちを世界の基の置かれる前から彼にあって選び、御前できよく、傷のない者にしようとされました。神は、みむねとみこころのままに、私たちをイエス・キリストによってご自分の子にしようと、愛をもってあらかじめ定めておられました」（エペソ１・４〜５）とあるように、人間の救済（完成）は神の世界創造の目的であり、創造の前から神によって意志され聖定されていたといえます。それを聖書に即した別のことばにすれば「神の選び」にほかなりませんが、ここで「彼（キリスト）にあって選び」とあるように、そこでもキリストがその中心的な役割を果たしていることが述べられています。

イエスとして受肉した、その御子キリストの公生涯と「神の国の福音宣教」の働きは、福音書から、おもに次の四つにまとめることができるでしょう（マイケル・ロダールは『神の物語』、日本聖化協力会出版委員会、二九八頁以降で、このうち(i)(iii)(iv)の三つを挙げていますが、私は四つにまとめました）。

(i) 神の国のたとえ（奥義・原理）＝ギケリュグマ
(ii) 神の国の教え（説教・倫理）＝ギディダケー
(iii) 神の国のしるし（証拠・力）＝ギデュナミス
(iv) 神の国の顕示（模範・愛）＝ギディアコニア

そして、受肉に始まる宣教の生涯の終結、究極として十字架における死と復活がありました。そのようなイエス・キリストの十字架の死と、それに続く復活、そして聖霊降臨がなければ、神の国は地上で開始しなかったと言ってよいでしょう。ですから、神の国をもたらすイエス・キリストの働きと言うとき、端的にはイエス・キリストの十字架における死と復活、とりわけパウロのように、「十字架のことば」の意義に集約して語ることは、必ずしも間違ってはいません（Ⅰコリント1・18〜23a、ガラテヤ3・1。デイヴィッド・ボッシュ『宣教のパラダイム転換　下』、四二九〜四三九頁／スコット・マクナイト『福音の再発見』、キリスト新聞社も参照）。

❖イエスの十字架の死を語る表現法

　では、私たちの救いに対する「イエス・キリストの十字架」の意義はどこにあるのでしょうか。そのことを考察する前に、聖書、特にパウロ書簡やヘブル人への手紙において、多くの場合、イエスの「十字架」は「死」と交換可能な言葉ではないことを意識しておかなければなりません。もちろん、「十字架のことば」（Ⅰコリント1・18）に代表されるように、「十字架の出来事」か「キリストの福音」と置換できるような神学化された使用例も多いですし、パウロ独特の定型句「引き渡された」もイエスの生涯をその死に焦点を当てて語っています。ローマ人への手紙4章25節の「主イエスは、私たちの罪のために死に渡され（ギホス・パレドーセー）」が代表的で、ガラテヤ人への手紙1章4節、2章20節、エペソ人への手紙5章2節、25節、テモテへの手紙第一2章6節、テトスへの手紙2章14節などの「いのちを捨てた」「ささげた」との言い回しも同じようなものです。

　また、「私たちがまだ弱かったとき、キリストは定められた時に、不敬虔な者のために死んでくださいました（ギアペサネン・ヒュペル）。……私たちがまだ罪人であったとき、キリストが私たちのために死んでくださった（ギヒュペル・ヘモーン・アペサネン）ことにより、神は私たちに対するご自身の愛を明らかにしておられます」（ローマ5・6〜8）のように多く語られている「〜のために死んだ」は、多義的なイエスの死の意味をすべて含みつつ、一気に語っていると見るべきものでしょう（Ⅰコリント8・11、15・3、ガラテヤ2・21、Ⅰテサロニケ5・10、ヘブル2・9、Ⅰペテロ3・18なども参照）。

　にもかかわらず、イエス・キリストの死そのものを具体的に語るときの「十字架（ギスタウロス）」は

「人々の強制による悲惨な殺害（ギネクローシス）」と結びつくものです。そして、それに対して、「死（ギサナトス）」は深い含蓄なしに単なる生命の終わり、または人類の罪の報いとしての運命的な死を意味しています。「サナトス」と「ネクローシス」の意味は明確に二分できるものではありませんが、大まかな傾向としてこのような区別があると言えるようです（アリスター・マクグラス『十字架の謎』、教文館／青野太潮『「十字架の神学」をめぐって』、新教出版社などを参照）。

そのように見るとき、以上の「死（ギサナトス）」と「十字架（ギスタウロス）」の二つに加えて、イエスの「十字架上での死」はさらに、自らの命を献げる「犠牲・いけにえ（ギスュシア）」の死としても述べられていることにも気づきます。

❖死（サナトス）

実際、「死（ギサナトス）」はパウロによって次のように使われています。

もし私たちが、キリストにつぎ合わされて、キリストの死（ギサナトゥ）と同じようになっているのなら、必ずキリストの復活とも同じようになるからです。（ローマ6・5）

以下の箇所にも、その動詞「死ぬ（ギアポスゥネースコー）」が使われています。

キリストが死なれたのは、ただ一度罪に対して死なれた（ギアペサネン）のであり、キリストが生きておられるのは、神に対して生きておられるのだからです。（ローマ6・10）

ひとりの人がすべての人のために死んだ（ギアペサネン）以上、すべての人が死んだのです（ギアペサノン）。また、キリストがすべての人のために死なれた（ギアペサネン）のは、生きている

> 人々が、もはや自分のためにではなく、自分のために死んで（ギアポサノンティ）よみがえった方のために生きるためなのです。（Ⅱコリント5・14〜15）

他方、イエス・キリストの死そのものについて述べている「十字架（ギスタウロス）」は、以下の二か所に出てきます。

❖十字架（スタウロス）と殺害（ネクローシス）

> （キリストは）人としての性質をもって現れ、自分を卑しくし、死にまで従い、実に十字架の死（ギサナトゥ・デ・スタウルー）にまでも従われました。（ピリピ2・7〜8）

> イエスは、ご自分の前に置かれた喜びのゆえに、はずかしめをものともせずに十字架（ギスタウロン）を忍び、神の御座の右に着座されました。（ヘブル12・2）

ここでの十字架は悲惨な刑死の意味が強く、言及されている「はずかしめ」は、十字架が単なる死ではないことを示しています。ガラテヤ人への手紙3章13節にあるユダヤ的な「のろい」とともに、コロサイ人への手紙2章15節の「さらしものとし」などの表現にもそれが見られます。

また、イエスの死について語る「ギネクローシス」が殺害の意味を強く込められて出てくるのは、以下の箇所です。

> 私たちは、……迫害されていますが、見捨てられることはありません。倒されますが、滅びません。いつでもイエスの死（ギネクローシン＝殺害）をこの身に帯びていますが、それは、イエスのいのちが私たちの身において明らかに示されるためです。（Ⅱコリント4・8〜10）

また、「イエスは、死の苦しみ（[ギ]パセーマ・トゥ・サナトゥ）のゆえに、栄光と誉れの冠をお受けになりました」（ヘブル2・9）は、「[ギ]サナトス」を使っているものの、その「苦しみ」を述べているところから「[ギ]ネクローシス」としての「十字架の死」を語っているように思われます。

❖いけにえ（スュシア）

さらに、イエスの「十字架上での死」は、自らの命を犠牲としてささげる「いけにえ（[ギ]スュシア）」の死としても述べられています。

キリストもあなたがたを愛して、私たちのために、ご自身を神へのささげ物、また供え物（[ギ]スュシアン、いけにえ＝新共同訳）とし、香ばしいかおりをおささげになりました。（エペソ5・2）

キリストは、ただ一度、今の世の終わりに、ご自身をいけにえ（[ギ]スゥシアス）として罪を取り除くために、来られたのです。（ヘブル9・26）

キリストは、罪のために一つの永遠のいけにえ（[ギ]スュシアン）をささげて後、……（同10・12）。

バプテスマのヨハネがイエスを見て、「見よ。世の罪を取り除く神の小羊」（ヨハネ1・29）と言ったのもうなずけます。

ですから、「今すでにキリストの血によって義と認められた（義とされた＝新共同訳）私たちが、彼によって神の怒りから救われるのは、なおさらのことです」（ローマ5・9）、「その十字架の血（[ギ]ハイマトス・トゥ・スタウルー）によって平和をつくり、御子によって万物を、御子のために和解させてくださったからです」（コロサイ1・20）は、十字架の死における「血（[ギ]ハイマ）」に焦点を当てることによって、キリストが罪を償うためのいけにえであることを伝えようとしていると考えられます（エペソ2・13〜16、ヘブル9・12、14、10・19、13・20なども参照）。

キリストの死についてのこれら三つの用語は、神学的には、P・T・フォーサイス『キリストの働き』（一九一〇年）において「キリストの働きの三つの偉大な側面」、すなわち「勝利的側面」「充足的側面」「再生的側面」とまとめられているのと相対応しています（近藤勝彦著『贖罪論とその周辺』、教文館、一〇一頁参照）。そして、その三つの側面はそのまま、私の語っている三つの概念、すなわち「目的概念」「関係概念」「実体概念」に相当しています。

このことを考慮した上で、「肉となられたイエスの十字架の死と復活」が私たち罪人の救いにとってどのような意味を持つと聖書中で理解されているか、大切と思われる三つの概念に基づいた理解をまとめてみたいと思います。

(1)　人類の罪を、神に対して身代わりに償う犠牲（いけにえ）――充足的側面（関係概念）

❖神からの一方的な赦し

私たちが神に反逆し、神との約束を破った罪に対して神は怒り、人間を罪人としての生活に引き渡しました（ローマ1・18〜32）。その悲惨な結果の中心は、神との関係の断絶です。しかしそれは、怒る神がそのような人類を見捨ててしまったことを意味してはおらず、かえって、神の強い愛の裏返しとして現れたものでした。ですから、反逆した人を怒る神が罪人と和解してくださるということは矛盾ではなく、むしろ人間性をはるかに超えたものでありつつも順当なことであり、人をねたむほどに愛し、はらわたが捩《ねじ》れるほどに憐れむ神の恵みの行為以外の何ものでもありません。神と人間との間の和解も人間同士における和解も、被害者側の赦しによってのみ可能となりますが、人間同士の場合の多くは、加害者のほうが詫びなければことは動き始めないのに対し、神との約束を破った人間と神との和解の場合は、自分のほうから詫びることのない加害者である人間に対する、被害者側である神からの一方的な赦しと、和解への働きかけとなります（ローマ5・6〜11、Ⅰヨハネ4・10参照）。

マタイの福音書18章23〜35節のたとえ話の中で、一万タラントもの借金のあったしもべを「かわいそうに思って、彼を赦し、借金を免除してやった主人」として描かれている神、ルカの福音書15章11〜32節の放蕩息子のたとえ話の中で、親を捨て、遺産を持って家を出て行った息子が、すべてを失って帰ってきたとき、「まだ家までは遠かったのに、彼を見つけ、かわいそうに思い、走り寄って彼を抱き、口づけ」した父親として描かれている神のそれです。

❖神の信実による義

キリストの十字架における死は、この神の赦しの根拠が、契約・約束に対する神ご自身の側からの一方的かつ徹底的な愛と真実（信実）にあることを証ししたものです（ヨハネ1・14、17参照）。

では、いったいどうなのですか。彼らのうちに不真実（[ギ]アピスティス、不信仰＝新改訳欄外注）な者があったら、その不真実（不信仰）によって、神の真実（[ギ]ピスティス、信実）が無に帰することになるでしょうか。絶対にそんなことはありません。（ローマ3・3〜4）

その神の信実が、御子イエス・キリストの信実、すなわち、人間の神への裏切り・反逆を糾弾しつつも、むしろその罪（＝負いめ）を身代わりに引き受けて、十字架においてご自分をいけにえ（犠牲）としてささげ、「父よ。彼らをお赦しください。彼らは、何をしているのか自分でわからないのです」（ルカ23・34）と祈ってくださったことに現されたのです。その結果、神は私たちの罪を赦し、私たちと和解し、私たちとの関係を回復した（義とした）のだ、と聖書は語ります。

> すべての人は、罪を犯したので、神からの栄誉を受けることができず、ただ、神の恵みにより、キリスト・イエスによる贖いのゆえに、価なしに義と認められる（義とされる＝新共同訳）のです。神は、イエス・キリストを、その血による、また信仰による、なだめの供え物として、公にお示しになりました。それは、ご自身の義を現すためです。というのは、今までに犯されてきた罪を神の忍耐をもって見逃して来られたからです。（ローマ3・23〜25）

ここで「信仰による（ギ ディア・ピステオース）」が「私たちの信仰による」ということなら、前後にある「その血による」「なだめの供え物として」はキリストの犠牲についてのことですから、その流れに合いません。新共同訳は苦心して「信じる者のために」と訳していますが、不可能です。ここは、「（神とキリストの）信実による」と訳すべきと考えます。22節の「すなわち、イエス・キリストを信じる信仰による神の義であって、それはすべての信じる人に与えられ、何の差別もありません」も、まず「イエス・キリストの信実による」（ギ ディア・ピステオース・イエスー・クリストゥー）神の義を語り、その後で、それを「信じる人」すべてが義とされると語っていると考えるほうが納得できます。すなわち、パウロが語っていることは、「私たちの信仰によって」ではなく、まず「キリストの信実によって」、そして次にそのキリストを受け取る「私たちの信仰によって」私たちは義とされる（神との関係が正しくされる）ということです。同じフレーズが出てくるガラテヤ人への手紙2章16節も、そのことを明言していますし、エペソ人への手紙2章8～9節もその線で解釈することができます（このことについては、後の「キリストの信実によって義とされる」の項で詳述）。

❖御子の身代わり（犠牲）の死

神が人間の罪＝負いめ（借金）を引き受けて免除してくださるということは、一方的なことであり、私たちは無代価でその恵みにあずかることになりますが、神にとっては大きな代価を払うことになります。そのような意味でキリストの死は、実に、神の御子であるお方が私たちの罪（負いめ）を代理（身代わり）として負ってくださった犠牲（いけにえ）、すなわち代償死です。ですから、それを感謝して受け入れることによって私たちは、自分の罪（負いめ）を赦され（免除され）、神の和解をいただいて生きることができるのです。

　そして自分から十字架の上で、私たちの罪をその身に負われました。それは、私たちが罪を離れ、義のために（義によって＝新共同訳）生きるためです。（Ⅰペテロ2・24）

　神は、キリストによって、私たちをご自身と和解させ、また和解の務めを私たちに与えてくださいました。すなわち、神は、キリストにあって、この世をご自分と和解させ、違反行為の責めを人々に負わせないで、和解のことばを私たちにゆだねられたのです。……神は、罪を知らない方を、私たちの代わりに罪とされました。それは、私たちが、この方にあって（その方によって＝新共同訳）、神の義となるためです。（Ⅱコリント５・18～21）

そして、そのような側面をもっともよく表している旧約からのモチーフは、祭儀的いけにえです。

キリストは、ただ一度、今の世の終わりに、ご自身をいけにえとして罪を取り除くために、来られたのです。（ヘブル９・26）

私たちが神を愛したのではなく、神が私たちを愛し、私たちの罪のために、なだめの供え物としての御子を遣わされました。ここに愛があるのです。（Ⅰヨハネ４・10）

ローマ人への手紙3章25節にある「なだめの供え物（ギヒラステリオン）」は、旧約のレビ記16章に何度も出ている「贖いのふた（ヘカポレト）」の訳語ですし、ヨハネの手紙第一4章10節にある「なだめの供え物（ギヒラスモス）」はその類語ですので、そこでの罪のためのいけにえとしてささげられるやぎの血が「贖いのふた」に振りかけられる祭儀と、すべての民の罪を頭に置かれて野に放たれるアザゼルのやぎの祭儀による赦しがその予型であることは明らかです（ここでのヘカポレトの字源であるヘキッペルは「贖い」ではなく、「償い」あるいは「なだめ」と訳すべきだと私は考えていますが、その問題点については、後述します）。また、イザヤ書52章13節～53章12節の「苦難のしもべの歌」は、人の罪を身代わりに負って、打たれ、刺し通され、死んでいくしもべといけにえの小羊を重ね合わせて描写して、キリストの死に確かな意味をもたらしました。

そこでは、身代わりにささげられたいけにえの命を象徴する「血」が重要な役割を果たしていますので、キリストの死においても、私たちの罪のために流された「血」が多く言及されています。
ですから、今すでにキリストの血によって義と認められた（義とされた＝新共同訳）私たちが、彼によって神の怒りから救われる（未来形）のは、なおさらのことです。（ローマ5・9）
しかしキリストは、すでに成就したすばらしい事がらの大祭司として来られ、手で造った物でない、言い替えれば、この造られた物とは違った、さらに偉大な、さらに完全な幕屋を通り、また、やぎと子牛との血によってではなく、ご自分の血によって、ただ一度、まことの聖所に入り、永遠の贖いを成し遂げられたのです。（ヘブル9・11～12）
このようにそれは、ご自身のからだをいけにえとしてささげ、ご自身の血を流すことによって成し遂げられた、旧い契約を凌駕する新しい契約の締結でもありました（ヘブル8・6、9・15、13・20）。このような死の側面をよく表しているキリストの呼称は〝神の小羊〟でしょう。

❖十字架の死と復活によって義とされる

この場合、復活は、その説明において大きな役割を果たしてはいないように思われがちですが、パウロには次のような言葉があります。
主イエスは、私たちの罪のために死に渡され、私たちが義と認められる（義とされる＝新共同訳）ために、よみがえられたからです。ですから、信仰によって義と認められた（義とされた＝新共同訳）私たちは、私たちの主イエス・キリストによって、神との平和を持っています。（ローマ4・25～5・1）

ここでは、キリストの復活が他の箇所に見られる解釈とは異なる方法で語られています。つまり、私たちが義とされることが十字架の死よりも復活に基礎づけられているように見えます。キリストの死は「私たちの罪のゆえに（原因を示すギディア）」起こったものであり、キリストの復活は「私たちが義とされるために（目的を示すギディア）」であったと言われているからです。

それは、どのように理解したらよいのでしょうか。ヴィルケンスはこう説明しています。

> むろん、人が論理上の相違を内容的な相違にし、そのようにして、イエスの死をもっぱら復活によって初めて生起した義認の前提と見なし、この義認を将来終末論的法廷的出来事として理解したり、あるいは25節を客観的義認と主観的義認の区別の意味で理解し、その結果罪の赦しのためには神から贖罪の死のみを必要とし、信仰のためにはそれに加え復活を必要とすると考えたりすると、死と復活の内容的統一を間違って分解してしまうことになる。むしろパウロは、キリストの贖罪死において根拠づけられたjustificatio impiorum（不敬虔な者の義認）との関連で死と復活を一緒に洞察し、キリストの復活の救済的意義を彼の死から根拠づけようとしている。……パウロは、コリント人への第一の手紙15・17において初めてキリストの復活と罪の赦しとの関連を認めた。（ウルリッヒ・ヴィルケンス『ローマ人への手紙　1～5章』ＥＫＫ新約聖書註解Ⅳ／1、三七二～三七三頁）

そのコリント人への手紙第一15章17節はこう言っています。

> そして、もしキリストがよみがえらなかったのなら、あなたがたの信仰はむなしく、あなたがたは今もなお、自分の罪の中にいるのです。

私もヴィルケンスの説明に賛同し、私たちが義とされること（神との関係回復）を語るときにも、キリストの死による償いのみではなく、それに続くキリストの復活もあって私たちを義とする神のわざが完遂したと説明するべきではないかと考えます（この「義とする」の意味は後で詳述します）。そのようにローマ人への手紙5章1節とのつながりを見るとき、十字架と復活がひとつのこととして私たちを「義とし」、私たちに「神との平和」をもたらしたことを、よりよく理解できるように思います。

(2) 罪の報いである死に終止符を打つための人類代表としての死——再生的側面（実体概念）

❖人は新しく生まれなければ

人類の始祖、アダムとエバが罪を犯した結果、「善悪の知識の木からは取って食べてはならない。それを取って食べるとき、あなたは必ず死ぬ」（創世2・17）との言葉が現実のものとなりました。以来人は、人にだけ与えられた霊のいのちにおいて死者となってしまったのです。新約においても「罪から来る報酬は死です」（ローマ6・23）、「そういうわけで、ちょうどひとりの人によって罪が世界に入り、罪によって死が入り、こうして死が全人類に広がった」（同5・12）、「あなたがたは自分の罪過と罪との中に死んでいた者であって」（エペソ2・1）と語られているとおりです。

このような人類に対する救いは、最初に与えられた霊のいのちに再び生かされること以外にはありません。ところが、罪人（肉に属する人）である人間は、自分の力でそのいのちを取り戻すすべを持ってはいません。罪人は死ななければ生まれ変わることができないのです。

イエスは答えて言われた。「まことに、まことに、あなたに告げます。人は、新しく（別訳＝上から、もう一度㊀アノーセン）生まれなければ、神の国を見ることはできません。」……「人は、水と御霊によって生まれなければ、神の国に入ることができません。肉によって生まれた者は肉です。御霊によって生まれた者は霊です。」（ヨハネ3・3〜6）

❖罪人の代表としての死

イエス・キリストは、アダムの子孫として（私たちと同じ肉として）マリヤから生まれ（受肉し）、私たち罪人の代表として死なれました。ここで私が「身代わり・代理」という言葉を使わずに、「代表」と言っていることに注意してください。キリストは、私たち罪人（肉の人）の仲間になり（罪人と連帯して）、その運命である死を罪人の代表として引き受けて、私たちがこの惨めな肉のいのち（からだ）に死ぬことができるようにしてくださったのです。

どうしてそのようなことが可能であるかについては、旧約聖書以来のヘブル人にとっては当然かつ重要である「集合人格概念（㊇corporate personality）」を理解する必要があります。すなわち、それは現代人のように「集団」と「個人」とが峻別されることないばかりか、「集合人格」として、

（i）集団を構成員という実体と同一視すること
（ii）一から多へ、多から一へと軽々と、素早く、しかも気づかれずに移行する流動性を持つこと
（iii）過去にも未来にも広がりを持つ統一体であること

などと説明されます。

すなわち、アダムにあって（ギエン・トー・アダム）すべての人が死んでいるように、キリストによって（キリストにあってギエン・トー・クリストー）すべての人が生かされるからです。（Ｉコリント15・22）

死は、アダムからモーセまでの間も、アダムの違反と同じようには罪を犯さなかった人々をさえ支配しました。アダムはきたるべき方のひな型です。ただし、恵みには違反の場合とは違う点があります。もしひとりの違反によって多くの人が死んだとすれば、それにもまして、神の恵みとひとりの人イエス・キリストの恵みによる賜物とは、多くの人々に満ちあふれるのです。（ローマ5・14～15）

これらの聖句に代表される、アダムとキリストを対比したパウロの言葉にも、それがよく表れています（H・W・ロビンソン『旧約聖書における集団と個』、教文館、参照）。

この場合、十字架上での刑死という死に方は重要ではありません。御子キリストが、私たちと同じように一女性から生まれ、すべての人と同じように死なれたところに意味があります。

「人の子が栄光を受けるその時が来ました。まことに、まことに、あなたがたに告げます。一粒の麦がもし地に落ちて死ななければ、それは一つのままです。しかし、もし死ねば、豊かな実を結びます。」（ヨハネ12・23～24）

❖第二のアダム、キリスト

もちろん、神はそのような御子を、新しい人類の初穂・長子、第二のアダム、霊の人として（霊のからだに）よみがえらされましたが、それは、死んだ私たちが新しい霊のいのちに再生されるためだったのです。

「わたしはよみがえりです。いのちです。わたしを信じる者は、死んでも生きるのです。また、生きていてわたしを信じる者は、決して死ぬことがありません。」（ヨハネ11・25～26。同3・14～15、10・15b～18も参照）

聖書に「最初の人アダムは生きた者となった」と書いてありますが、最後のアダムは、生かす御霊となりました。最初にあったのは血肉のものであり、御霊のものではありません。御霊のものはあとに来るのです。第一の人は地から出て、土で造られた者ですが、第二の人は天から出た者です。（Ⅰコリント15・45～47）

このように、イエスの死と復活は、アダムの子孫としての肉なる人類の終焉と、復活したキリストの子孫としての新人類の創始＝新創造という歴史の一大転換点だったのです。

そのキリストに私たちが信仰によって結びつくとき、古い人（私）が死に、新しい人（私）が誕生する（再創造される）という出来事が起こります。このように、私たちの人生における「罪人の滅びとしての死の終焉」と「新しい人としての上からの誕生」を告げる決定的な出来事は、キリストの死と復活に起因していますから、そのキリストを救い主と信じて受けるバプテスマにおいて私たちはそれを経験するのです。新しいいのちを得るのに、いわゆる地上の人生の終わりである死を待つ必要はありません。

キリスト・イエスにつくバプテスマを受けた私たちはみな、その死にあずかるバプテスマを受けたのではありませんか。私たちは、キリストの死にあずかるバプテスマによって、キリストとともに葬られたのです。それは、キリストが御父の栄光によって死者の中からよみがえられたように、私たちも、いのちにあって新しい歩みをするためです。もし私たちが、キリストにつぎ合わされて、キリストの死と同じようになっているのなら、必ずキリストの復活とも同じようになるからです。

（ローマ6・3〜5）

❖初穂として霊のからだに復活

もしこうでなかったら、死者のゆえに（ギヒュペル・トーン・ネクローン）バプテスマを受ける人たちは、何のためにそうするのですか。もし、死者は決してよみがえらないのなら、なぜその人たちは、死者のゆえにバプテスマを受けるのですか。また、なぜ私たちもいつも危険にさらされているのでしょうか。兄弟たち。私にとって、毎日が死の連続です（ギカスュ・ヘーメラン・アポスュネースコー）。これは、私たちの主キリスト・イエスにあってあなたがたを誇る私の誇りにかけて、誓って言えることです。（Ｉコリント15・29〜31）

この聖句は、死者のための代理洗礼などと解釈されるのですが、初代の教会にそのような習慣があったことは認められていません。むしろ、この世では迫害と殺害の危険のもとに生き、死に運命づけられている私たちのいのちが死で終わりになる（死者）なら、何のためにバプテスマを受けるのか、復活がないならばそれは無意味ではないか、と理解できます。

ひとりの人がすべての人のために死んだ以上、すべての人が死んだのです。また、キリストがすべての人のために死なれたのは、生きている人々が、もはや自分のためにではなく、自分のために死んでよみがえった方のために生きるためなのです。（Ⅱコリント5・14〜15。ガラテヤ2・20、Ⅰテサロニケ5・10、Ⅱテモテ2・11も参照）

新約では、このような救いとして与えられる「いのち」には、日本語聖書では同じく「いのち」と訳される「ギビオス」（生物としてのいのち、生活に資する財産など）や「ギプシュケー」（自然の生命力によって生きている私自身）とは区別した、「ギゾーエー」（霊のいのち）という言葉を合計百三十五回使って明確化しています。「ちょうどひとりの人によって罪が世界に入り、罪によって死が入り、こうして死が全人類に広がったのと同様に、……ひとりの義の行為によってすべての人が義と認められ（義とされて＝新共同訳）、いのちを与えられるのです。……それは、罪が死によって支配したように、恵みが、私たちの主イエス・キリストにより、義の賜物によって支配し、永遠のいのちを得させるためなのです」（ローマ5・12〜21。Ⅰコリント15・20〜22も参照）とあるとおりです。

ここでは、死とともに復活も重要な出来事であり、キリストの初穂としての死からのよみがえりが、私たちも霊のいのちに生まれることの保証となっています。〝最後の（第二の）アダム〟とのキリストの呼称が、その側面をよく表しています。

(3) 神に背信している人類の中で模範として神に従い通した末の受難――勝利的側面(目的概念)

❖「真性の人」の受肉

神のかたちとして創造された人間は、神の協働者(パートナー)として、神が創造された地で神の御心に従って生きるように命じられていました。ところが、アダムとエバが罪を犯すや、その人生の中に戦いと苦しみが入ったばかりか、神の栄光を現す礼拝行為として働き、生きるという祝福と喜びが失われてしまいました。また、従うべきお方である神を失った結果、人は自分だけを頼りに生きなければならなくなりました。それは、生きる目的と指針を失った迷走、そして生きる喜びと充実の喪失を生みました。《神のかたち》の目的論的側面も毀損されてしまったのです。「すべての人が迷い出て、みな、ともに無益な者となった。善(有益なこと)を行う人はいない。ひとりもいない」(ローマ3・12。詩篇14篇参照)とあるとおりです。

そのような人類を救うために、神は御子イエスを遣わされました。彼はどのようにして悲惨な状態にある人を救い出したのでしょうか。イエスは受肉して私たちと同じような人間となり、あらゆる人生の試練に直面し、敵に攻撃され、悪魔の誘惑にも遭われましたが、「まことの人」、「真性の《神のかたち》」として、父なる神の御心に従い通されました。ヨハネの福音書19章5節のピラトのことば「さあ、この人です(ギイドゥー・ホ・アンスローポス)」は、ピラトが語った何でもないような言葉を、ヨハネが読者に「この真性の人(the Person)を見よ」という含蓄あるメッセージとして理解されることを願って福音書に記録した可能性があるとの解釈は、それを意味しています。

❖救いの創始者、キリスト

ついに、そのイエスは、もろもろの力（ユダヤ宗教、ローマの支配という政治的力とその中に働く天的諸力）の下で十字架にかけられ殺されましたが、その際にも、それらの力は彼に妥協させたり、神に背かせたりすることはできませんでした。かえって、マルコの福音書では、イエスは三回にわたって自分の受難を宣言しています（8・31、9・31、10・33～34参照）。このような彼の父なる神への従順な生きざまと、それを貫いた末の十字架における死にざまは、人間の目には敗北に見えて実は、罪と世的勢力と悪魔と死の力とに対する勝利だったのです。なぜなら、その生涯は、父なる神に決して背くことなく、十字架の死に至るまで従順を貫かれたものだったからです。

キリストは、今の悪の世界から私たちを救い出そうとして、私たちの罪のためにご自身をお捨てになりました。私たちの神であり、父である方のみこころによったのです。（ガラテヤ1・4）

ただ、御使いよりも、しばらくの間、低くされた方であるイエスのことは見ています。イエスは、死の苦しみのゆえに、栄光と誉れの冠をお受けになりました。その死は、神の恵みによって、すべての人のために味わわれたものです。神が多くの子たちを栄光に導くのに、彼らの救いの創始者を、多くの苦しみを通して全うされたということは、万物の存在の目的であり、また原因でもある方として、ふさわしいことであったのです。……そこで、子たちはみな血と肉を持っているので、主もまた同じように、これらのものをお持ちになりました。これは、その死によって、悪魔という、死の力を持つ者を滅ぼし、一生涯死の恐怖につながれて奴隷となっていた人々を解放してくださるた

めでした。（ヘブル2・9〜15）

キリストは、人としてこの世におられたとき（彼の肉の日々＝直訳）、自分を死から救うことのできる方に向かって、大きな叫び声と涙とをもって祈りと願いをささげ、そしてその敬虔のゆえに聞き入れられました。キリストは御子であられるのに、お受けになった多くの苦しみによって従順を学び、完全な者とされ、彼に従うすべての人々に対して、とこしえの救いを与える者となり……（同5・7〜9。9・13〜14も参照）

❖従順を評価されたキリスト

父なる神は、そのような苦難をも忍んだ従順なしもべを、勝利の復活と昇天によって評価されました。「キリストは神の御姿である方なのに、神のあり方を捨てられないとは考えず、ご自分を無にして、仕える者の姿をとり、人間と同じようになられました。人としての性質をもって現れ、ご自分を卑しくし、死にまで従い、実に十字架の死にまでも従われました。それゆえ神は、この方を高く上げて、すべての名にまさる名をお与えになりました」（ピリピ2・6〜9）は、その生涯と十字架の死が神に嘉《よみ》せられ評価されたしるしであることの重要な説明となっています。そしてそれは、「御子は……罪のきよめを成し遂げて、すぐれて高い所の大能者の右の座に着かれました。御子は、御使いたちよりもさらにすぐれた御名を相続されたように、それだけ御使いよりもまさるものとなられました」（ヘブル1・3〜4）、「信仰の創始者であり、完成者である……イエスは、ご自分の前に置かれた喜びのゆえに、はずかしめをものともせずに十字架を忍び、神の御座の右に着座されました」（同12・2）とも記されています。

この原基的出来事として、出エジプトのときの「過越の羊」による初子の救いの経験によって以降、イスラエルの初子を主のものとしてささげるようにとの主のことば、そしてイスラエルの民のエジプトからの解放（贖い）があります（出エジプト11～15章）。そして福音書において、キリストの十字架の死と復活が、過越の祭りの時期であったことも含め、その類比として描かれていることは一目瞭然です。また、そのようなイエスの最期について、イエスが変貌山でモーセやエリヤと会話を交わしたときのことが、「祈っておられると、御顔の様子が変わり、御衣は白く光り輝いた。しかも、ふたりの人がイエスと話し合っているではないか。それはモーセとエリヤであって、栄光のうちに現れて、イエスがエルサレムで遂げようとしておられるご最期（［ギ］エクソドス、直訳＝出エジプト）についていっしょに話していたのである」（ルカ9・29～31）と書かれているのも、イエスの十字架の死と復活が、出エジプトのように神の民の解放となることを示唆していると思われます。その意味で、イエス・キリストは私たちを悪魔の支配とこの世の勢力と罪への捕らわれの奴隷状態から救い出してくださるためにこの世に飛び込み、それらの力から自由な、ほんとうの人間・《神のかたち》としての生き方、死に方を見せてくださったのです。

❖模範としてのキリスト

この見方（勝利説）は、初代教会から中世のスコラ主義勃興までの長い期間、教会での中心的な理解であったと言われています。ルターはそれを取り戻しましたが、スコラ的なプロテスタント正統主義が再びそれを脇にやり、続く啓蒙主義の思想によって時代遅れで粗野なものと烙印を押されて顧みられなくなりました。そして、グスタフ・アウレンの『勝利者キリスト』（一九三一年）によって、三度目の日の目を見ることとなりました。

私は、この見解の重要性を理解しつつも、なぜ、十字架が勝利であるのかを説明するためには、すでに述べ、また以下で述べるように、「父なる神への従順を貫いたイエスの生涯」に焦点を当てる必要があると考えます。十字架上での刑死はもろもろの力の下での受難ですが、同時に、それらの力に屈することなく神への従順を貫いてほんとうの人間の模範として生きたことの結末でもありました。ですから、イエスは「だれでもわたしについて来たいと思うなら、自分を捨て、自分の十字架を負い、そしてわたしについて来なさい」（マタイ16・24。ルカ9・23も）と弟子たちを招きましたし、ヘブル人への手紙12章2節では「信仰の創始者であり、完成者であるイエスから目を離さないでいなさい。イエスは、ご自分の前に置かれた喜びのゆえに、はずかしめをものともせずに十字架を忍び、神の御座の右に着座されました」と、十字架という言葉を使いながら、イエスに見習うよう励ましています。

❖律法を成就する方

パウロやマタイは、そのようなイエスを「律法を成就（完成）する方」、すなわち、律法を完全に守り抜いた方であるとともに、罪人を造り変えて律法の要求を満たす人にできる方として描きました。イエスは「わたしが来たのは律法や預言者を廃棄するためだと思ってはなりません。廃棄するためにではなく、成就する（完成する、満たす）ために来たのです。……まことに、あなたがたに告げます。もしあなたがたの義が、律法学者やパリサイ人の義にまさるものでないなら、あなたがたは決して天の御国に、入れません」（マタイ5・17〜20）と語りましたし、パウロの「律法の全体は、『あなたの隣人をあなた自身のように愛せよ』という一語をもって全うされるのです」（ガラテヤ5・44）と言いました。そのような見方で見るキリストの十字架は、神に従う（心を尽くして神である主を愛する）ことの完遂であるとともに「隣人を自分のように愛する」隣人愛の究極的実践であり、「全律法」の要求を全うするものであるということです。イエスご自身を「善きサマリヤ人」にたとえたルカの福音書10章25〜37節も、そのことを語っています。

表現を変えると、イスラエルの歴史における、律法に従えない（神の民の聖さをもって証しできない）肉なる人間が受けなければならなかった律法の呪いを一身に受けて、死と復活によってそれを突破し、呪いからの解放（新しい出エジプト、新しいバビロン捕囚からの帰還）、律法成就の道を切り開いてくださったのです。

肉によって無力になったため、律法にはできなくなっていることを、神はしてくださいました。神はご自分の御子を、罪のために、罪深い肉と同じような形でお遣わしになり、肉において罪を処罰されたのです。それは、肉に従って歩まず、御霊に従って歩む私たちの中に、律法の要求が全うされるためなのです。……肉の思いは神に対して反抗するものだからです。それは神の律法に服従しませんせん。いや、服従できないのです。（ローマ8・3〜7）

キリストは、私たちのためにのろわれたものとなって、私たちを律法ののろいから贖い出してくださいました。なぜなら、「木にかけられる者はすべてのろわれた者である」と書いてあるからで

す。（ガラテヤ3・13）

❖究極の預言者、キリスト

それはまた、カルヴァンが「キリストの三職」と言ったように、イエスはまことの預言者・大祭司・王なる「メシヤ（キリスト）」としての使命を全うされたのだとも説明できます。イエスご自身「わたしが父におり、父がわたしにおられることを、あなたがたは信じないのですか。わたしがあなたがたに言うことばは、わたしが自分から話しているのではありません。わたしのうちにおられる父が、ご自分のわざをしておられるのです。わたしが父におり、父がわたしにおられるとわたしが言うのを信じなさい。さもなければ、わざによって信じなさい」（ヨハネ14・10～11）と言われましたが、

そこに預言者による批判の究極的な姿を見ることができるでしょう。イエスはその批判の中で死の世界の終わりを宣言し（エレミヤと同じ宣言）、その死を自ら受けとめたからです。ですから、神の民の死ぬべき死を神自らが受けとめたことこそが、預言者による批判の究極的な姿だと言えます。

（W・ブルッゲマン『預言者の創造力』、日本キリスト教団出版局、二〇一四年）

❖永遠の大祭司、キリスト

また、「私たちの大祭司は、私たちの弱さに同情できない方ではありません。罪は犯されませんでしたが、すべての点で、私たちと同じように、試みに会われたのです」（ヘブル4・15）とも書かれています。ここでの「罪は犯されませんでした」とは、悪いことをひとつもしなかったという意味ではありません。むしろ、父なる神に従わないことが一度もなかった、ということでしょう。十字架の死を目前に

したあのゲッセマネにおいても、「イエスは深く恐れもだえ始められた。そして彼らに言われた。『わたしは悲しみのあまり死ぬほどです。……』それから、イエスは少し進んで行って、地面にひれ伏し、もしできることなら、この時が自分から過ぎ去るようにと祈り、またこう言われた。『アバ、父よ。あなたにおできにならないことはありません。どうぞ、この杯をわたしから取りのけてください。しかし、わたしの願うことではなく、あなたのみこころのままを、なさってください』」と祈られたのでした（マルコ14・33〜36）。

❖しもべとしての王、キリスト

さらに、まことの王として来られたイエスは、神の期待する王本来のあり方である「しもべ」として、すべての人に仕えて生きました。「イエスは、すべての町や村を巡って、会堂で教え、御国の福音を宣べ伝え、あらゆる病気、あらゆるわずらいをいやされた。また、群衆を見て、羊飼いのない羊のように弱り果てて倒れている彼らをかわいそうに思われた（ギエスプランクニッセー＝はらわたが捩《ねじ》れるほどに共感された）」（マタイ9・35〜36）とあり、イエスご自身、「あなたがたの間で人の先に立ちたいと思う者は、あなたがたのしもべになりなさい。人の子が来たのが、仕えられるためではなく、かえって仕えるためで……あるのと同じです」（マタイ20・28）とおっしゃり、仕えるしもべとしての柔和な王として、その生涯を過ごされました。

ヨハネの福音書で最後の晩餐を描いている13章においてイエスは、他の福音書のようにパンと杯を取り上げてご自分の死について語るのではなく、その描写は弟子たちの足を洗ったことをクローズアップしています。そのときイエスはこう言われます。

「わたしがあなたがたに何をしたか、わかりますか。あなたがたはわたしを先生とも主とも呼んでいます。あなたがたがそう言うのはよい。わたしはそのような者だからです。それで、主であり師であるこのわたしが、あなたがたの足を洗ったのですから、あなたがたもまた互いに足を洗い合うべきです。わたしがあなたがたにしたとおりに、あなたがたもするように、わたしはあなたがたに模範を示したのです。」（13・12～15）

ヨハネの黙示録は、本来「王の王、主の主」「獅子」である御子キリストが、人々に仕え、十字架上に命を捨てて勝ち取られた、小羊の王国の究極的勝利を歌っています。5章においては、御座に座っておられる方の右の手にある巻き物は七つの封印で封じられていますが、その封印を解くのにふさわしい者がだれひとりいないと思われたとき、長老のひとりがこう言います。

「泣いてはいけない。見なさい。ユダ族から出た獅子、ダビデの根が勝利を得たので、その巻き物を開いて、七つの封印を解くことができます。」（5節）

するとそこには、ほふられたと見える小羊が立っており、長老たちや御使いたちは大声で賛美します。

「ほふられた小羊は、力と、富と、知恵と、勢いと、誉れと、栄光と、賛美を受けるにふさわしい方です。」（12節）

そして、この小羊が七つの封印を解いていきます（6～8章）。

この側面を表すキリスト呼称としては〝神のしもべ〟が符合します（J・H・ヨーダー『イエスの政治』、

新教出版社、参照）。ですから、キリストに従うように召された者は彼のように、この世と悪魔と肉の欲望との戦いの歩みでありつつも、その支配と束縛から解放され、神から与えられた使命を負い、神の栄光を現して生きることが可能となるのです。

❖コロサイ人への手紙２章11～15節

最後に、キリストの働きと、それによって私たちにもたらされた救いの三つの側面（概念）がすべて述べられているコロサイ人への手紙２章11～15節を、それがはっきり分かるように翻訳している新共同訳によって引用しておきましょう。

あなたがたはキリストにおいて、手によらない割礼、つまり肉の体を脱ぎ捨てるキリストの割礼を受け、洗礼《バプテスマ》によって、キリストと共に葬られ、また、キリストを死者の中から復活させた神の力を信じて、キリストと共に復活させられたのです。肉に割礼を受けず、罪の中にいて死んでいたあなたがたを、神はキリストと共に生かしてくださったのです（新生的側面＝実体概念）。神は、わたしたちの一切の罪を赦し、規則によってわたしたちを訴えて不利に陥れていた証書を破棄し、これを十字架に釘付けにして取り除いてくださいました（充足的側面＝関係概念）。そして、もろもろの支配と権威の武装を解除し、キリストの勝利の列に従えて、公然とさらしものになさいました（勝利的側面＝目的概念）。

い　　（回復された神のかたち）

課　題（継　続）	約束（完成）
神の国とその義とをまず求め続けなさい。 信（堅持）……Great Communion （マタイ 6・33、25・1～13） 聖霊論的パースペクティヴ 御霊に満たされ続けなさい。 （エペソ 5・18）	神との 直接的交わり （黙示録 22・3、4）
あなたの隣人を愛しなさい。 愛（聖化）……Great Commandment （マタイ 22・39、25・31～46） 聖霊論的パースペクティヴ 御霊の実を結びなさい。 （ガラテヤ 5・22～23）	霊のからだ による よみがえり （黙示録 22・1、2）
自分の十字架を負い、ついて来なさい。 望（献身）……Great Commission （マタイ 16・24、25・14～30） 聖霊論的パースペクティヴ 御霊の賜物を活用しなさい。 （Ⅰペテロ 4・10）	神の国の 相　続 （黙示録 22・5）

救いの構造＝《神のかたち》のスキーマ

	創造された神のかたち	毀損された神のかたち	真性の神のかたち（キリスト）	救 所　与（開　始）
関係概念（契約）	神との交わり（創世2・16、17）	断　絶 疎　外 （創世3・24）	神の小羊（身代わり）	義 和　解 （Ⅰコリント1・30） （ルカ15・11～32） - - - - - - 証　印 （エペソ1・13）
実体概念（生命）	神の霊のいのち（創世2・7）	腐　敗 滅　亡 （創世3・22）	第二のアダム（代表）	新　生 聖　め （Ⅰコリント1・30） （ルカ15・3～7） - - - - - - 内　住 （ローマ8・11）
目的概念（職能）	神からの委託（創世2・15）	虚　無 歪　曲 （創世3・23）	神のしもべ（模範）	贖　い 召　命 （Ⅰコリント1・30） （ルカ15・8～10） - - - - - - 保　証 （エペソ1・14）

本論Ⅲ章　キリストによる《神のかたち》の回復

A　《神のかたち》回復という救いの文脈

これから《神のかたち》回復としての人間の救いについて述べていきますが、その前に、聖書が語るそれが単なる「魂の救い」や「天国への約束」ではなく、大きな文脈（背景・次元）の中での救いであることを確認しておきましょう。デイヴィッド・ボッシュも『宣教のパラダイム転換　下』（新教出版社、二三八〜二五一頁）の中で、「救いの伝統的解釈」、「救いの現代的理解における危機」の項目に続いて「包括的な救いを目指して」という項目を設け、次のように述べています。

われわれが必要としているのは、キリスト論のより包括的な枠組みにふさわしい救いの解釈である。そこでは、totus Christus〔キリストの全て〕、すなわちイエスの受肉、地上の生活、死、復活、そして再臨が教会と神学にとって必要不可欠である。これらのキリスト論的諸要素を綜合したものが、イエスの「働き」を構成する。すなわちイエスこそ、救いを世界にもたらす方であり、われわれの倣うべき模範を示す方であることを明らかにするのである。……救いの綜合性という特徴は、教会の宣教の視野が、これまで伝統的に捉えられていたものよりも、さらに包括的であることを要求する。救いは、人間存在の当面している緊急事態とそのニーズと同じくらい、凝縮され、幅広く深いものでなければならない。（二四九、二五一頁）

1　神の計画の終末的実現

神の創造の目的は、神の恵みの選びの遂行、すなわち救いの完成です。まず天地創造の完成した〝第七日目〟について、「神は第七日目に、なさっていたわざの完成を告げられた。すなわち第七日目に、なさっていたすべてのわざを休まれた」（創世2・2）に続いて、「神は第七日目を祝福し、この日を聖であるとされた。それは、その日に、神がなさっていたすべての創造のわざを休まれたからである」（同2・3）とありますが、「夕があり、朝があった。第七日」とは書かれていません。それは、その日がなお続いていることを暗示しています（ヨハネ5・17、9・4も参照）。すなわち、今の世（時代）は〝第七日目〟であり、六日間かけての神の創造のわざの完成という恵みの中に生かされていることを覚えるために、私たちには、一週間の第七日目を安息日として働きをやめ、神をたたえるように命じられたのです。しかし、この〝第七日目〟（今の世）も永遠に続くわけではありません。それはやがて終わり、〝第八日目〟が来ます。それが「主の日」です。それはもともと旧約の預言書ではイザヤ書13章、エレミヤ書46章10節、ヨエル書1章15節、アモス書5章18節、ゼカリヤ書14章1節などに見られるように、イスラエルが救われ、バビロンを裁かれる日のことでしたが、同時にイスラエル自身も裁かれる日でした。

それが、新約においては最後の裁きの日として受け継がれていきます（Ⅰコリント1・8、5・5、黙示録6・17「御怒りの大いなる日」、16・14「神の大いなる日」）。そして、それがキリスト再臨の日と同定されて、神の国の完成の日、換言すれば創造の目的の成就する日を意味するようになりました（マタイ16・27、24・27、Ⅰコリント4・5、Ⅰテサロニケ2・19、3・13、黙示録22・20）。それは、古代教会がキリストが復活された週の初めの日を、その日の先取りとして「主の日」と呼ぶとともに「八日目」と呼んでいた（『バルナバの手紙』）興味深い事実ともよく合致するのです（エゼキエル43・27、ゼカリヤ14・6～9。拙著『現代を創造的に生きるために』、11、12参照）

2　キリストに結びつく

キリストの救いにあずかるということは、キリストとかけ離れた「何か」（たとえば、これまでに犯した罪過と悪事の帳消し、永遠に生きる特権、天国に入る資格）を得ることではなく、聖霊によって十字架と復活のキリストに結びつけられる（バプテスマされる）ことであり、キリスト者としての救いの生活はこのキリストとの結合を生き続けることです。

「わたしはぶどうの木で、あなたがたは枝です。人がわたしにとどまり、わたしもその人の中にとどまっているなら、そういう人は多くの実を結びます。わたしを離れては、あなたがたは何もすることができないからです。」（ヨハネ15・5）

「父よ。時が来ました。あなたの子があなたの栄光を現すために、子の栄光を現してください。

それは子が、あなたからいただいたすべての者に、永遠のいのちを与えるため、あなたは、すべての人を支配する権威を子にお与えになったからです。その永遠のいのちとは、彼らが唯一のまことの神であるあなたと、あなたの遣わされたイエス・キリストとを知ることです。」（同17・1～3）

さらには、こうも書かれています。

私はあなたがたを、清純な処女として、ひとりの人の花嫁に定め、キリストにささげることにしたからです。しかし、蛇が悪巧みによってエバを欺いたように、万一にもあなたがたの思いが汚されて、キリストに対する真実と貞潔を失うことがあってはと、私は心配しています。（Ⅱコリント11・2～3）

私はキリストとともに十字架につけられました。もはや私が生きているのではなく、キリストが私のうちに生きておられるのです。（ガラテヤ2・20）

神はキリストにあって、天にあるすべての霊的祝福をもって私たちを祝福してくださいました。すなわち、神は私たちを世界の基の置かれる前から彼にあって選び、御前で聖く、傷のない者にしようとされました。神は、みむねとみこころのままに、私たちをイエス・キリストによってご自分の子にしようと、愛をもってあらかじめ定めておられました。（エペソ1・3～5）

神は聖徒たちに、この奥義が異邦人の間にあってどのように栄光に富んだものであるかを、知らせたいと思われたのです。この奥義とは、あなたがたの中におられるキリスト、栄光の望みのことです。（コロサイ1・27）

3　全人的・宇宙的（包括的）救い

キリストの救いは、単に肉体から離れた霊魂の救いではありません。罪の波及がそうであったように、神の救いも全人的・全生活的（包括的）なものです。パウロによって救いが「からだのよみがえり」（ローマ8・18〜23、Ⅰコリント15・35〜58、6・14〜20）と語られていることが「全人的救い」を典型的に表しています。「たましいの救い」（使徒2・27、ヤコブ1・21、5・20）も、ギリシア的二元論によって理解し、からだを捨てたたましいの救いのように考えてはなりません（Ⅱコリント5・1〜5）。聖書では、「からだ」も「たましい」も人としての存在そのものを意味しているからです。

また、単なる個人的救いではなく、神の民・家族という場の中での共同体的救いでもあります。現代は個人主義の時代ですので、私たちは自分が救われるかどうかにのみ関心を抱きがちです。しかし、聖書の記述は神の選びの民としてのイスラエル（旧約）、異邦人をも含んだ教会（新約）について中心的に述べていますので、神の民としての救いの成就と理解すべきです（エペソ2・19〜22、Ⅰペテロ2・9）。

さらに、救いは神の創造の目的の完成でもあり、天地万物（宇宙）を創造された神は、最後に、人間だけでなく天地万物を神の支配（神の国・統治）の下に置きます。換言すれば、「新しい天と新しい地」に更新されます（黙示録21・1）。パウロもローマ人への手紙8章18〜25節で、「被造物自体も、滅びの束縛から解放される」宇宙的救いの望みについて語っているとおりです。

B　救いの秩序づけ

「救い」という言葉それ自体は、「助け」とほとんど同じように、「何かの問題の解決、何らかの窮状からの救出」以上を意味してはいません。しかし、聖書の中での「救い」は、病の癒やしなどをも意味しますが、中心的には「神と御子キリストによる罪からの救い」を意味しています。そして、それは多くの場合、「救われる」というように「神によって」が省略された間接的な神的受身形で記されています。本書では、救いを、神に創造された「《神のかたち》の回復」として積極的に、かつ、より豊かにイメージできるように表現しようとしています。当然、ここでも《神のかたち》の三つの概念によって説明をしていこうと思いますが、その前に救いの三つの時制についても述べておく必要があります。

1　救いの三つの時制

❖開始された神の国

救いがキリストによって私たちに一方的に与えられたからといって、キリストを信じればすべてが即解決というわけではありません。前述した「オルド・サルティス」は行き過ぎた順序化ですが、救いは神の国に入ることであるだけに、それと同じ時間的・歴史的広がり＝過程があることは当然です。神の国のそれは、完了的な「既に（英already）」と未来的な「未だ（英not yet）」の緊張をもつ現実として「開始された終末論（英inaugurated eschatology）」と呼ばれているものです（もちろん、新約聖書には多様な視点があり、黙示思想的な「未来終末論」や、ヨハネに代表的な「現在終末論」などがその例ですが、もっとも普遍的かつ標準的なものは「開始された終末論」でしょう）。

神の国は、歴史の中に侵入する終末的なもの、神の最後的な目的である。神の国は、神、悪の力と戦う神が、人間の救いのために、イエスとその宣教とにより、人間の歴史の中に動的に突入してくることであり、このようにして打ち建てられた新しい体制である。神の国は、神の決定的な時、いな神の唯一の決定的な時、それ以前とそれ以後の歴史全体に意味を与える決定的な時である。そして、イエスにとって、この新しい体制は、自分の宣教によって決定的に開始されていたのである。（A・M・ハンター『イエスの働きと言葉』、新教出版社、一五四頁。詳しくは、R. H. Fuller, *The Mission and Achievement of Jesus*, SCM PRESS 参照）

とあるようにです。イエス・キリストによって与えられる救いに関しても同じことがあると考えられます。

新約で多く「完全な」と訳されている言葉「ギテレイオス」は、「完成」「終わり」「結末」などを意味する名詞「ギテロス」、「完成する（させる）」「成し遂げる」「実現する」「終える」などを意味する動詞「ギテレオー、テレイオオー」に関連した形容詞であり、「完成した」「円熟した」「成人した」を意味する、きわめて終末論的な言葉です。パウロ書簡では、有名な「私は、すでに得たのでもなく、すでに完全にされている（ギテテレイオーマイ）のでもありません。ただ捕らえようとして、追求しているのです。そして、それを得るようにとキリスト・イエスが私を捕らえてくださったのです」（ピリピ3・

13）がありますし、「それは、聖徒たちを整えて奉仕の働きをさせ、キリストのからだを建て上げるためであり、ついに、私たちがみな、信仰の一致と神の御子に関する知識の一致とに達し、完全におとな（ギテレイオン）になって、キリストの満ち満ちた身たけにまで達するためです」（エペソ4・12〜13）、「私たちは、このキリストを宣べ伝え、知恵を尽くして、あらゆる人を戒め、あらゆる人を教えています。それは、すべての人を、キリストにある成人（ギテレイオイ）として立たせるためです」（コロサイ1・28）ともあります。イエスご自身も山上の説教の中でこう言われました。

「だから、あなたがたは、天の父が完全なように、完全でありなさい。」（マタイ5・48）

これは、「あなたがたは、天の父が完全なように、完全になる（であろう）」とも訳しうる直説法未来形ですので、私たち人間についての「完全になる」はやはり、終末における完成を目指した課題を意味していると理解できます。

❖「救い」の所与と約束、そして課題

パウロ書簡において「救う」（ギソーゾー）が使われている時制を見ても、(i)完了形、不定過去形（アオリスト）での、「あなたがたが救われたのは、ただ恵みによるのです」（エペソ2・5）、「あなたがたは、恵みのゆえに、信仰によって救われたのです」（同2・8）、「神は私たちを救い、また、聖なる招きをもって召してくださいました」（Ⅱテモテ1・9）、「神は……ご自分のあわれみのゆえに、聖霊による、新生と更新との洗いをもって私たちを救ってくださいました」（テトス3・5）などとありますが（ルカ19・9も参照）、一方、(ii)未来形での「ですから、今すでにキリストの血によって義と認められた

私たちが、彼によって神の怒りから救われるのは、なおさらのことです。もし敵であった私たちが、御子の死によって神と和解させられたのなら、和解させられた私たちが、彼のいのちによって救いにあずかるのは、なおさらのことです」（ローマ5・9〜10）もあります。そして、(iii)現在における課題として、命令形で「恐れおののいて自分の救いの達成に努めなさい」（ピリピ2・12）とも語られています。このように聖書自体が三つの時制で語っている「救い」は、やはり、その現実に即して理解、表現されるべきと思われます。ミラード・J・エリクソンは『キリスト教神学　第四巻』（いのちのことば社、二〇〇六年）において、救いの時間的次元に言及し、それを、「救いの始まり」、「救いの継続」、「救いの完成」と区分して展開しています。

「直説（叙述）法の救いと仮定（仮説）法の救いとの間の緊張における命令法」との言い方も、別の角度からですが、基本的には同じことがらを語っています（デイヴィッド・ボッシュ『宣教のパラダイム転換下』、新教出版社、二五一頁参照）。なぜなら、救いは神の恵みが一方的に注がれて出来事となりますが（直説法）、将来の約束の時までは完結されていません（仮定法）。その間には、聖霊に助けられつつ人の信仰によって応答される必要もあります。それを喚起するのが、地上における信仰生活において与えられた救いを継続・維持していくとともに深化せよとの勧め（命令法）だからです。それらを総合すると、救いについては完了的な「所与」に続いて現在進行的な「課題」があり、最後に将来的完成の「約束」があると表現するのが最良ではないかと考えます。

2　救いの三概念を縒《よ》り合《あ》わせて語る聖書

それでは、三つの概念における「救い」について、それぞれを検討していきましょう。その前に、本論Ⅱ章の最後のところで、キリストの十字架の死と復活の三つの概念が一緒に書かれているコロサイ人への手紙2章12〜15節を引用しましたが、ここでは、それによってもたらされる「救い」に力点を置いて、やはり三色の糸（概念）を縒り合わせた一つの糸のように語っているテトスへの手紙3章3〜7節を引用しましょう。

私たちも以前は、愚かな者であり、不従順で、迷った者であり、いろいろな欲情と快楽の奴隷になり、悪意とねたみの中に生活し、憎まれ者であり、互いに憎み合う者でした。しかし、私たちの救い主なる神のいつくしみと人への愛とが現れたとき、神は、私たちが行った義のわざによってではなく、ご自分のあわれみのゆえに、聖霊による、新生と更新との洗いをもって私たちを救ってくださいました。神は、この聖霊を、私たちの救い主なるイエス・キリストによって、私たちに豊かに注いでくださったのです。それは、私たちがキリストの恵みによって義と認められ、永遠のいのちの望みによって、相続人となるためです。

マイケル・ロダールの『神の物語』（二五九〜二六三頁）を参照しつつ、この縒り合わされた一つの糸を三色の糸（概念）に解きほぐしてみると、以下のようになります。

しかし、私たちの救い主なる神のいつくしみと人への愛とが現れたとき、神は、私たちが行った義のわざによってではなく、ご自分のあわれみのゆえに、……私たちを救ってくださいました。……私たちがキリストの恵みによって義と認められ……るためです。（和解的側面＝関係概念）

神は、……聖霊による、新生と更新との洗いをもって私たちを救ってくださいました。神は、この聖霊を、私たちの救い主なるイエス・キリストによって、私たちに豊かに注いでくださったのです。（新創造的側面＝実体概念）

神は、……私たちを救ってくださいました。それは、私たちが……永遠のいのちの望みによって、相続人となるためです。（召命的側面＝目的概念）

また、後で述べることになる救いの課題においても、ひとたびキリストに従う者となった弟子たちにイエスが教えた「主の祈り」の後半、いわゆる三つの「われら祈願」も、この三つの概念についての祈りとなっています。マタイの福音書6章11～13節を見てみましょう。

私たちの日ごとの糧をきょうもお与えください。（生命・実体概念）

私たちの負いめをお赦しください。私たちも、私たちに負いめのある人たちを赦しました。（和解・関係概念）

私たちを試みに会わせないで、悪（悪い者＝新共同訳）からお救いください。（力動・目的概念）

さらに、救いの完成についてのパウロの言葉にも、「次のことばは信頼すべきことばです。『もし私たちが、彼とともに死んだのなら、彼とともに生きるようになる（実体概念）。もし耐え忍んでいるなら、彼とともに治めるようになる（目的概念）。もし彼を否んだなら、彼もまた私たちを否まれる（関係概念)』」(Ⅱテモテ2・11〜12) とあります。

＊

これから述べる《神のかたち》の回復としての「キリストによる救い」の三つの概念では、それぞれの概念についての説明の最初に「予備的考察」として、聖書の原語であるヘブル語やギリシア語などによる用語研究や、教会史における解釈史研究をしています。これは、それぞれの用語の通俗的な理解に対する聖書的と思われる私の理解の根拠を提示するためであり、読者の皆さんに考えていただくための資料を提供するためでもあります。しかし、これを「難しい」とか「ややこしい」と感じられる方は、ひとまずその部分を飛ばして読み進んでいただいてかまいません。

ではまずは、関係概念から始めましょう。

C　和解・義とされること──関係(契約)概念

1　予備的考察──「義とする」の意味

a　教会史における「義認論」の神学的変遷

❖法廷的に理解された「義認」

「義認」についてのプロテスタントの代表的な考え方を、簡潔に要点を突いて紹介している改革派の岡田稔によって紹介しましょう。

聖書では、「義とされる」ということが場合によって「救われる」というのと同じ意味に使用されたり、「罪の赦しを与えられる」と同意に使われたりしているので、場合によって前後の関係から判断しなければならないと思われる。……ヘブル語もギリシア語も本来、「義とする」という場合の原語は、名詞も動詞も共に、法的、関係を表す意味を中心としているのに対して、ラテン語や近世欧州語はむしろ実質、変化を示す意味を含むものである。これが大きな原因をなして、ローマ・カトリック教理において、「義とする」ということが「義となす」「義しいものに変化する」という意味に受け取られ、「聖化」との区別が見失われる結果となって、ルターを困惑させたのである。本来の意味は、「義と認める」「義と数える」「義人として記帳する」という意味だったわけである。

（岡田稔『改革派神学概論』、聖契授産所出版局、二三一～二三二頁）

ルター派に属する倉松功はザウターを引用しつつ、ルターの義認理解はカルヴァンの理解でもあると言い、それを「法廷的理解」として紹介しています。

ザウターは、ルターとカルヴァンの義認論の特徴の一つとして、法廷的宣義論をあげている。たしかに、ルターとカルヴァンは、メランヒトンのように、「法廷的」(forensis)という用語によって義認の性格を特徴づけようとしているわけではない。しかし、既述のように、ルターもカルヴァンも神の法廷(tribunal Dei)とか神の前で(coram Deo)といい、神の前で判断する(reputare)といっているとすれば、内実的には法廷的（宣義）義認論の要素を十分に有していた、といわねばならない。（倉松功『ルター神学の再検討』、聖学院大学出版会、３章「ルターとカルヴァンの義認論」七二頁。A・E・マクグラス『宗教改革の思想』、教文館の「法廷的義認」の概念、一五六～一六四頁も参照）

❖「義」の実体概念的理解

ここに、ローマ・カトリックの「義とする」の成果的・功績的解釈の歪みを是正しようとする宗教改革者ルター、メランヒトン、カルヴァンに始まり、それを引き継いでいるプロテスタントの教理と言われるようになった法廷的義認理解が示されています。すなわち「義とする」とは、「キリストによって神の義を転嫁する」「神が義と認める（宣言する）」であり、カトリックの（中世の）「神は義をその人格に属するものとなるように罪人に与える」との実体的理解に対して、より良いものであると考えられています。しかし、宗教改革者も依然として「義」という言葉を正しさ、「義人」を罪のない正しい人というように実体概念として考えており、その前提の上で、「義とする」を、神が信者を「神の前に義人と認める（現実には罪人であるが、希望の中で義人である）」の意味であるとの解釈を展開しています。

ですから、宗教改革者および以降のプロテスタント教会による解釈も、それまでの時代やラテン的文化の持つ「義」の実体概念的理解を維持したままで苦慮していたと思われます。そこではただ、義は「人間の内に持つ功績」とするカトリック理解から、「神が恵みによって罪人である人間に外から転嫁してくださる神の義」というプロテスタント理解に変わり、それが法廷的場面において「義と認められる（義と宣言される）」と一般的に説明されるようになったと考えられるのです。このあたりの、特に関係を表していたヘブル語やギリシア語（概念・文化）と実体的な意味を持っていたラテン語（概念・

文化）の違いによる「義（[ギ]ディカイオスネー）」の意味のシフトについての詳細な研究には、Alister E. McGrath, *IUSTITIA DEI— A history of the Christian doctrine of Justification, The Beginnings to the Reformation* があります。また、Perry B. Yoder, *Shalom : the Bible's Word for Salvation, Justice & Peace*, Evangel Publishing House, 1987, Chap. 5 や N. T. Wright *Justification*（IVP Academic. PART1・Introduction）も分かりやすく説明してくれています。

❖「義」は関係概念

そのような「義認」の法廷的理解が持っている根本的問題についてジースラーは言います。

根本的な問題は、「義とする」という動詞の法廷の背景を重視し過ぎることにある。法廷における無罪放免ということを連想するからである。ヘブル語の動詞ツァダクに対する「義とする」（[ギ]ディカイオー）の七十人訳の用法を見ると、法廷あるいは弁護の関連で用いられるのは、数種類ある用法の中の一つにすぎない。ほとんどの用法は、家族、部族、あるいは国家における健全な関係の回復ということに集中している。もちろんヤーウェとの関係も含めて、である。さらに、法律的あるいは法廷の関連で用いられる場合でも、その問題の法廷が、ある個人の有罪、無罪を宣告するというのでなく、間違っていたものを正し、人々を契約の共同体において、過不足なく、適当な位置に戻すという意味で用いられている。従って、パウロにおける義認は、人々に神との正しい関係を回復させる行為、ということになる。それは赦しに近い。実際、ローマ人への手紙4章6～8節ではそれが同義語とされている。（J・ジースラー『パウロの福音理解』、日本基督教団出版局、一四

六〜一四七頁）

このようにジースラーは、「義とする（㊢ディカイオオー）」の中心的意味はカトリック教会的な「成果的・功績的」理解でもなく、さりとて、ルターやカルヴァンの流れを汲む伝統的なプロテスタント教会の、最後の審判における神の法廷での無罪宣言のイメージを主概念としている「法廷的」理解でもないと言います。彼は、近年の聖書学進展の成果を用いつつ第三の理解を示します。それは、「義とする」が「法的」であるとは、むしろ旧約聖書の主概念である「契約法的」な意味で「法的」なのであり、それは「関係的」な概念である、というものです。以下、聖書学的研究の代表的見解などを紹介して、そのことを確認してみましょう。

b　旧約における「ヤハウェとの契約に基づく法」

聖書の法というとまず、出エジプトを機にモーセを通して与えられた律法を思い浮かべるかもしれませんが、しかし、その律法も、神ヤハウェと、ヤハウェに選ばれたイスラエル共同体との契約に基づいてのものです。

❖マルティン・ノート『契約の民その法と歴史』

この「ヤハウェとの契約に基づく法」が旧約において基本的であったにも関わらず、「法」が「契約」から分離独立して絶対的実体となっていく経過についての洞察は、マルティン・ノート『契約の民その法と歴史』（日本基督教団出版局）の「五書における法」を参照していただければと思います。以下、その一部を要約して紹介します。

イスラエルの初期段階において、旧約の法は一貫して特定の人間共同体に着目しています。その共同体はパレスチナの農耕地に定住し、その特色は「イスラエルの神ヤハウェ」を自分たちの神にするという点にあり、この神とこの共同体を構成する者が、ヤハウェへの共同の結びつきであったことは自明の理であり、一般に認められていました。

このように伝承された法が、惰性によって有効であり拘束力を持ち続けることによって、あるいは内的不和と不穏の時代の後に改めて発効させられたことによって、法の位置づけと根拠づけとにおける新たな段階が生じたのです。その際、法は、捕囚前の時代のように、対応すべき現存の制度がその前提また基礎となることもありません。いまや「法」は、無前提・無時間・無歴史の効力をもつ絶対的実体となり、自らのうちに根拠を持ち、ただそれが法として存在するがゆえに、また神的な起源と権威とをもつがゆえに、拘束力のあるものとなりました。この場合、実際に問題なのは、決定的な重点が神のみわざから個々の人間の態度へ移ったことです。これは、信仰の本来的基礎からの逸脱でした。

最後に、大きな実際的重要性を持つのは次の事実です。すなわち、律法の絶対化と、神の行為から人間のふるまいと行為への重点の移動とによって、報償と処罰の概念が律法と結合されるに至ったことです。もちろん古い法でも、特に「法律的定式化」の法文では、法によって支持されるべき制度を侵害するような特定の違反に対して、あらかじめ刑罰が確定されていました。そして社会全体が、あらかじめ用意された刑罰の執行に対し、またそのことによって所与の制度の維持に対し、責任を負わされました。

しかし、このような刑罰は、申命記が好んで表現するように「イスラエルから悪を取り除く」という意味を持っていたのです。もし社会全体が法に指示された刑罰を行わなかったならば、現存の物事の秩序、すなわち神と民との「契約」の関係がそれによって廃棄されてしまうからでした。捕囚前の預言者がイスラエル民族の昔からの存立を絶滅するような、間近に迫った破局を告知した場合にも、むしろ民の背信によって実際に起こった契約関係の解消を神が確認するという意味であり、このようにして民は自分の状況を明らかにされ、実際上その処罰に達するのでした。

❖R・E・クレメンツ『預言と契約』

R・E・クレメンツも『預言と契約』「Ⅳ　捕囚以前の預言者たちにおける律法」の中で、次のように言っています。

イスラエルの律法諸法典の検討は、それらが契約という事実を前提としていること、またそれらの律法諸法典の目的や意図は契約共同体の成員にふさわしい行為基準を保つことにあることを示している。こういうものとして、イスラエルの律法諸法典は国法とは異なる。国法では権威の所在は国家そのものにある。また国法の意図は国家の安全と秩序を守るために行動を規制することにある。……イスラエル法の起源についてのこの研究摘要が力強く示しているのは、イスラエルの契約自体が律法の規定を宣言し、しかもこういう律法はイスラエルに期待された行為基準に対して根本的なものであったということである。このような法的基準の存在と展開がそのために働いた根本的な目的は、契約の存続を危うくする違反や侵害から、契約を守ることであった。……この契約律法の内容と明確な性質をたずねようとする時、ただちに思い浮かぶのは出エジプト記20章2〜17節（E）の倫理的十戒である。……それらの圧倒的な否定形式（「あなたは〜してはならない」）は、それらが契約秩序の保持に害となる行為を防止しようという意図を持っていた結果である。最大の目的はイスラエルとヤーウェとの関係を傷つける行動からイスラエルを守ることである。そのようなものとして、それらはいきおい最小限度の行為基準だけを示している。このような律法は決して契約を受領するための条件を与えようとしたものではなかった。ただヤーウェへの契約の誠実はどのようにして表現されるのかを示したものであった。服従は契約の前提条件ではなく、契約の結果であった。

（R・E・クレメンツ『預言と契約』、教文館、一九七五年、一三〇〜一三四頁）

旧約聖書における「義」が、このようなヤハウェとイスラエル共同体の「契約における法」概念と不即不離のものであるなら、「義とする」を、「関係（契約関係）を修復する」というように関係概念として捉えるべき可能性が見えてくるのではないでしょうか。最近のE・P・サンダース（『パウロ』、教文館）やN・T・ライト（『新約聖書と神の民　上』、新教出版社）などによって、イエス時代のユダヤ教についての新しい見方が提案されてきました。一言で言うと、紀元前後でもユダヤ教における契約概念はそれほど失われてはいなかった（律法の絶対化は起こっていなかった）というもので、注目されています。今の私は、どちらが正しいかを判断するに足る学びと思索をしていませんが、ともかく、旧約聖書のみならず新約聖書においても、神と神の民との契約概念が非常に重要であることに異論はありません。

次に「義」という言葉そのものを見てみましょう。

c　ヘブル語「ツァダク」の意味

「義」を表す「ヘツァダク」という語自体も、関係概念として理解されるべきです。「ツァダク」は語根 sdq であり、よく使われる二つの名詞 sedeq, sedaqa として見られます。それらは邦訳聖書では通常「義」あるいは「正義」と訳されますが、ヘブル語で持っているもっと宗教的な趣のあるその語の意味を十分に伝えきれてはいません。その語源は、おそらく「まっすぐ」、すなわち、固定されて本来あるべきものとの意味にあります。ですから、その名詞形は、それによって他の物が測られるもの、すなわち基準を意味するようになります。それは、こうあるべきとか、こうするべきと考えられる実際的な事物に文字どおり使われ、たとえば、正確な分銅やものさしが「ツァダクな計測器」（レビ19・36、申命25・15）、羊にとっての安全な道は「ツァダクな道」（詩篇23・3）という具合です。そのように、「ツァダク」は、本来あるべき状態にあり、基準にかなっていることを意味します。

すなわち、ひとりの人が「ツァダク」、すなわち義であるためには、彼あるいは彼女が関係を作っている価値（伴侶、親、裁判官、労働者、友人などを含む）に正しく応答させようとしている態度に沿って生き、歩むことが必要です。要するに、「ツァダク」は単に社会の中に実在し、守られなければならない抽象的、先天的、あるいは客観的な基準ではなく、むしろ、それ自体が持っている関係のあり方からこそ意味が引き出される概念です。ヘムチャンド・ゴッサイ（Hemchand Gossai）がその語彙の定義において、まるっきり「関係概念」に入れていることも注目されます（Hemchand Gossai, *Social Critique by Israel's Eighth-Century Prophets—Justice and Righteousness in Context*, Wipf and Stock Publishers, 1993 を参照）。

ですから、私たちはこう言うことができます。聖書において「ツァダク」で語られる正しい裁き、正しい政治、正しい礼拝、憐れみ深い行為は、その分野が多様であるにもかかわらず、すべてが契約的であり、関係を建て上げることを意味しているのです（クリストファー・ライト『神の宣教Ⅱ』、東京ミッション研究所の11章参照）。

d　ギリシア語での「神の義」と「義とする」の意味

❖「神の義」は神の行為と力

パウロはローマ人への手紙1章17節で、「福音のうちには神の義が啓示されていて、その義は、信仰に始まり信仰に進ませるからです。『義人は信仰によって生きる』と書いてあるとおりです」と述べています。この「神の義（ギディカイオスネー・トゥ・セウー）」は神学的に議論されてきましたが、「神の義」とは神のみが持っている絶対的な正しさだと考えた人もいました。そうすると、「神の正しさはここまで正しいのだ」という基準がイエスにおいて明らかにされ、私たちはその義を神からいただくことができると理解することになります。しかし、以下で同じパウロが同じ熟語を使う時の文脈とは合いません。10章で、パウロの同胞イスラエルが「神の義に従わなかった」（3節）と、パウロは悲しみを込めて言います。ここでの「神の義」は、神がせっかく一生懸命に働きかけて、分からせよう、従わせようとしておられる神ご自身の行為と、それに込められた〝力〟を指して「神の義」と言っているのが分かります。

また、コリント人への手紙第一1章では、「キリストは、私たちにとって、……義と聖めと、贖いとになられました」(30節)と述べて、「聖め」、「贖い」という、いずれも神ご自身の行為を表す言葉(ギハギアスモス、ギアポルトローシス)と「義」(ギディカイオスネー)を並列させています。ですから、「義」は、迫ってこられる神の行為・力を暗示しています(織田昭『ローマ書の福音』、教友社、二〇〇七年、四四～四五頁／松木治三郎『ローマ人への手紙』、日本基督教団出版局、八四～八五頁も参照)。このことは、コリント人への手紙第二3章9節の「罪に定める務めに栄光があるなら、義とする務め(ギディアコニア・テース・ディカイオスネース)には、なおさら、栄光があふれるのです」において、直訳「義の務め」が「義とする務め」と理解されていることでも明らかにされています(もちろん、ここはキリストの直接の行為としてではなく、キリスト者が新しい契約に基づき聖霊によって為す、宣教行為としてですが)。

N・T・ライトも、*Justification*(IVP Academic, 2009)の第3章「一世紀のユダヤ教――契約、律法、そして法廷」においてこう言っています。

神の義(ギディカイオスネー)は、特に救出することへの信実さ、力にあふれた決意であり、それ自体が創造行為である。それは、物事を正しく位置づけることへの神の徹底的な決意であることが常にはっきりしている。しかし、今見ているように、聖書において、第二神殿ユダヤ教において、そしてパウロ自身において、とりわけパウロの聖書の読みにおいては、世界を正しく位置づける神の方法は、まさに神のイスラエルとの契約を通してである。これが釈義においてはっきりと現れてくる妥当な方向である。世界を正しく位置づけるという神の唯一の計画は、イスラエルを通してなす神の計画なのである。（この点についての文法的注釈 —— 神の義［ギ］ディカイオスネー・トゥ・セウー」の読みは「主格的」属格であるとしばしば言われている。名詞ディカイオスネーがひとつの行為では、たとえそれが、神はしかじかの方法で行為することを意味しているとしても、属格のセウーは主格ではなくて所有格となるであろう。この二つは場合によって変化するけれども、依然としてはっきりと区別できるものである。もし、私たちが「パウロの手紙」について語るなら、「パウロの」という言葉は主格である。行為の主体を指しているからである。もし、「パウロの知恵」について語るなら、「パウロの」という言葉は所有格であり、パウロが疑問に答える知恵の所有者であることを指している。）（六五頁、私訳）

❖「義とする」とは、神との正しい関係に引き戻すこと

そのように「神の義（［ギ］ディカイオスネー・トゥ・セウー）」が、神ご自身の人を救出することへの信実さ、力にあふれた決意、行為を意味するなら、「神が人を義とする（［ギ］ディカイオオー）」は、神がその契約への信実に基づいて人を神との正しい関係に引き戻す行為そのものということになります。すると、その受身形である「人が義とされる」とは、刑法の法廷でのように「義と認められる（義と宣言される）」ことではなく、神の信実さを受け取って「神との義しい関係（契約関係）に入る」ことであり、それはきわめて関係概念的言葉であると分かります。

Ｅ・Ｐ・サンダースが語っている次の言葉は、「義とされる」をそのように、「現実に神との義しい関

係に移される」と理解するほうが正しいことを支持してくれます。

パウロの手紙において「義とされる」という受身の形は、ほとんど常に「変えられる」こと、あるいは、一つの領域から別の領域へ──例えば罪から従順へと、死からいのちへと、律法の下にあることから恵みの下にあることへと──「移される」ことを意味する。dik で始まる語の幾つかをパウロは法廷的に用いることもあるが、動詞の受動態がそのように使用されることはきわめて稀である（Ｉコリ4・4、6・11、ロマ2・13のみ）。ガラテヤ書2〜3章とロマ書3〜4章におけるパウロの議論の主要な担い手は、この受動態動詞である。信仰による「義」という名詞はある状態（status）を示唆するが、彼が使用した動詞はむしろ人間に起こる何かという含みを持つ。（『パウロ』、教文館、九八頁。一四九頁も参照）

❖反意語である「罪に定める」とは

最後に、「義とする（ギディカイオオー）」の反意語と考えられる「罪に定める（ギカタクリノー）」に言及する必要があるでしょう。なぜなら、神の終末的なさばきによって、ある人は義とされ、他の人は罪に定められる（＝刑罰を受ける）というように、聖書はこの二つの言葉によって刑法的なさばきを語っていると考える人が多いと思われるからです。その前にまず、「さばき（ギクリシス）」について一言だけ触れるなら、「さばく（ギクリノー）」とは元来、判断する、分ける、裁判することであり、神による終末的なさばきについてのものもありますが、それがゲヘナや処罰と結びつけられているのは、新約で動詞、名詞合わせて百六十一回使われているうちの少数であることだけを述べておきましょう（マタイ5・22、23・33、ヘブル10・27、29など）。

「ギカタクリノー（罪に定める）」（名詞形はギカタクリマ）という言葉は、新約で十五回使われていますが、上述の「さばく（ギクリノー）」に比べると圧倒的に少ないのです。そのうちの三分の一はパウロが使っており、その主要な意味は「見放す、放擲する」であり、応報原則を、ましてや終末的なさばきによる有罪宣告を意味してはいません。むしろ「罪に定められる」は、古いアダム的人間、律法の下にある人間が「神の見放しと死の定めのもとにある」ままにされることを語っており、「義とされる」は、キリストの十字架と復活によってそれが超克されることを語っているのです。ところが、多くの箇所で新改訳がこれを「罪に定める」と訳し、新共同訳が「有罪と判決する」と訳しているように、この語彙は刑法法廷のような最後のさばきの場で「神が人間を有罪と定める」とか「処罰する」とのイメージが強いものとなっています。むしろそれは、事典が述べているように、「行為と境遇の間の相互対応的な影響関係」であり、人類がアダムと共有する、神から離れて死んでいる状態が、そのまま最終的な境遇となることを意味しているといえるでしょう。

以下の聖句は、それをよく語っています。

> さばきの場合は、一つの違反のために罪に定められたのですが、恵みの場合は、多くの違反が義と認められる（多くの罪過から義なる定めを導く＝岩波訳）からです。……こういうわけで、ちょうどひとりの違反によってすべての人が罪に定められたのと同様に、ひとりの義の行為によってすべての人が義と認められ（義とされて＝新共同訳）、いのちを与えられるのです。（ローマ5・16〜18）

　こういうわけで、今は、キリスト・イエスにある者が罪に定められることは決してありません。（同8・1）

　神は私たちに、新しい契約に仕える者となる資格を下さいました。文字に仕える者ではなく、御霊に仕える者です。文字は殺し、御霊は生かすからです。……罪に定める務め（ギディアコニア・テース・カタクリセオース）に栄光があるなら、義とする務め（ギディアコニア・テース・ディカイオスネース）には、なおさら、栄光があふれるのです。（Ⅱコリント3・6〜9）

ちなみに「罰する」に対応している「ギコラゾー」という言葉がありますが、新約では動詞、名詞で合計四回使われているだけです。このように、「罰する（ギコラゾー）」やその名詞形「刑罰（ギコラシス）」は新約であまり使われていないにもかかわらず、マタイの福音書25章46節の「こうして、この人たちは永遠の刑罰に入り、正しい人たちは永遠のいのちに入るのです」という言葉の印象が非常に強いと思われます。しかし、これは25章の三つの物語（たとえ話）の一つとして、主の再臨を待ち望んで生きる態度への警告として書かれていることから、その物語を、最後の審判の様子を伝えることを主目的としていると判断するのは穿《うが》ちすぎと思われます。また「永遠の滅びの刑罰（ギディケーン）を受ける」が人に対して語られているのはテサロニケ人への手紙第二1章9節一か所のみです（以上『ギリシア語新約聖書釈義事典Ⅰ・Ⅱ』のそれぞれの項参照）。

e 『キリストの信実』によって義とされる

❖『キリストの』は対格的属格か主格的属格か

「キリストを信じる信仰によって義と認められる」というように、「私たちの信仰によって」と「義と認められる」を強調したいわゆる「信仰義認」は、プロテスタントによって理解されてきた神学的表明です。しかし議論は、二十世紀前半のカール・バルトがローマ人への手紙3章21〜26節などにおける「イエス・キリストを信じる信仰（ギピスティス）」を「イエス・キリストにおける（神の）真実（ギピスティス）」と訳して、神の主格的な真実と理解したことに始まります（バルト『ローマ書講解』世界の大思想33、河出書房新社、参照）。以来、直訳では「キリストの信によって（ギディア・ピステオース・クリストゥ）」となるこの術語を、「キリストを信じる信仰によって」と対格的に理解することに疑問が投げかけられるようになりました。むしろ「『キリストの信実（キリストが示した信実）』によって」と主格的属格に理解されるべきだとの見解が提案されるようになったのです（この場合、信仰を信実と言い換えることについては後述します）。現代は多くの新約学者によって後者の理解が採用されるようになっています。

具体的には、パウロ書簡のローマ人への手紙3章22、26節、ガラテヤ人への手紙2章16節（二回）、20節、3章22節、ピリピ人への手紙3章9節などに出てくるそれと、それに同等の表現において、属格の「の」を文法的にどのように理解するかです。文法的にはどちらも可能ですが、大きくは次のような理解に分かれます。(i)従来の代表的見解は、目的（対格）的属格として「キリストを信じる信仰」としますが、(ii)二十世紀になって出された見解は、主格的属格「キリストが信実であること」と理解するものです。その場合のキリストの「信実」とは、神が私たち人間に対して結ばれた契約に信実（真実）であることを、神から遣わされたキリストが私たちに示された信実、究極的には十字架の死をもって表された信実のことです。ですから、「キリストの信実」は「神の真実（信実）」を反映しているとの理解となります。

❖第三の見解、所有的属格

しかし、(ii)との区別をはっきりさせるかたちで、最近ではもう一つの理解がよく見られるようになりました。それは、(iii)「キリストが信実であった」対象を父なる神と考えるものです。その場合は、キリストが真性の人間として神の真実に応えるかたちで、神にまったき信頼を寄せて歩んだ生きざまを表していることになりますので、「の」は主格的属格ともいえますが、むしろ人によっては所有的属格と呼んで区別するものです。イエス・キリストが所有している、父なる神に対しての信頼（信仰）、従順な性質、模範的な生き方ということになります。ともかく、この理解はローマ人への手紙3章26節の「[ギ]ホ・エク・ピステオース・イエスー（直訳＝イエスの信に依る者、新改訳＝イエスを信じる者）」という言い方が、少し後の「[ギ]ホ・エク・ピステオース・アブラハム（アブラハムの信仰にならう人々）」（4・16）と同じ構造であるように、イエスの信とアブラハムの信との類比性（両方とも神に対する信であるとする共通性）をよく説明できるという見解です。（清水哲郎『パウロの言語哲学』、岩波書店／千葉恵『北海道大学文学研究科紀要139』掲載の論文「パウロ『ローマ書』私訳と解説」、二〇一三年）。ヘブル人への手紙5章

7～10節の次の言葉も、「信実」という言葉は含まれていませんが、イエスの父なる神に対する信実を言っているように思われます。

キリストは、人としてこの世におられたとき（肉の日々＝直訳）、自分を死から救うことのできる方に向かって、大きな叫び声と涙とをもって祈りと願いをささげ、そしてその敬虔のゆえに聞き入れられました。キリストは御子であられるのに、お受けになった多くの苦しみによって従順を学び、完全な者とされ、彼に従うすべての人々に対して、とこしえの救いを与える者となり、神によって、メルキゼデクの位に等しい大祭司ととなえられたのです。

このことについては多くの議論がなされていますが、詳細は省略します。(ii)か(iii)か決めがたいものがあり、現在の私は基本的に(ii)で理解していますが、(iii)を除外する必要もないように思います。受肉した神であるイエス・キリストが、神として人に信実に、そして人として罪を犯さずに父なる神に信実に歩み通されたことは、分離する必要はないどころか、分離できないものと考えるからです。そうすると、「人の律法の行い」に対して語られる「キリストの信実」は「キリストが私たち人類に示した信実」（主格的属格）となります。

では、その場合、「人の信仰」は不要なのかと言うと、決してそうではありません。むしろ、「キリストの信実」を人が「信じ受け取ること・信頼すること・信用すること」が必要であり、大切です。ただ、その「人の信仰」とは「キリストの信実を受け取ること」が中心的な意味になります。以下の「神の真実」と「人の不真実」の対照についても、同じことが言えるでしょう。

では、いったいどうなのですか。彼らのうちに不真実（[ギ]アピスティス、不信仰＝欄外注）な者があったら、その不真実（不信仰）によって、神の真実（[ギ]ピスティス、信実）が無に帰することになるでしょうか。絶対にそんなことはありません。（ローマ3・3〜4）

また、前述したローマ人への手紙3章26節の「イエスを信じる者（新改訳。直訳＝イエスの信に依る者）」という言い方が、少し後の「アブラハムの信仰にならう人々（新改訳。直訳＝アブラハムの信に依る者）」（4・16）と並行関係にあるように、人は「イエスの信実に依る者」となるよう召されていることとも矛盾しないでしょう（『聖書学論集46――聖書的宗教とその周辺』、日本聖書学研究所刊、LITHON発行、二〇一四年所収の太田修司による論文「『キリストのピスティス』の意味を決めるのは文法か？」参照）。

❖「キリストの信実」と「私たちの信仰（信頼）」

以下に引用するパウロの手紙は、「キリストの信実」と「私たちの信仰（信頼）」の関係をよく表していると考えられますので、N・T・ライトの *The Kingdom New Testament*（Harper One, 2011）に沿いつつ、一部その区別を明確にした私訳で引用しましょう。

しかし、人は律法の行いによっては義とされず、ただキリスト・イエスの信実によって義とされる、ということを知ったからこそ、私たちもキリスト・イエスを信じたのです。これは、律法の行いによってではなく、キリストの信実によって義とされるためです。なぜなら、律法の行いによって義とされる者は、ひとりもいないからです。（ガラテヤ2・16）

しかし聖書は、逆に、すべての人を罪の下に閉じ込めました。それは約束が、イエス・キリスト

の信実によって、信じる人々に与えられるためです。（同3・22）

また、ローマ人への手紙には、

しかし、今は、律法とは別に、しかも律法と預言者によってあかしされて、神の義が示されました。すなわち、イエス・キリストの信実による神の義であって、それはすべての信じる人に与えられ、何の差別もありません。（3・21〜22）

神は、キリスト・イエスを、その血による、また信実による、なだめの供え物として、公にお示しになりました。それは、ご自身の義を現すためです。今までに犯されてきた罪を神の忍耐をもって免除することによって、今の時にご自身の義を現すためであり、こうして、神ご自身が義であり、また、イエスの信実にある者を義とするためなのです。（3・25〜26）

さらに、ピリピ人への手紙にはこうあります。

私はキリストのためにすべてのものを捨てて、それらをちりあくたと思っています。それは、私には、キリストを得、また、キリストの中にある者と認められ、律法による自分の義ではなく、キリストの信実による義、すなわち、その信実に基づいて神から与えられる義を持つことができる、という望みがあるからです。（3・8〜9）

❖規定語のついていない「信仰」

では、ローマ人への手紙1章17節の「信仰に始まり信仰に進ませる」についてはどうでしょうか。ここでも、最初の信仰は「キリストの信実」で、後の信仰は「私たちの信仰」のことであるという考えがあります。先に述べた3章21〜26節の「神の義」が語られている中で、「キリストの信実」と「私たちの信仰」の両方が語られていますので、ここでも「福音のうちで神の義は、キリストの信実から私たちの信仰へと啓示されている」との理解がよく合いそうです。また、節後半の「義人は信仰によって生きる」の「信仰によって」は、引用元のハバクク書では、主の言葉の中で語られたものですから「わたし（神）の信実によって」である可能性が高いでしょう。パウロもそのように理解して引用したであろうとすると、それもこの解釈を後押しします。ただ、続けて出てくる二つの「信仰」を違う意味に解するのには、いささか困難があるように感じます。

それに対して、1章16節とのつながりを考え、ここでの「信実・信仰」に「キリストの」という規定語がついていないことを考えると、ここでの信仰は両方とも「私たちの信仰」と考えるほうがよいと考えることもできます。ここはただの四語で、分かりやすく英語に言い換えると“from faith unto faith”つまり「信仰から信仰へと」です。何が、どんな意味で「信仰から信仰へと」なのでしょうか。この時代のギリシア語の慣用句として、このように抽象名詞を重ねて、「何々から何々へと」（ギエク〜エイス〜）というフレーズは珍しくはありませんでした。たとえば、「悪から悪へ」（ギエク・カコーン・エイス・カカ＝エレミヤ9・3）、「力から力へ」（ギエク・デュナメオース・エイス・デュナミン＝詩篇84・7）、「死から死へ」（ギエク・サナトゥ・エイス・サナトン＝Ⅱコリント2・16）、そのほか、これと似た用例はみな「終始徹底して〜で」とか、「ひとえに〜により」、「〜に尽きる」などの意味の慣用句だったと言われます（織田昭『ローマ書の福音』、四六頁／ケーゼマン『ローマ人への手紙』、六八頁、参照）。すると、ここでは、神の義は「終始徹底して、私たちの信仰（信頼）を通して」与えられることを語っていると考えるということになります。新改訳欄外注の別訳「その義はただ信仰による」や新共同訳の「それは、初めから終わりまで信仰を通して実現されるのです」がそれでしょう。

❖全体論的解釈としての「信」

これらの二つの見解はそれぞれ一理ありますが、それらによく耳を傾けながらも、第二の見解を少し変更した第三の見解の可能性もあると考えられます。それは、パウロによる規定語（「キリストの」や「私たちの」などの）を伴わない「信仰」は、あたかも人間とは無関係な実体のように扱われていることを考慮する見解です。「罪」や「愛」や「希望」などもそのような傾向があるのと似ています。そうすると、「キリストの信実」か「人の信仰」かという二者択一ではなくて、両方を含んだ「信」すなわち「示されたキリストの信実とそれを受け取る私たちの信仰という原理（法則）」を考えることができます。これは、太田修司が「全体論的解釈」と呼んで提唱している理解です（前掲論文の注11、四九九頁、参照）。

どの見解も一長一短ある中で、私はこのところを「終始徹底して信仰で」の意味としつつ、その「信仰」を「信」と全体論的解釈で理解するとき、もっともしっくりするように思います。すると、ローマ3章27～28節はよりよく理解できるようになるでしょう。

それでは、私たちの誇りはどこにあるのでしょうか。それはすでに取り除かれました。どういう原理によってでしょうか。行いの原理によってでしょうか。そうではなく、信の原理によってです。

人が義と認められる（義とされる＝新共同訳）のは、律法の行いによるのではなく、信によるというのが、私たちの考えです。

さらには、4章13節「というのは、世界の相続人となるという約束が、アブラハムに、あるいはまた、その子孫に与えられたのは、律法によってではなく、信の義によったからです」、5章1節「ですから、信によって義と認められた（義とされた＝新共同訳）私たちは、私たちの主イエス・キリストによって、神との平和を持っています」と読めることになります。ほかに、ガラテヤ人への手紙3章23〜25節の「信が現れる以前には、私たちは律法の監督の下に置かれ、閉じ込められていましたが、それは、やがて示される信が得られるためでした。……信が現れた以上、私たちはもはや養育係の下にはいません」、エペソ人への手紙2章8節の「あなたがたは、恵みのゆえに、信によって救われたのです。それは、自分自身から出たことではなく、神からの賜物です」も同様です。

f　「㋖ディカイオオー」の日本語訳について

ギリシア語「ディカイオオー」の受身形を日本語で「義と認められる」（新改訳）と翻訳していることについても、考えてみたいと思います（特に、ローマ4・5〜6、20〜25）。これは、先に述べたプロテスタントの理解を翻訳に反映させた意訳であり、法廷的な理解へと導くものです。「義とされる」と訳すと、カトリック的な「義となる」とも理解されやすいと考えたからだと思われますが、どちらかと言えば「義とされる」がそのままの訳です。ただ、その意味は当然、カトリック的な「成果・功績としての義」ではなく、「神との関係が回復される、正常化される」と関係概念で理解されるべきです。カトリックとプロテスタント共同の所産である新共同訳は当然でしょうが、特定の解釈を示唆することなく「義とされる」と翻訳しています。ただ新共同訳でも、人ではなく「信仰」が主語となって「義と認められる」と書かれているところもありますが（ローマ4・3、5、9～10、22～24）、「[ギ]ロギゼタイ・エイス・ディカイオスネーン」のように「ディカイオオー」という動詞一語ではない原文が、『義』と『認められた』」（新共同訳）と表現されているものです。新改訳はそれを「義とみなされた」と訳して区別していますが、「義と認められた」と「義とみなされた」の違いが分かりにくく、ほとんど同じように理解するのではないでしょうか。ですから、「ディカイオオー」は「義とする」とし、（信じる）人が主語となって受身形で語られる場合は「義とされる」と訳して、「義と認められる」とはっきり区別したほうがよいと私は考えます。前に引用した織田昭は「義《ぎ》する」という新語を提案しており、それも一つの可能性だと思いますが、そうすると受身形は「義《ぎ》される」となり、日本語としては分かりにくいでしょう（織田昭『ローマ書の福音』、四五頁など）。

そうすると、神学用語として用いることがいまや定着してしまった、その名詞形「義認」（ある人は「宣義」を好む）も別な言葉にしたほうが良いと思います。ではどう表現するかというと、現実に神との関係が回復することを「義化」としたのでは、カトリック的な成果・功績的解釈の色がついていますので誤解されかねません。そこで、以下、少し冗長ですが「義とされること」という表現を使いたいと思います。

2　所与として「義とされること」と「赦し」

a　民法的に考えられるべき「義とされること」

❖刑法法廷のイメージによる「義認」

現代社会の「法」は一般的に、刑法（公法）と民法（私法）とに大別されています。そして、私たちが「罪」や「義認」という言葉を「法的」に理解しようとするときに多くの人は、「法廷的」それも刑法の法廷をイメージしてきたと思われます。前述したように、そもそも社会では「罪」という語を「刑法を破った罪」という意味で使うように、聖書の語る罪を神の律法を破っていることと理解することが多く（それはマルティン・ノートが述べているごとく聖書からの逸脱ですが）、そうすると、それに続く「罪の赦し」も「絶対的な裁判官（審判者）である神が無罪と宣言する（実際は罪ある者にもかかわらず）」という具合になってしまうのです。

しかし現実には、刑事裁判の法廷で裁判官は有罪か無罪かの判決を下すだけであり、有罪者の罪を赦す権威など与えられてはいません。ですから、そこで有罪者の罪が赦されて無罪とされるようなことはありえないのです。唯一それがなされるのは、有罪決定、刑執行後の「恩赦、特赦」です。その上、誰か（たとえば親）が他人の罪（たとえば子どもの罪）を身代わりに負うということも絶対にありえません。これが、法廷的な「義認」理解を非現実的なものと感じさせる一つの原因ではないかと考えます。そこではさらに、もうひとつのより深刻な問題が浮かび上がります。それは、ルターの言ったとされる〝キリスト者は義人であり同時に罪人〟という表現です。それは、キリスト者が赦しをすでに受けた者であるとともに罪の性質を依然として抱えている者であるとの逆説的現実を表現するインパクトを持ってはいますが、反面、〝現実には依然として罪人であるにもかかわらず、神は義人（無罪の人）とみなしてくださる〟と受け取られてしまう可能性に大きな門戸を開いてしまうことになります。罪の赦し、義認が一種のフィクションとなってしまうのです。実際、そのように義認を安っぽく受けとる者が多かったので、ウェスレーの「『キリスト者の完全』強調」やボンヘッファーの「『安価な恵み』批判」が唱えられたといえるでしょう。

❖刑法と民法の違い

私は、「義とされる」を「契約における法」の性格から考えて、刑法（公法）的によりも、むしろ民法（私法）的に理解すべきだと考えますが、そのような観点から書かれている著述はほとんどなく（私が法律分野に疎いせいかもしれませんが）、私の洞察によって述べる以外にありません。ただ、廣田尚久著『和解という知恵』（講談社現代新書、二〇一四年）は、私が唯一見つけた好著です。その主旨は、人間関係におけるトラブルや民事における紛争を抱えている人に、一人の弁護士として訴訟よりも和解という良い方法があることを教え、その方法と知恵を伝授するという実務的なもので、刑法と民法の違いの本質に触れています。最後部に近い「第6章　和解の源泉と二つの源流」で、いわゆる公法（刑法）と私法（民法）の違いについて法律家の言葉で書いてくれていますので、要約して紹介します。

近代の特徴の一つは「法の支配」です。近代という源泉の設計図には、「近代国家」が書き込まれますが、近代国家を成り立たせるためには「物理的強制力」の独占が必要でした。窃盗や詐欺や強盗や殺人などの刑事犯罪が起こったときには、国家が犯人を捕らえて刑罰を科します。また、貸した金銭を返さない人に対しては、裁判所が判決を下して履行を命じます。もし命じられた人が裁判所の判決に従わなければ、執行官が強制執行をします。「法の支配」を完結するためには、刑事でも民事でも、最後には物理的強制力を行使する必要がありますが、このような執行権限を持っているのは、国家だけです。

しかし、近代の法には、主として民事関係の現象として現れる、もう一枚の設計図がありました。ナポレオン法典を代表とする「近代私法（私益または市民間の生活関係について規定した民法・商法などの法律の総称）」は、資本主義の法として生まれました。その近代私法の規範関係は、法的主体性、私的所有、契約という三つの基本的要素で成り立っています。封建時代には、多くの人々は封建的な身分に縛られていました。しかし、資本主義が発達し、人々が領主の支配を脱して都市に集まってくるようになると、人々は主体性を持った個人として認められるようになりました。このことが法的に承認され、個々人の法的主体性が確立します。主体性を持った個々人は、相互に私的所有を承認し合うようになりました。資本家は工場を建設して商品を生産し、その商品を合意によって貨幣と交換します。この合意が契約にほかなりません。また、土地や工場を所有しない人々は、労働者となり、労働力を資本家に売ります。この労働力の売買も契約によって成り立っています。こうして近代では、人々の生活や企業の活動を規定するさまざまな「私法」が生まれるようになりました。このような法的主体性の上に立った合意・私的自治をコンセプトにする流れは、近代国家、物理的強制力、裁判・司法制度の流れとは別なものです。

❖賜物でありつつ約束である契約法

驚くべきことに、前項の「旧約における『ヤハウェとの契約に基づく法』」において述べたイスラエル初期の「法概念」、「契約概念」とそのシステムが、まさに近代社会で発達した私法（民法）概念とシステムを先取りしていたとさえ言えるほどに近似していることを納得いただけるでしょう。しかし、ある方は、旧約の契約法を現代の民法と同じもののように考えることに抵抗を感じるかもしれません。

確かに、旧約におけるヤハウェのイスラエルとの契約という法は、メンデンホールが指摘したように、当時のヒッタイトの「宗主権条約」に似た形式を持っており、神の恵みによるイスラエルの選びに基づいた「一方的賜物」です。それは、現代法における民法のような人間同士の「双務契約」とは異なり、すべてが神の一方的な裁量で与えられた契約です。しかし、神は選びの民イスラエルに対して同等ではなかったにしても、本来、人は神と対等に交わるものとして創造されたのですし、実際、契約の賦与にあたっても、その契約に応答して律法を守るように要求し、それを守る者への祝福とともに、それを守らなかった者への威嚇や罰もありますので、やはり「約束」であることに違いはありません。アブラハムやダビデとの契約は、その約束である面が強く出ているものです。

ヘブル語での「ベリース」、ギリシア語での「ディアセーケー」を翻訳するとき、英語では、聖書における神と神の民との契約を covenant（古くは testament）と言って、人間同士の契約の場合の contract や agreement と区別しているようです。日本語では、そのどちらにも「契約」という言葉を使いますので、ある人たちは、「聖契」や「聖約」という言葉をもって、神と神の民との契約の意味を明確にしようとしています。私は神と神の民との契約が持っているその特別さを認識しつつ、ここでは、日本語聖書が使っている「契約」という言葉をそのまま使うことにします。（『ギリシア語新約聖書釈義事典Ⅰ』の「ディアセーケー」の項、三四六頁以降などを参照）

いよいよ、聖書における「赦し」「義とされること」「和解」などについて、「近代私法（民法）」と照らし合わせながらその真の意味に迫りたいと思います。

b　民法的に理解する「赦し」と「義とされること」

❖「赦し」は民法にしかない

民法（私法）の場合は、まず両者間に契約締結がなされていることが前提です。そして、その二者間にどちらかの契約違反があったとしても、警察や裁判官がすぐに入ってくることはありません（民事不介入と言われます）。基本的には二者間で解決すべきですが、仲裁者が入る場合もあります。それでもなお解決しない場合は、その片方（原告）が、契約条項に基づいてもう一方（被告）を契約違反と訴えて、初めて裁判になります。しかし、訴えられた被告が事実、重大な契約違反を犯していようとも、原告が「赦す」と言うなら、すなわち訴えを取り下げるなら、もはや被告が罪を問われることはありません。このように、「赦し」は被害者（民事裁判を起こした原告）のみにできることであり、中立な裁判官にできることではない、という点は重要です。そして、原告（被害者）が赦すときには、その赦しが現実となるのです。この点で、日韓の間にある諸問題をできるだけ公平に論じつつ最後に語っている朴裕河の次の言葉は、真実であり、かつ感動的です。

被害者の示すべき度量と、加害者の身につけるべき慎みが出会うとき、はじめて和解は可能になるはずである。……和解成立の鍵は、結局のところ被害者側にあるのではないか。ある意味では、加害者が赦しを請うたかどうかは、もはや問題ではないとさえいえる。……フランスの哲学者デリダのいう「赦す力」について、わたしはこの間考えていた。謝罪を見届けてから赦すのではなく、赦しが先立つのではないか。そうしてはじめてわたしたちは、過去の「真実」について、より自由に語ることができるのではないか。（朴裕河『和解のために――教科書・慰安婦・靖国・独島』、平凡社ライブラリー、二九一～二九九頁）

さらに民法の場合、それが経済的な、借金返済の契約違反に関する訴訟などでは、借金をして返済することができない被告に代わって（身代わりとなって）第三者が弁償することもできるのです。それを第三者弁済と言います。

❖神は裁判官よりも契約当事者

このことを神と私たち人間に当てはめてみると、神が《神のかたち》として人間を創造して神と対等に交わる相手とし、その私たちと契約を結んだことにその基礎・発端があります（本論I章の《神のかたち》の関係概念的意味を参照）。ところが、人間のほうが一方的に神に反逆し、神との契約を破ってしまったのです。もう一方の当事者である神は当然のことながら怒り、人間の背信、罪を糾弾・告発します。しかし、それは人間への深い愛の裏返しであり、神は、神を裏切った人間以上にそれを悲しみ、人間を憐れみ、何とかして自分を捨てた人間との関係を回復しようと行動されたのです。ですから、神はまず裁判官であるよりは、契約の一方の当事者であり、裏切られた被害者であり、人の契約違反を告発している原告であると考えるべきです。旧約の預言者たちが諸国に対して、そして誰よりも神の民として選ばれ、神との契約を結びながら背信しているイスラエルに向かって糾弾し、神に帰るよう訴えている叫びを聞けば、よく分かるでしょう。

　エフライムよ。わたしはあなたに何をしようか。ユダよ。わたしはあなたに何をしようか。あなたがたの誠実は朝もやのようだ。朝早く消え去る露のようだ。それゆえ、わたしは預言者たちによって、彼らを切り倒し、わたしの口のことばで彼らを殺す。わたしのさばきは光のように現れる。わたしは誠実を喜ぶが、いけにえは喜ばない。全焼のいけにえより、むしろ神を知ることを喜ぶ。ところが、彼らはアダムのように契約を破り、その時わたしを裏切った。（ホセア6・4〜7）

「ヤコブよ。これらのことを覚えよ。イスラエルよ。あなたはわたしのしもべ。わたしが、あなたを造り上げた。あなたは、わたし自身のしもべだ。イスラエルよ。あなたはわたしに忘れられることがない。わたしは、あなたのそむきの罪を雲のように、あなたの罪をかすみのようにぬぐい去った。わたしに帰れ。わたしは、あなたを贖ったからだ。」（イザヤ44・21〜22）

「一つの声が裸の丘の上で聞こえる。イスラエルの子らの哀願の泣き声だ。彼らは自分たちの道を曲げ、自分たちの神、主を忘れたからだ。背信の子らよ。帰れ。わたしがあなたがたの背信をいあなたの不義がつまずきのもとであったからだ。あなたがたはことばを用意して、主に立ち返り、そして言え。「すべての不義を赦して、良いものを受け入れてください。私たちはくちびるの果実をささげます。……みなしごが愛されるのはあなたによってだけです。」わたしは彼らの背信をいやし、喜んでこれを愛する。わたしの怒りは彼らを離れ去ったからだ。わたしはイスラエルには露のようになる。彼はゆりのように花咲き、ポプラのように根を張る。その若枝は伸び、その美しさはオリーブの木のように、そのかおりはレバノンのようになる。彼らは帰って来て、その陰に住み、穀物のように生き返り、ぶどうの木のように芽をふき、その名声はレバノンのぶどう酒のようになる。（ホセア14・1〜7）

イスラエルの子らよ。主があなたがた、すなわちわたしがエジプトの地から連れ上ったすべての氏族について言った、このことばを聞け。わたしは地上のすべての部族の中から、あなたがただけを選び出した。それゆえ、わたしはあなたがたのすべての咎をあなたがたに報いる。……聞け。このことばを。……わたしは、エジプトにしたように、疫病をあなたがたに送り、剣であなたがたの若者たちを殺し、あなたがたの馬を奪い去り、あなたがたの陣営に悪臭を上らせ、あなたがたの鼻をつかせた。それでも、あなたがたはわたしのもとに帰って来なかった。——主の御告げ——……それゆえ、イスラエルよ、わたしはあなたにこうしよう。わたしはあなたにこのことをするから、イスラエル、あなたはあなたの神に会う備えをせよ。見よ。山々を造り、風を造り出し、人にその思いが何であるかを告げ、暁と暗やみを造り、地の高い所を歩まれる方、その名は万軍の神、主。

（アモス3・1～4・13）

❖「義とする」と「赦す」

民法世界では、被害を受けた原告の「赦し」によって現実の関係回復が生じるのですが、パウロはそのような意味で「義とされる」という表現を使っていると思われます。それが、旧約聖書と新約時代の第二神殿ユダヤ教における「義とされる」の意味を受け継いでいることも、すでに確認しました。ではなぜ、その表現をパウロしか使っていないのかと疑問を持つ方がおられるかもしれません。イエスの言動には、そのようなことはなかったのでしょうか。もちろん、そうではありません。パウロが「義とする」という表現をおもに使っているのに対して、福音書の中のイエスは「赦す」という表現を使って、そこでも単に「罪を認めない」こと以上に積極的な関係回復の実現を語っているのです。パウロは逆に、「赦す」よりも「義とする」という表現を好んでいるように思われます。

イエスのたとえ話（これまでに触れた、ルカ15・11～32、マタイ18・23～35など）の中では、神は限りなくあわれみ深い方であり、そのあわれみと恵みは人間側からではなく、神の側から一方的に与えられると語っています。また、イエスの宣教の中心は「取税人や罪人」を含む、すべての人との神の和解を宣言するものであり、実際、イエスは一方的に罪を赦したり、宗教的に低く見られた人々といっしょに食事をしたりして、それを実現しました。

しかし、イエスが「『だれだれの罪を』赦す」と言う場合の罪は複数形であり、中風という病気や

（マタイ9・2、5。マルコ、ルカの並行箇所）、おそらくは遊女という不道徳な生活を（ルカ7・36〜50）生み出しているもろもろの罪過を取り去ることと考えられます。「赦し」という名詞形は新約で十七回出てきますが（ルカと使徒で十回）、ほとんどの場合「神による」赦しを意味し、たいがいは「罪の[ギ]ハマルティノーン（複数形）」によって規定されています（マルコ1・4［並行ルカ3・3］、マタイ26・28、ルカ1・77、24・47、使徒2・38、5・31、10・43、13・38、26・18、コロサイ1・14）。これらの場合は、基本的には七十人訳に沿って、罪過や咎を取り去ることを語っているのでしょう。ただイザヤ書61章1節、58章6節の七十人訳から引用されているルカの福音書4章18節の「赦免」と「自由にし」だけは、「罪の」という規定語がなく、ヨベルの年の「解放」という意味に沿って訳されています。

それに対して、「罪の」というような規定語のついていない絶対的用法の二つの例（マルコ3・29、ヘブル9・22＝岩波訳参照）は、ここでの「神との関係回復としての赦し」と考えられますが、それと同じように、「『だれだれを』赦す」という多くの言い方こそは（「主の祈り」、マタイ18・21、35、マルコ4・12、ルカ6・37、17・3〜4、23・34）、単数形の罪（神への反逆）が赦されて、神との関係が回復することを意味していると考えるべきでしょう。

その区別が反対命題的に言われているのが、解釈が分かれるマルコの福音書3章28〜30節（マタイ12・30〜32、ルカ12・10、ヨハネ12・44〜48も参照）です。

「人はその犯すどんな罪（複数形）も赦していただけます。また、神をけがすことを言っても、それはみな赦していただけます。しかし、聖霊をけがす者はだれでも、永遠に赦されず、とこしえ

の罪に定められます。」（マルコ3・28〜29）

これは、人のなすさまざまな罪過は（それが神や人の子をけがす言葉を言うことであろうと）「みな」赦される（取り去られる）と言いつつ、聖霊なる神をけがす者（聖霊なる神に逆らう者）は赦されない、すなわち、神との関係を持つことはできないことを語っていると思われます（本論Ⅰ章の「罪の本質としての『神への反逆・背信』」、および、前述した「［ギ］カタクリノー［罪に定める］」への言及を参照。また、『ギリシア語新約聖書釈義事典Ⅰ』、「アフェシス」の項／中澤啓介『マタイの福音書註解　中』、二七一頁も参照）。

これは、刑法的に理解する「有罪ではあるが、無罪と認める」（前述したように、このようなことは現実の刑法法廷ではありえず、フィクションです）とは違って、イエスもまた、「関係を回復する」意味で「『人を』赦す」という言葉を使っていたことを示唆しています。

❖「赦し」は「負債の免除」

マタイの福音書18章21〜35節のたとえ話の中で語られている「負債の免除」は、そのような「赦し」をみごとに描いているのではないでしょうか。「罪」の項目で述べたように、ここでは「主よ。兄弟が私に対して罪を犯した場合、何度まで赦すべきでしょうか。七度までてでしょうか」（21節）というペテロの問いから始まっています。「罪を犯す（［ギ］ハマルタノー）」の後には目的語が来ず、「〜に対して」「〜の前に」という言葉と一緒に用いられているように、「罪を犯す」や「赦す」は特定の人間関係の中でのことであり、刑法的な犯罪や律法違反のことではありません。（「おとうさん。私は天に対して罪を犯し、またあなたの前に罪を犯しました」［ルカ15・18、21］も参照）。そこでイエスは、七度を七十倍するまでも兄弟を赦すことのできる道をたとえ話で教えてくださいました。それは、自分が神から一万タラントもの（ある計算法では二十万年分の労賃にも匹敵する）巨額負債（罪）を赦された存在であると知ることだというのです。たとえでは、主人がかわいそうに思って自分から借金を免除したとき、赦しは成立します。もちろん、赦されたしもべは自己破綻を免れましたが、主人のほうはしもべの負債を自分で引き受け、損害を負ったのです（「赦す」ということが難しい理由は、それが単に口先のことではなく、相手の非によってかけられた損害を自分で負う覚悟を伴うからです）。ところが、巨額債務を免除されたしもべは、その帰り道、百デナリ（百日分の労賃）貸している仲間と出会うや、すぐに返済できない彼を赦さず、牢に投げ入れます。それを聞きつけた主人は、当然、こう言います。「私がおまえをあわれんでやったように、おまえも仲間をあわれんでやるべきではないか」と。すなわち私たちが兄弟を赦せないのは、私たちが神に対して負っていた負いめ（罪）がいかに大きいか、それを神があわれみによって赦してくださっていることがどれほどのことかを知らないからだ。それをほんとうに理解するなら、兄弟の私たちに対する負いめ（罪）はごくごく小さなことであると分かり、何度でも赦すことができるようになる！と。換言すれば、神の赦しを受け取るとき、その生き方が変わらないはずはないという「赦しの福音の真髄」を教えてくださったのです。

ともあれここは、完全な民法の世界です。そして、その赦しは「主の祈り」の中でも、「私たちの負いめ（罪）をお赦しください。私たちも、私たちに負いめ（罪）のある人たちを赦しました」（マタイ6・12とルカ11・4参照）と、神による「負いめ（罪）の赦し」を「私たちに対して負いめのある人たちの赦し」と結びつけてはっきりと語られています。（「契約の中での義」については、ハワード・ゼア『修復的司法とは何か』、新泉社、第8章「契約のジャスティス」、また、その思想の根拠として引用されているPerry B. Yoder, *Shalom : the Bible's Word for Salvation, Justice & Peace*, Evangel Publishing House, 1987も参照。）

c　「新しい契約の締結」と「和解」

❖キリストによる新しい契約

「義とされること」を民法的に理解することによってさらに、次のような「新しい契約」や「和解」の概念との結びつきを、よく説明できるのではないでしょうか。聖書の中では、異邦人のみじめな状態は、神との契約関係の外にあることと描写されています。

あなたがたは、以前は肉において異邦人でした。すなわち、肉において人の手による、いわゆる割礼を持つ人々からは、無割礼の人々と呼ばれる者であって、そのころのあなたがたは、キリストから離れ、イスラエルの国から除外され、約束の契約については他国人であり、この世にあって望みもなく、神もない人たちでした。（エペソ2・11〜12。ガラテヤ4・8、コロサイ1・21、ローマ9・24〜26も参照）

そのような人類にとっての救いは、神がイスラエルと結ばれていた「旧い契約」より「さらにすぐれた契約の仲介者」（ヘブル8・6、9・15。13・20も参照）であるキリストによってもたらされた「新しい契約」の下に生きる民となることです。
しかし、以前は遠く離れていたあなたがたも、今ではキリスト・イエスの中にあることにより、キリストの血によって近い者とされたのです。（エペソ2・13）
このように、キリストを通して提供される新しい契約によって形成される共同体である教会に加入することによって、人は救われます（使徒2・38）。また、その契約の下に生きるようになったキリスト者は、恵み深い神の愛と真実に対して愛と真実（信仰）をもって応えていく、神との直接的かつ親密な関係に入ったことになります。それを覚えて教会の中で行い続けるように言われている主の晩餐について、伝えられた言葉を記しているパウロの手紙にも、次のようにあるとおりです。
「これはあなたがたのための、わたしのからだです。……」……「この杯は、わたしの血による新しい契約です。……」……したがって、もし、ふさわしくないままでパンを食べ、主の杯を飲む者があれば、主のからだと血に対して罪を犯すことになります。……（Iコリント11・23〜29。マタイ26・28、マルコ14・24、ルカ22・20も参照）

❖神と和解させられた私たち

そして、それは「神と和解させられた」と語られていることとも同じです。

もし敵であった私たちが、御子の死によって神と和解させられたのなら、和解させられた私たちが、彼のいのちによって救いにあずかるのは、なおさらのことです。そればかりでなく、私たちのために今や和解を成り立たせてくださった私たちの主イエス・キリストによって、私たちは神を大

いに喜んでいるのです。（ローマ5・10〜11）

これらのことはすべて、神から出ているのです。神は、キリストによって、私たちをご自分と和解させ、また和解の務めを私たちに与えてくださいました。（Ⅱコリント5・18）

このような「和解」は、民法で用いられる用語・概念であり、訴えている原告が何らかの理由で訴えを取り下げるか、法廷以外の場で示談が成立するようなことです。刑法では、このようなことはありえません。そして聖書の場合は、神と神を裏切った私たち、すなわち罪人との間のことですから、その和解は神からの一方的なものとならざるをえません。それが、「私たちが神と和解した」でも「私たちと神とが和解した」でもなく、「私たちが、御子の死によって神と和解させられた（御子の死によって神と和解させていただいた＝新共同訳）」とか、「神は、キリストによって、私たちをご自分と和解させ」と表現されていることによく表れています。

そして、その和解の福音は、ユダヤ人と異邦人をも一つに結び合わせて神との和解へと導きます。

キリストこそ私たちの平和であり、二つのものを一つにし、隔ての壁を打ちこわし、ご自分の肉において、敵意を廃棄された方です。敵意とは、さまざまの規定から成り立っている戒めの律法なのです。このことは、二つのものをご自身において新しいひとりの人に造り上げて、平和を実現するためであり、また、両者を一つのからだとして、十字架によって神と和解させるためなのです。敵意は十字架によって葬り去られました。（エペソ2・14〜16）

さらに、それは神が創造されたすべての被造物との和解にまで及び、全世界を調和へと導きます。

神はみこころによって、満ち満ちた神の本質を御子のうちに宿らせ、その十字架の血によって平和をつくり、御子によって万物を、御子のために和解させてくださったからです。地にあるものも天にあるものも、ただ御子によって和解させてくださったのです。（コロサイ1・19〜20）

このように、「義とされること」が「法的」であると言うときには、刑法法廷的にではなく、契約法的、すなわち関係概念的に理解すべきであると思われます。そうすると、「義とされること」は、単に「無罪が宣言される義認（実際は罪人であるにもかかわらず無罪と認められる）」というような消極的なもの（フィクション）ではなく、神の義（神が私たちとの関係を義しく回復しようとする情熱的行為）が「罪人であった」私たちを、現実に神との関係を回復された「義人」として立たせてくださる（もはや「罪人ではない！」）という、積極的かつ現実的なことなのです。

d 「神の子どもとされる」こと

❖神の養子に迎えられる

「義とされること」、「新しい契約を結ぶこと」や「和解」をよく描いているもう一つの表現が、神に「アバ」と呼びかけることのできる「神の子どもとされる」ことです。

あなたがたは、人を再び恐怖に陥れるような、奴隷の霊を受けたのではなく、子としてくださる御霊を受けたのです。私たちは御霊によって、「アバ、父」と呼びます。（ローマ8・15。8・23、ガラテヤ4・4〜7も参照）

パウロによる、ここでの「子としてくださる（[ギ]フィオスゥエシアス）」という語は、「子たる身分を受ける」、あるいは「養子として迎えられる」と訳すことのできるものです。

> [ギ]フィオスゥエシアス［子たる身分］という養子法的術語が使われている点が、注目に値する。というのは、ガラ4・5、ロマ8・15、23（エフェ1・5も同様）では、子たる身分とすることが決定的な役割を果たしているからである。（『ギリシア語新約聖書釈義事典Ⅲ』、「フィオス」の項、四三三頁）

とあるとおりです。この場合の養子法も現代法から見れば民法であり、立場の法的・現実的な変化を述べています。

本来、神に創造された人間は「神の子ども」でした（ルカ3・38、使徒17・24～29参照）。ところが、人間が父なる神を裏切り、家出し、父（神）を父（神）とも思わないで生きるようになり、神も人間がそのように生きるに任せました（ローマ1・18～32）。そのような私たちを父なる神は、もう一度神の子どもの立場に戻すために、キリスト（神のひとり子）をこの世に送ってくださったのです。その神のひとり子の仲介と犠牲と招きによって、私たちはもう「神の子ども」と呼ばれる資格などないにもかかわらず、「神の子ども」として迎え入れられました。「神は、みむねとみこころのままに、私たちをイエス・キリストによってご自分の子にしようと（[ギ]エイス・フィオスゥエシアン）、愛をもってあらかじめ定められておられました」（エペソ1・5）ともあるとおりです。このことをもっともよく説明しているたとえ話が「放蕩息子のたとえ話」（ルカ15・11～32）です。

❖「神の子ども」の他の意味

ただ、ついでに述べておきますと、パウロにおける、ある箇所の「子とされること」（ローマ8・15、23、ガラテヤ4・4～7）は、奴隷の身分から神の子の身分にされたことであり、後に述べる目的・職能論的「贖い」「相続」の面をも含んで語られていることを忘れてはなりません。「もし子どもであるなら相続人でもあります。私たちがキリストと、栄光をともに受けるために苦難をともにしているなら、私たちは神の相続人であり、キリストとの共同相続人であります」（ローマ8・17）とあるように、です。

また、ヨハネにおける「ギフイオス（子）」はもっぱらキリスト論的に使用されていますので、ヨハネ文書ではこの言葉と「養子にされる」という概念が信仰者に対して用いられる例はありません。「しかし、この方を受け入れた人々、すなわち、その名を信じた人々には、神の子どもとされる特権をお与えになった」（ヨハネ1・12）の「神の子ども」はギテクナ・セウーであり（ヨハネ11・52、Iヨハネ3・1、2、10、5・2も）、そこでは「神から（ないしは「上から」）生まれた」ことが述べられます（ヨハネ1・13、3・3～8、Iヨハネ2・29、3・9［二回］、4・7、5・1、4、18［二回］）。この場合は、キリストによって「神の子ども」とされたことを、実体・生命論的「新生」のことがらとして語っていると考えられます。

D　聖めと新生――実体（生命）概念

1　予備的考察――「聖」と「霊」、そして「いのち」の意味

キリスト信仰に入ったときに、私たちは関係概念的に「義とされる」とともに、実体概念的に「霊のいのち」に生まれ、「聖徒（聖い人）」ともされます。しかし、実体概念的な人間の「聖さ」の概念は、「霊」や「いのち」の概念とどのような関係、あるいはつながりがあるのでしょうか。実は、聖書における「聖さ」の概念は、旧約人間論における神から与えられた「霊」、新約人間論におけるキリストによって与えられた「霊のいのち」の概念と近いものであると、私は考えます。そこでここでは、聖書における「聖」と「霊」と「いのち」について考察することから始めたいと思います。

a　旧約聖書における「聖なる神」と「神が聖める」ことの意味

❖神の「超越性」を意味する「聖性」

旧約聖書において「聖」と訳されている言葉は、ヘカドーシュです。この語は中近東のセム語にその起源を求められますが、異教徒はもっぱら神々一般に用いいました。そのヘブル語独自の発展は、この語根を人格的な意味でヤハウェにだけ関連して用いたことに始まります。ですから、「聖なる」という語は、「神」という語と結びつくと、もはや余分な形容語であり、イスラエルでは、この形容語だけでヤ

ハウェを意味しています。イザヤ書52章10節、詩篇98篇1節には「聖なる御腕」、詩篇105篇42節とエレミヤ書23章9節には「聖なることば」、イザヤ書63章10節、詩篇51篇11節には「聖なる御霊」といった語句が見いだされます。これらのすべては、ヤハウェのものであるゆえ、聖なのです。

この神の「聖性」は、神の「超越性」を意味していると語られることが多いのですが、そこでは注意深い観察が必要です。確かに、「聖なる神」という言葉からは、絶対他者としての神をイメージするでしょう。イザヤ書6章は、その内容を最もよく明らかにしています。それはまず、この聖が神のまわりにいる天使にとってすら近づきがたいことを意味していますので、多くの学者が、聖という語と「区別する」「分離する」の意味を持つ語幹とを結びつけようとするのも無理はありません。しかし聖の概念内容は、単にこの消極的な要素のみに限定されるべきではないことにも気づきます。そのことは、天使が互いに呼びかわして言った「聖なる、聖なる、聖なる、万軍の主（ヘヤハウェ・サバオット）」に続く「その栄光は全地に満つ」という言葉に表されています。ここでの「聖」と「栄光」の結びつきは、旧約聖書の中にしばしば現れているものですが、神の栄光は神の本質の放射する力であって、神の隠れた聖が外にあふれ出て、全地に満ちていると言われています。

❖私たちを取り囲んでいる神の「聖性」

ですから、神が聖であるとは、神が人間とは異なり、超越的であることを意味しますが、それは、人間から遠いという意味で超越的なのでは決してありません。「わたしは神であって、人ではなく、あなたがたのうちにいる聖なる者である（ヘカドーシュ［形容詞］）からだ」（ホセア11・9）とあるように、超越は遠いことではなく、他なることを意味するのです。

そしてまた、この語は神と人間の分離を表すというだけでは十分ではありません。なぜならそれは、ヘブル人がヤハウェであると認めた、あの「聖なる神（人格的他者）」の積極的な活動をも表すからです。彼は積極的に光を放ちます（申命33・2、詩篇50・2、80・1、94・1）。あるいはまた、「イスラエルの光は火となり、その聖なる方は炎となる」（イザヤ10・17）のように、火・炎となると語られています。これと同じように、ソロモンの神殿奉献の際、「雲が主の宮に満ちた。祭司たちはその雲にさえぎられ、そこに立って仕えることができなかった。主の栄光が主の宮に満ちたからである」（Ⅰ列王8・10以下、Ⅱ歴代5・13以下）と、主の栄光が雲とも表現され、その体験の比喩的な表現の発展は、後のユダヤ教の伝承におけるシェキナーと、またマルコの福音書9章2～8節の変容の雲に見られます（以上、N・H・スネイス『旧約宗教の特質』、五六～六五頁／Th・C・フリーゼン『旧約聖書神学序説』、二〇四～二〇六頁参照）。

このような神について、N・T・ライトは『クリスチャンであるとは』の第二部（八一頁から）で「太陽を見つめる」という比喩を用いて文学的に語っています。それを参考にしながら、私なりに表現すると、このようになります。神は太陽のような存在で、それを直接見ようとすれば目の奥（網膜）を焼いてしまいます。また、大気圏外に出て太陽に近づいて行けば、これもいのちを失うことになります。人はそのように直接、神を見たり、神に近づいたり、触れたりはできないのです。これが聖である神の近づきがたさです。しかし、その太陽が放射する熱と光は地球上のすべてに注がれ、その光によって明るさや温かさを得、すべての生物のいのちが養われ、生活に必要なエネルギーが与えられています。ちょうどそのように、聖である神から放射された栄光が全地に満ちて、すべてのものを生かし、祝福しているのです。

これから分かるように、神の「聖さ」とは、何よりも聖書の神（ヤハウェ）だけが神である区別性を表していますが、それは、神が人間とかけ離れて遠くにいることや、人間からの近寄りがたさだけを意味しているわけではありません。むしろ、神の聖さは栄光として全地に満ち、私たちを取り囲んでいるともいえるようなものなのです。

b　聖なる神に選ばれた神の民イスラエルの「聖さ」

旧約聖書において、神殿や祭司が聖であるのは、聖であるヤハウェに属するものだからです。そして、動詞の「ヘヒクディシュ（聖とする、聖別する）」は、「～が実際にヤハウェのものであること」を示すための儀式的な奉献と聖めに際して用いる語です。そのように「聖とされる」重要かつ代表的な対象例がイスラエルの民です。

イスラエルが聖くあることとは、イスラエルが特別に宗教的な国であるべきことを意味してはいませんでした。この語の基本的意味は「異なっていること、あるいは別個であること」です。ある物、あるいはある人が、特定の目的のために選び分かたれ、その目的のために分離されているときに、それ、あるいはその人は聖いのです。ですから、イスラエルが聖くあるとは、他の神々と比べて非常に異なる神――ヤハウェが自分をそのように啓示している――を反映して、他の国々とは異なっていることを意味しました。

では、彼らの地上での歴史的、文化的状況の中で、ヤハウェの聖さを反映して聖くあるとは、いったいどのようであることを意味するのでしょうか。レビ記19章2節の「あなたがたも聖なる者とならなければならない」という明確な見出しのもとに具体的に期待されている内容とは何でしょうか。それこそが、レビ記19章全体を通じて、「あなたの生活の質はわたしの性質を反映していなければならない。それは、わたしを反映しているあなたにわたしが要求していることなのだ」と言うかのように、繰り返されている具体的なことごとに見られるものです。

そしてイスラエルは、地上で実際に行う生活のすべてにおいてヤハウェの聖さを反映するという彼らの召しに応えていくことによって、ただヤハウェが諸国の神々から区別されるべきことを目に見えるかたちで示すだけでなく、その神を周囲の諸国に知らせることによって、神の栄光の光を放つようにも期待されていたのです。

「わたし、主は、義をもってあなたを召し、あなたの手を握り、あなたを見守り、あなたを民の契約とし、国々の光とする。」（イザヤ42・6）

「わたしはあなたを諸国の民の光とし、地の果てにまでわたしの救いをもたらす者とする。」（同49・6）

起きよ。光を放て。あなたの光が来て、主の栄光があなたの上に輝いているからだ。見よ。やみが地をおおい、暗やみが諸国の民をおおっている。しかし、あなたの上には主が輝き、その栄光があなたの上に現れる。国々はあなたの光のうちに歩み、王たちはあなたの輝きに照らされて歩む。（同60・1〜3）

これは、イスラエルが聖い民、祭司の王国であることが宣教的使命であることを物語っているのです（クリストファー・ライト『神の宣教Ⅱ』、東京ミッション研究所の11章を参照）。

c　新約聖書における「聖い」と「聖める」の意味

❖「ヘカドーシュ」の訳語は「ギハギオス」

「ギハギオス」は動詞から派生した形容詞として「ギハゾマイ（畏敬の念をもって恐れる）」と関連しており、元来は力をもって登場し、恐れとおののきを起こさせる神的なことがらを指示するものであったようです。七十人訳においては、聖書以外のヘレニズム的な文献においてとは対照的に、「ハギオス」は非常に多く（七百回以上、主として ヘカドーシュあるいはコデシュの訳として）用いられ、さらに「ギハギアゾー（聖別する）」、「ギハギアスモス（聖別）」、「ギハギオテース（神聖さ）」、「ギハギオースネー（聖さ）」のような新しい語の形成を促しました。

「ハギオス」が多く用いられた理由は、それが「ヘカドーシュ」と同様に、聖さを神の力と完全さのうちから発して、人間に出会うものとして言い表すことができる言葉と考えられたからであり、「聖い」という限定句として、神に（レビ19・2、Ｉサムエル2・2、イザヤ31・1、ホセア11・9）、神の名に

（イザヤ60・9）、神の山に（詩篇2・6）冠せられ、それだけでなく、すべての祭儀的なもの、すなわちこの世において直接的に神に属し、神に向かわせられているものすべてに冠せられえたからであると思われます。

新約における「ハギオス」およびその類語の用法は、他方で新しい意味を盛られるようになります。それは、そもそも「聖さ」が神への恐れや神との距離を生み出すのではなく、神が新しい仕方で、つまり、今や慈しみに満ちた救う神として、さらには霊において信仰者のただ中に直接的に臨在する神として体験されることにも対応する言葉となっています。その結果、信仰者は、賜物としての「聖さ」から生きる「聖徒」と呼ばれるようになるのです。

❖避けられた訳語「[ギ]ヒエロス」

興味深いのは、もうひとつの「聖」である「[ギ]ヒエロス」という形容詞が新約にわずかしか見られないことで、それは七十人訳での用例がまれなことに対応していると思われます。前述したように、七十人訳は「[ヘ]カドーシュ（聖なる）」をほとんど一貫して「ハギオス」と訳しており、「ヒエロス」はヨシュア記6章8節とダニエル書1章2節しか見られません。「ヒエロス」の使用がこのように避けられたのは、この語のもつ「異教祭儀的な刻印」のためであろうと推測されています。というのは、ギリシア語において「ヒエロス」が言い表すのは、超越的な神の「聖さ」に基づくものでも、また倫理的な含蓄を持つものでもなく、ものそれ自体、神々のために清められたもの、そしてとりわけ犠牲（タ・ヒエラ、ほぼ常に複数形）を「聖いもの」と考えて使われていたからです（『ギリシア語新約聖書釈義事典Ⅰ』「ハギオス」と「ヒエロス」の項参照)。

ここに、聖書中の「聖」を「ヒエロス(人間が神々のために聖別したささげもの)」の概念で考えてしまうことの間違いに注意するとともに、積極的には、「ハギオス(神の聖性の放射を受けたもの、また、神によって聖別されたもの)」の概念を正しく理解して、明確に伝えていかなければならない理由があると考えられます。

d 「霊」と「いのち」

❖「[ヘ]ルーアハ」は、風、神の息、霊

旧約聖書のヘブル語で「霊」を表す語は「ルーアハ」です。これは、「鼻から激しく息を出す」ことから来た一つの擬声語と言われています。その意味としては、まず自然の風であり、総例三百八十九のうち百十三例もあります。次に、神に関して百三十六回、さらに人間や動物、偶像について百二十九回用いられています。そこでH・W・ヴォルフは、「ルーアハ」を最初から、神学的・人間的概念として扱う必要があると言います(H・W・ヴォルフ『旧約聖書の人間論』、日本基督教団出版局、七九頁参照)。

一方、N・H・スネイスは「ルーアハ」の神的起源をより強調して、この語が持っている特徴として「力」と「生命」と「神のもの」を意味すると言い、ヘブル人は「ルーアハ」をもって人間の一部であるかのようにしばしば語りつつも、同時に、「ルーアハ」(霊)と「[ヘ]バサール」(肉)とをはっきり区別したとも言います。人間は肉であり、地の塵から作られ、「ルーアハ」(霊)によって生命を与えられ

ることにより「㊀ネフェシュ」（生きもの）となったのであり、この「ルーアハ」が神に帰るとき、人間の塵は土に帰ります（伝道者12・7、詩篇146・4）。そのように、人間と肉は、神と「ルーアハ」から区別されると言います（前掲書、一九八～二〇八頁参照）。

ただし、旧約聖書において、人のうちにある「霊」がすべて「生命」を指しているわけではありません。その特徴として「力」がありましたが、特に「主の霊（㊀ルーアハ・アドナイ）」というように限定句「主の」や「神の」が付いた場合は、「活力を創造する神の力の、人間経験における現れ」となる点も大切です（同書、一二頁以下参照）。月本昭男もそのことを次のように述べています。

「わが霊」すなわちヤハウェの「霊（ルーアハ）」は「生命の息（ニーシュマト・ハイイーム）」（創世記2・7）とも、「生命の霊（ルーアハ・ハイイーム）」（同6・17、7・15）とも異なる。それは人間の生命原理でも、肉に対する霊でもない（ただし、ヨブ記だけは「神の霊」を人間の生命と結びつける）。……少なくとも王国時代までは、「ヤハウェの霊」は士師、王、預言者などに与えられる特別な能力の源泉であった（サム上16・13、14、サム下23・2、イザ11・2他）。（月本昭男『創世記Ⅰ』、日本基督教団宣教委員会、二〇五頁）

そして、同書の「付論7　ヤハウェの霊」（二〇七～二一〇頁）では、その根拠を詳しく説明しています。

結局、人間が「霊（ルーアハ）」としていきいきと生きること、善を欲すること、権能を与えられて活動すること、それらのことは決して人間それ自身の力によっては生じないのです。すなわち、動物にある霊についても語られることがありますが、特に人間に吹き込まれた生命、力である霊は神から来るものであり、神からの生命、神からの力そのものであるということができるでしょう。

❖「[ギ]プニューマ」は神の「霊」

この「[ヘ]ルーアハ」は、七十人訳ギリシア語聖書では原則的に「[ギ]プニューマ」と翻訳されていますので、一応、新約聖書での「霊（[ギ]プニューマ）」は旧約の「ルーアハ」を引き継いでいると考えてよいでしょうが、微妙な変化があるように感じられます。それは、新約において「プニューマ」の語義が、とりわけ初代教会の霊の経験の印象のもとに異なったニュアンスを帯びてきたからかもしれませんが、第一に、旧約の「[ヘ]ルーアハ」が「神の霊」、「風」や人間の「霊」の意味でそれぞれ約三分の一ずつ出現しているのに対して、新約の「[ギ]プニューマ」は、ほとんどが神の「霊」を意味する言葉となっていることです。実際、新約に「プニューマ」は合計三百七十九回出てきていますが、そのうち「（強い）風／息」という本来の語義で使われているのはわずか三回しかありません。また、ある程度この語が人間の「霊」（四十七回）や、「悪霊」（三十八回）または「死人や天使の霊」（九回）を指すこともあります（回数は数え方によって多少異なります）。しかし、それらに比べてきわめて頻繁に、この語によって神の「プニューマ」のことが言われているのです（二百七十五回）。

❖神から与えられたいのち「[ギ]ゾーエー」

第二に、私が注目すべきと考えることは、旧約において「[ヘ]ルーアハ」が人間論的に使われている代表的な「生命の霊（[ヘ]ルーアハ・ハイーム）」（創世6・17、7・15など）は七十人訳ギリシア語では「[ギ]プニューマ・ゾーエース」ですが、新約においてはそのままの使い方がないことです。そして前述しましたが、「[ギ]プニューマ」は「[ヘ]ルーアハ」のように人間論的に重要な表現となってはいません。むしろ、それに代わるように「[ギ]ゾーエー」が新約で合計百三十五回使われ、神から与えられた「いのち」を意味しています。そして、その「いのち」が新約聖書において救いを表すために用いられ、「[ギ]ゾーエー・アイオーニオス（永遠のいのち）」、すなわち死人のよみがえりの後のいのち、来るべき[ギ]アイオーン（世）でのいのちの希望を表すようになっています。復活者であり、高挙者であるキリストがそのいのちを約束する生ける方であることは、初期キリスト教の福音に固有の表現であり、新約聖書の多くの書に見いだされるものです（『ギリシア語新約聖書釈義事典Ⅲ』「プニューマ」および「ゾーエー」の項参照）。

　このように、新約における「[ギ]ゾーエー」は人を真に生かしている原動力や生命力を意味し、とりわけ、復活のキリストによって神から与えられる「霊のいのち」を表していることから、旧約において神学的人間を表す「霊（[ヘ]ルーアッハ）」と対応しているように私には思われます。特にヨハネの福音書では、永遠のことばである御子キリストが永遠においていのちを所有しており（1・4）、それを父から与えられたすべての人に豊かに与えます（10・10、17・2）。それは、この世でのからだの生命を与え、強め、死人を生かすこと（5・1～9、11・1～44）だけでなく、キリストに結びつく者に与えられる永遠のいのち、霊的いのち、復活のいのちをも意味しているのです（3・36、11・25～26、14・6）。

e 「聖さ」の概念と「いのち」の概念

新約聖書における「聖さ」の概念は、キリストによって与えられた「いのち」の概念と近いものと考えます。それは、「いのち」の賦与が聖霊の注ぎによると考えられているからでしょう。『ギリシア語新約聖書釈義事典Ⅲ』の「プニューマ」の項に、自己伝達かつ自己譲渡である「聖なる霊」は〝終わりの時に信仰者に与えられている生命の領域として現されている〟と述べているようにです。そして、その霊は「キリスト・イエスにある、いのちの御霊の原理が、罪と死の原理から、あなたを解放したからです」(ローマ8・2)とあるように「いのちの御霊(ギトゥ・プニューマトス・テース・ゾーエース)」とも呼ばれています。「最後のアダムは、生かす御霊と(ギエイス・プニュマ・ゾーオポイウーン)なりました」(Ⅰコリント15・45)も参照してください。

旧約においても「聖さ」の概念は、aで見たように、旧約人間論における神から与えられた「霊」と非常に近いと思われるのですが、旧約における「聖」の著述において、その「いのち」の概念との近さを述べているものは少ないのが現実です。おそらくそれは、祭儀と結びつけて語られやすい「聖」は、日常生活領域における「いのち」との関係を見過ごされる傾向があるからでしょう。ここでは、旧約時代のイスラエルの生活においても、「聖さ」が「いのち」と近かったことを二つの点で指摘したいと思います。

❖レビ記の「きよい食べ物」

ひとつめは、食べることと健康と「聖さ」の関係です。レビ記11章には、エジプトを出たイスラエルの民に対して主が告げた、食べてよい食物と汚れた（食べてはいけない）食物の規定が書かれています。そこでは、ひづめが分かれていたり反芻しなかったりする動物、水中に住む生き物のうち、ひれやうろこのないもの、理由は述べられていない幾種かの鳥たち、地を這い回ったり、群生したりする虫や動物たちなどは、食べてはならないと言われていますが、そのような規定の意味するところは何なのでしょうか。その末尾では、「あなたがたは聖なる者となりなさい。わたしが聖であるから」（44〜47節）と理由づけられています。ほぼ同じ規定が申命記14章3〜21節にありますが、服部嘉明は次のように講解しています。

食物は生命と健康に欠かせません。……3節に「いっさい食べてはならない」もののあることを示しています。福祉と健康のために、食べてはならないものがあるという規制を加えています。前向きの姿勢で生きるための規制が原理として述べられたあと、4〜8節では獣類、9〜10節では魚類、11〜20節では鳥類のことが述べられていて、いずれの区分でも食べることのできるものがまず指定されているのも、これらの規定は本質的には生きるためのものであることを示唆しているようです。……物理的には他の動物も食べようと思えば食用にすることは不可能ではないのですが、ヘブル人の考えでは、良いものを積極的に選び、少しでも不利なものは健康であるためには避けるべきであるというのです。（服部嘉明『申命記講解』、いのちのことば社、一二〇〜一二二頁）

現代の目から見て、腐りやすさや寄生虫の有無、伝染病や感染症をもたらす可能性などから、これらはある程度納得のいくものと考えられます。当時の実際は、創世記3章で人に「霊的ないのち」の死をもたらした蛇が、神にのろわれて地を腹ばいで歩き、ちりを食べるようになった（14節）などの動物イメージも関係があったのかもしれません。ともかく申命記14章21節にも「あなたは、あなたの神、主の聖なる民である」とあるように、ここでも聖であることといのちと健康を大切にすることとが結びつけられています。

❖すべてが聖められる！

一方、新約において、まずイエスは「口に入る物は人を汚しません。しかし、口から出るもの、これが人を汚します」（マタイ15・11）と、口から出る言葉が人を汚すのであって、口から入る食物は人を汚さないと言い、暗に「汚れた食物」という考え方を批判しました。パウロは、「主イエスにあって、私が知り、また確信していることは、それ自体で汚れているものは何一つないということです」（ローマ14・14）、「こういうわけで、あなたがたは、食べるにも、飲むにも、何をするにも、ただ神の栄光を現すためにしなさい」（Iコリント10・31）と言い、テモテへの手紙第一では、結婚を禁じたり、食物を断つことを命じたりする傾向の危険について、こう言っています。

ある人たちは……結婚することを禁じたり、食物を断つことを命じたりします。しかし食物は、信仰があり、真理を知っている人が感謝して受けるようにと、神が造られた物です。神が造られた物はみな良い物で、感謝して受けるとき、捨てるべき物は何一つありません。神のことばと祈りとによって、聖められるからです。（Iテモテ4・1〜5。マタイ15・11も参照）

ここでは、食物の「きよい」「汚れている」という区別を止揚しており、一見すると、旧約のあり方と反対のことが述べられているように見えますが、実に、食物はそれを造られた神からの賜物であり、本来、神が人を生かすために与えられた良いものであるとの基調音が響いています。ですから、祈りとみことばによって、感謝しつつ、それらを主が造られた目的にふさわしく食べるとき、それは「聖められる（ギハギアゼタイ）」、すなわち人を生かすものとなると言われているのです。

また、レビ記12章の「出産の汚れときよめ」や15章の「漏出のきよめ」などに加えて、13～14章の「ツァラアト（重い皮膚病＝新共同訳）のけがれときよめ」においても、いのちと健康の視点を見逃すことは不可能です。このように「聖い」ということは、「神が創造した人間に与えているいのちに満ち、健康であること」と関係していると言えましょう。

❖今の世（時代）は「第七日目」

ふたつめは、安息日を聖なる日とすることについてです。モーセの十戒には「安息日を覚えて、これを聖なる日とせよ」（出エジプト20・8。申命5・12も参照）とあります。Th・C・フリーゼンが〝その日に、イスラエルは規則正しく繰り返される日を聖別することによって、神から与えられた生命の神聖なことを特別な方法で表現するのである〟（『旧約聖書神学概説』、三八八頁）と言っているように、神の創造された世界の完成の中で与えられている良きものを喜び、その恩恵に浴し、創造主にすべてを委ねる告白として仕事を休み、いのちを回復することが、安息日を聖とすることです。

その根拠として「それは主が六日のうちに、天と地と海、またそれらの中にいるすべてのものを造り、七日目に休まれたからである。それゆえ、主は安息日を祝福し、これを聖なるものと宣言された」

（出エジプト20・11）と書かれていますが、それは創世記2章1〜3節に「こうして、天と地とそのすべての万象が完成された。神は第七日目に、なさっていたわざの完成を告げられた。すなわち第七日目に、なさっていたすべてのわざを休まれた。神は第七日目を祝福し、この日を聖であるとされた。それは、その日に、神がなさっていたすべての創造のわざを休まれたからである」（強調筆者）とあるのと対応しています。ここでの「神は第七日目を祝福し、この日を聖であるとされた」とは、神が創造を完成した世界（その日）を人間の益のために取り分けていて、臨在によってすべてのものをいのちで満たすということを語っていると思われます。私たちは、この「第七日目」に生かされているのです。

創世記1章1節〜2章3節における天地創造の記事にあって、六日間にわたる創造においては「夕があり、朝があった。第何日」とありますが、第七日目には「夕があり、朝があった。第七日」という言葉はありません。それは、「第七日目」はまだ終わっておらず開かれており、今に至るまで続いているこの世（時代）を意味していることを推測させます。

❖主の摂理のみわざに信頼して

六日間にわたる創造のわざを終えられた後の、この「第七日目（この時代・世）」における神の働きを、私たちは「摂理」と呼びます。摂理とは英語で「プロビデンス」であり、「英プロバイド（供給する、養う）」の名詞形であることがよくその意味を表しているように、それによって私たちキリスト者は、神がまどろむことも眠ることもなく、ことばによって必要なすべてのものを供給し、私たちを養い続けていてくださっていると告白しているのです（詩篇121・4参照）。ですから、安息日規定の主眼は「働きを休むこと」にあるのではなく、「第七日目に生かされている私たちのいのち・全生活が神の祝福と養い（摂理のみわざ）によることを覚えて、その中に安息すること」にあるのです。

ついでに述べておくと、エジプトから出て四十年間、マナで養われて荒野を旅したイスラエルの民に、主が語ったもっとも重要な教えのひとつは、申命記にある「人はパンだけで生きるのではない、人は主の口から出るすべてのもので生きる、ということを、あなたにわからせるためであった」（8・3）でした。この言葉はたびたび誤用されて、人は肉体的糧だけで生きることはできず、霊的な糧（神のことば）によって心が満たされなければならない、と物心二元論（霊肉二元論）的に説かれます。しかし、ここの「神の口から出るすべてのもの」とは、一瞬一瞬、神のことばによってすべての物を備え、供給し、私たちを養い生かしている「神の摂理のことばによって供給されているもの」のことです。ですから「人はパンだけで生きるのではない」は、カルヴァンも言っているように「人はパン自体で生きるのではない」と訳したほうがよいと思われます。なぜなら、ここの意味は、「人が生きるために必要なパンは神の摂理のことばで供給されているのであり、それゆえに私たちは、元をたどれば神によって生かされているのであって、パン自体で生きているのではない」ということだからです。イエスが荒野での誘惑においてこの言葉を引用した意図も、「私は、父なる神の備えと養いから離れて自分の力でパンを造り、生きるようなことはしない」と、摂理の神への絶対信頼を表明するためでした（マタイ4・1～4。榊原康夫『マタイによる福音書上』、小峰書店、参照）。

そのイエスは一見、安息日規定を破ったかに見られましたが、ご自身が安息日の主であることを主張する（マタイ12・1～8、ルカ6・1～5）とともに、「わたしの父は今に至るまで働いておられます。ですからわたしも働いているのです」（ヨハネ5・17）、「わたしたちは、わたしを遣わした方のわざを昼の間に行わなければなりません。だれも働くことのできない夜が来ます」（同9・4）と摂理の主であることを表明しました。そして、「安息日にいやすのは正しいことでしょうか」との問いに対して「安息日に良いことをすることは、正しいのです」と答えて、「安息日を聖とする」本義を説いたのでした（マタイ12・9～14、マルコ3・1～5、ルカ6・6～11参照）。

2　所与としての「新生（新創造）」と「聖なる者となること」

a　新しく生まれる

イエスは次のように言われました。

「まことに、まことに、あなたに告げます。人は、新しく生まれなければ、神の国を見ることはできません。」（ヨハネ3・3）

この場合の「新しく」と訳されているのは「ギアノーセン」であり、「上から」とも訳される言葉です（新改訳欄外注参照）。ですから、次のようにも言われています。

この方を受け入れた人々、すなわち、その名を信じた人々には、神の子どもとされる特権をお与えになった。この人々は、血によってではなく、肉の欲求や人の意欲によってでもなく、ただ、神によって生まれたのである。（ヨハネ1・12～13。8・23～24も参照）

あなたがたが新しく生まれた（再び生まれた[ギ]アナゲゲネーメノイ）のは、朽ちる種からではなく、朽ちない種からであり、生ける、いつまでも変わることのない、神のことばによるのです。（Ⅰペテロ1・23）

それを「新生（再生）」と言います。

この出来事は、創世記2章7節の「神である主は土地のちりで人を形造り、その鼻にいのちの息を吹き込まれた。そこで人は生きものとなった」を髣髴《ほうふつ》とさせます。なぜなら、パウロの言葉に「だれでもキリストのうちにあるなら、その人は新しく造られた者（新しい創造[ギ]カイネー・クティシス）です。古いものは過ぎ去って、見よ、すべてが新しくなりました」（Ⅱコリント5・17。ガラテヤ6・15も参照）とあるように、それは「新創造」とも呼ぶことができるものだからです。ここでの「新しい」は「[ギ]カイノス」で、「新しい」と訳されるもうひとつの言葉「[ギ]ネオス」とは区別して使われているようです。「ネオス」は英語の「ニュー」の語源であるだけでなく、日本語でも「ネオ～」などと使われている言葉ですが、その意味するところは「新鮮な（フレッシュ）・若い」であり、それは時が経てば徐々に古くなっていくような新しさです。聖書では「新しいぶどう酒」（マタイ9・17）、「新しい粉のかたまり」（Ⅰコリント5・7）のように使われています。それに対して、キリストの救いによる新しさを表現する場合はほとんど「[ギ]カイノス」が使われますが（新約で三十八回）、それはもともと「これまで知られていなかった、異質の新しさ」を意味しており、キリストによってもたらされた救済論的かつ終末論的な現実を指す言葉として使われるようになったものです。

さらにそれは、キリストを信じてバプテスマを受けることによって、「キリストと結びつけられる」ことでもあります。そこでは、キリストの十字架の死とともに古い私の死が起こり、キリストの復活とともに新しい私のよみがえりが起こります。

私たちは、キリストの死にあずかるバプテスマによって、キリストとともに葬られたのです。それは、キリストが御父の栄光によって死者の中からよみがえられたように、私たちも、いのちにあって新しい歩みをするためです。もし私たちが、キリストにつぎ合わされて、キリストの死と同じようになっているのなら、必ずキリストの復活とも同じようになるからです。(ローマ6・4〜5。ガラテヤ2・20、Ⅱテモテ2・11も参照)。

❖復活のキリストに結びつけられる

今やキリストは、眠った者の初穂として死者の中からよみがえられました。というのは、死がひとりの人を通して来たように、死者の復活もひとりの人を通して来たからです。すなわち、アダムにあってすべての人が死んでいるように、キリストによってすべての人が生かされる(未来形)からです。(Ⅰコリント15・20〜22)

あなたがたは自分の罪過と罪との中に死んでいた者であって、そのころは、それらの罪の中にあって……歩んでいました。……しかし、あわれみ豊かな神は、私たちを愛してくださったその大きな愛のゆえに、罪過の中に死んでいたこの私たちをキリストとともに生かし、……キリスト・イエスにおいて、ともによみがえらせ、ともに天のところにすわらせてくださいました。(エペソ2・

1～6。コロサイ2・8～3・4も参照）

このように、キリストに結びつけられたキリスト者とは、神が終末に新しい創造によってもたらす新天新地にふさわしく、新しい人類・人間性として霊のいのちによって再創造された者なのです。

それはまた「永遠のいのち」を与えられるとも表現されます。ヨハネの福音書3章16節はこう語っています。

> 神は、実に、そのひとり子をお与えになったほどに、世を愛された。それは御子を信じる者が、ひとりとして滅びることなく、永遠のいのちを持つためである。

また、「イエスは彼らに言われた。『まことに、まことに、あなたがたに告げます。人の子の肉を食べ、またその血を飲まなければ、あなたがたのうちに、いのちはありません。わたしの肉を食べ、わたしの血を飲む者は、永遠のいのちを持っています。わたしは終わりの日にその人をよみがえらせます。わたしの肉はまことの食物、わたしの血はまことの飲み物だからです。わたしの肉を食べ、わたしの血を飲む者は、わたしのうちにとどまり、わたしも彼のうちにとどまります。生ける父がわたしを遣わし、わたしが父によって生きているように、わたしを食べる者も、わたしによって生きるのです』」（ヨハネ6・53～56）は、過越の祭りを主の晩餐と結びつけながら、十字架に死んで復活されたキリストに結びつくことによって永遠のいのちに生かされることを語っています。

❖東方正教会は「神化」と呼ぶ

東方正教会では、救いのこの面とプロセスを「神化（[ギ]テオーシス）」と呼んで、特に強調しています。

そして、キリストの復活にあずかった人間の地上の人生の終わりとしての死が、意味のない単なる終わりでなく、神との交わりと神の不死性を持った新たに始まる段階への出発点であることから、死を「過ぎ越し」と表現します。ギリシア正教の偉大な思想家、アタナシウスをはじめとする教父たちがくりかえし唱えている、「神が人となったのだから、人も神になれる」という言葉は、神が人（肉）となったことにより、肉なる人が神と交わりを持ち、神のいのちにあずかれるようになったことを意味する表現と理解できます。このようにキリスト・イエスにより「神化」された人間性に目ざめ、キリスト・イエスの生活形態をとって生きる人は、神の力と働きを自分の中に受け入れ、神と交わる者ですから、当然、神に向かってダイナミックに生きる人間となるはずです（高橋保行『ギリシャ正教』、講談社学術文庫、二七三〜二七六頁参照）。

b　「御霊に属する人」と「聖徒」

「人は、水と御霊によって生まれなければ、神の国に入ることができません。肉によって生まれた者は肉です。御霊によって生まれた者は霊です」（ヨハネ3・5〜6）とあるように、「新しく（上から）生まれる」ことが「御霊によって生まれる」と言い換えられていますし、それを与えることのできるイエスについては、バプテスマのヨハネの口を通して「御霊がある方の上に下って、その上にとどまられるのがあなたに見えたなら、その方こそ、聖霊によってバプテスマを授ける方である」（同1・33）と伝えられました。そして、それはペンテコステにおいて成就し、以来、イエス・キリストを信じてバプテスマを受ける者は賜物として聖霊を受けるようになることを意味しました（使徒2・1〜39）。

同時にキリスト者は、パウロによって「聖徒たち（[ギ]ハギオイ）」と呼ばれています。「召された聖徒たち（[ギ]クレートイ・ハギオイ）」（ローマ1・7。Ⅰコリント1・2、コロサイ3・12参照）、「聖徒たち（[ギ]ハギオイ）」（Ⅱコリント1・1、ピリピ1・1、その他随所）、「キリスト・イエスにあって聖なるものとされた方々（[ギ]ヘーギアスメノイ・エン・クリストー・イエスー）」（Ⅰコリント1・2。6・11参照）、「聖霊によって聖なるものとされた（[ギ]ヘーギアスメネー・エン・プニューマティ・ハギオー）」供え物としての異邦人キリスト者（ローマ15・16。Ⅱテサロニケ2・13、Ⅰペテロ1・2参照）などです。彼らは、旧約の神の民の聖なる根に接ぎ木され、それゆえ自分自身も聖なるもの（ローマ11・16〜17）とされたのです。キリストが教会のためにご自身をささげられたのは、「教会をきよめて聖なるものとするためであり、……聖く傷のないものとなった栄光の教会を、ご自分の前に立たせるためです（[ギ]ヒナ・アウテーン・ハギアセー……ヒナ・ハギア・カイ・アモーモス）」（エペソ5・26〜27）とあるとおりです。

すでに、旧約における神の「聖さ」の意味と、「聖さ」と「いのち」の概念の近さを述べたように、「聖徒」を「聖なる霊のいのち（聖霊）が与えられて、そのいのちが内住して育ち始めた」人として、すなわち、「聖」という言葉を「霊」や「いのち」のある状態という実体概念ととらえることができると思います。そしてそれは、後に述べる課題としての「聖化」にも、より合致します。

E　贖い、召命――目的（職能）概念

1　聖書の中での「贖う」の用法

「贖う」という言葉は、現代の一般日本語生活の中ではあまり使われていません。それは、ほとんどキリスト教的用語といってもよいものでしょう。それだけにキリスト者である私たちは、その言葉を正確に使わなければなりませんが、現実には、とてもあいまいに使われています。具体的には、「贖う」と「償う」の混同です。現代日本語辞典を見ると（たとえば『広辞苑』）、現代日本語の使い方においては「償う」も「贖う」もほとんど同義とされてしまっています。しかし、その語義の歴史的展開においては、違いがあります。「贖う・購《あがな》う」は代価を払って物を買う意味を中心に使われており、「償う」は借金・損失・罪などに対して相応のもので報いる意味としておもに使われています（加納喜光『漢字語源語義辞典』、東京堂出版、二〇一四年、参照）。だからこそ、キリスト者は「贖う」と「償う」の区別をはっきりするべきだと、私には思われるのですが、教会の中においてもそれはあいまいです。

では、どこにその原因があるのでしょうか。実は、聖書の翻訳にその原因があると思われるのです。そこでまず旧約聖書、そして新約聖書において「贖う」「贖い」と訳されていることばについて、そしてそれらの日本語訳への私の見解、さらには「贖罪」というよく使われている術語の問題点について検討することにします。

a　旧約において「贖い」を意味する「㋬ガーアール」と「㋬パーダー」

「贖う」は旧約において使われ始めた言葉です。そして、日本語で「贖う」「贖い」と訳されているヘブル語には「㋬ガーアール」、「㋬パーダー」、「㋬キッペル」の三つがあるのですが、前二者と「キッペル」には意味上の大きな違いがあります。

まず、旧約において「贖う」を意味する言葉「㋬ガーアール」は、土地や人を買い戻すこと（レビ25・25）、レビラート婚による財産保全の「役目を果たす」（ルツ3・13）ことを意味し、神が主語となる場合に「贖う」と訳されて、奴隷や捕囚状態からの救出（出エジプト6・6、15・13、イザヤ43・1、48・20）、さらに、いのちの穴からの解放（詩篇103・4＝新共同訳も参照）などを意味するのに用いられます。

「㋬パーダー」もまた「買い戻す」（レビ27・27）、「連れ出す」（申命9・26）、「救い出す」（Ⅱサムエル4・9）などの意味を持ちますが、もっとも多く用いられているのはエジプト、敵、苦しみ、死、滅びからの解放という意味で「贖い出す」「贖う」（Ⅰ歴代17・21、詩篇69・18、25・22、ホセア13・14）と訳されるケース、そして一回だけ、不義からイスラエルを救い出す意味で（詩篇130・8）使われています。

Th・C・フリーゼンは救いの思想についての記述の中で、次のように書いています。

われわれが今、取り扱っている思想に対して、旧約聖書に用いられている最も重要な神学的用語は買いもどす（パーダー）、およびあがなう（ガーアール）である。パーダーの用語によっても明らかにあらわれているように、これらの用語は象徴的な意味を持っている。その際、あがなわれる民のために神が払われる価がただ一度だけ語られている〔イザヤ書43・3、4〕。その他のところにおいては、この語はあがなう、自由にするといったような一般的な意味において用いられている。あがなう〔ガーアール〕も救うに対する比喩的な、一般的な意味において用いられている。この二つの語は苦難の状態からの救いが語られる場合に用いられる。それは民族に対する救いのわざにも、個人個人の信仰者に対する救いのわざにも適用される。(『旧約聖書神学概説』、日本基督教団出版局、一九六九年、三七四～三七五頁)

b 「贖い」の混同の原因である「[ヘ]キッペル」の理解と翻訳について

もうひとつ、旧約において「贖う」と訳される語に「[ヘ]キッペル」があります。しかし私は、これは「ガーアール」「パーダー」とは異なった祭儀の場においてよく使われる語であり、これを「贖う」と訳すことには問題があるのではないかと疑問を抱いてきました。これらの語〔ガーアル、パーダー、キッペル〕のうちキッペルだけは、祭儀による罪の解決に緊密にからんでいるものだからです〔レビ記における多くのケース、そして民数5～8章や15章など〕。

では、「キッペル」の意味・概念はどのようなものかといえば、私には、それは「和解」と「赦し」を意味する関係概念であると思われるのです。実際、そのように理解している旧約学者に、Th・C・フリーゼンやアーネスト・ライト、H・Wh・ロビンソンらがいました。

祭儀は〔異教のそれのように=引用者注〕神を豊かにし、あるいはその思いを変えるために人間が祝う行事ではない。それは自己の存在を助長したり、幸せにしたりするため、それに対する報酬を目的としてなされる行為ではない。なぜなら神は、その本性からその民イスラエルに対して恵み深くあるからである。イスラエルにおいて、祭儀はむしろ神と人との交わりを維持し、常に潔く保つために存在している。なぜなら神と人との間の根本的、積極的な関係は神によって支配されているからである。祭儀はその契約において設定した神と人と共同体を統合する手段として役立っている。言葉をかえて言えば、祭儀は和解のために存在する。〔Th・C・フリーゼン、前掲書、三八三頁。三八九頁や注一一四〜一一六、アーネスト・ライト『旧約聖書神学入門』、一三六〜一三八頁も参照〕

三浦望も、「[ヘ]キッペル」の特異性について、次のように説明しています。

「[ヘ]カーファル〔ここまで記述してきたキッペルのこと＝引用者注〕」は「覆い隠す」・「拭き取る」・「〔罪を〕贖う〔償う＝引用者注〕」を意味する宗教的祭儀的用語である。罪によって、神と人間との間に生じた隔たりを取り除き、神との関わりを正常なものに戻す行為を意味している。……「[ヘ]パーダー」および「[ヘ]ガーアル」が元来、商業的・法律的用語であるのに対し、「[ヘ]カーファル」は宗教的・祭儀的用語であって、「罪を覆う、取り消すこと」を指示し、この意味で「〔罪の〕贖い〔償い＝引用者注〕」を意味する。〔『聖書学論集46 —— 聖書的宗教とその周辺』、日本聖書学研究所刊、LITHON 発行、二〇一四年所収の三浦望の論文「ヨハネ第一の手紙2章2節、4章10節におけるヒラスモスに関する一考察」、六一八〜六一九頁〕

❖「[ヘ]キッペル」は異なる概念

要するに、「[ヘ]キッペル（カーファル）」は、「贖う」を意味する「[ヘ]ガーアル」や「[ヘ]パーダー」とは異なる概念だということです。そしてそれは、「神」が主語となって、「（罪を）取り去る・償う」、「赦す」を意味しています。しかし、上述したように、聖書の日本語訳において文語訳以来、口語訳、新共同訳、新改訳まで、「[ヘ]キッペル（カーファル）」を「（罪を）贖う」と表現してきた伝統が強く支配しており、今も「贖う」と「赦す・償う」の区別があいまいなのが現状です。

ちなみに新改訳では、特に祭儀と関わっているとは思われない箇所でも「[ヘ]キッペル（カーファル）」を、申命記32章43節で「主が、……ご自分の民の地の贖いをされるから」、箴言16章6節で「咎は贖われる」、ダニエル書9章24節で「咎を贖い」と訳し、神殿の中での幻を描くイザヤ書6章の主の言葉（7節）でも「あなたの罪も贖われた（新共同訳＝罪は赦された）」と訳しています。その一方で、詩篇79篇9節の「私たちの罪をお赦しください」、イザヤ書22章14節の「この罪は、おまえたちが死ぬまでは決して赦されない」、28章18節の「あなたがたの死との契約は解消され」、そしてエレミヤ書18章23節の「彼らの咎をおおわず」、イザヤ書27章9節の「ヤコブの不義は赦される」のように、はっきり訳している箇所もあります。

このような聖書翻訳の背景には、何よりも、組織神学の分野において豊かな救いの概念が意識されることなく、混同されていることに問題があると言わなければならないと考えます。実際、「贖い」には「祭儀的な罪の償いによる赦しと和解」という関係論とは違った、目的論的・職能的な「解放」「自由にする」という固有の概念があり、そのことを明確にするためにも、「キッペル」の意味とその訳語を「ガーアール」「パーダー」と正当に区別することが重要と思われます。

c　新約における「贖い」と「贖う」

❖「救い」と同義の「贖い［ギ］アポルトローシス」

新約において「贖い」と訳されている語は「［ギ］アポルトローシス」です。あまり多くは出てきませんが、キリストによる救いについてとても大切な役割を果たしています。

> この語の基本的意味は、能動「［ギ］アポルトロオー」から導出された場合は〈身代金との引き換えによる解放〉、また中動「［ギ］アポルトロオマイ」から導出された場合は〈捕虜また奴隷の〉〈買戻し〉である。能動から導出された意味はヘブ11・35にある。残りの聖書箇所ではこの語は中動から導出された意味で使われているが、ただしそれは転義的・神学的意味においてであり、これらの場合、単に〈贖い〉と訳出されるべきである。（『ギリシア語新約聖書釈義事典I』、「アポルトローシス」の項、一七四頁）。

おそらく、その意味はヘレニズム周辺世界での使い方から来たものではなく、むしろ旧約聖書から導き出されたものです。といっても、旧約の七十人訳ギリシア語での「アポルトローシス」の用例は少なく、旧約を含むユダヤ教文献における用例の検討だけでは不十分です。まずは旧約に数多く証言され解釈されている、エジプトでの奴隷状態からの解放というイスラエルの原基的な経験を考慮に入れなければなりません。出エジプトにおいてヤハウェは自らを、彼の民の強力な「救い・贖い」として示しました（例えば、申命7・8、9・26、13・5、15・15、詩篇74・2、77・15参照。それらの箇所で七十人訳は「[ギ]ルトロオマイ」を用いています）。エジプトという「奴隷の家」からと同様、神はその民をバビロン捕囚からもまた「贖う」ことになります（イザヤ41・14、43・1、14、44・22〜24、52・3、54・5）。こうして「第一」と「第二」の贖いへの言及から終末論的な展望が開け、新約は神の贖いの行為を描く際、これに依拠することができたのです。

旧約のこれらの用語法には、しばしばその根底に潜む「買い戻し」（「[ヘ]ガーアル」、「[ヘ]パーダー」）の思想が認められますが（出エジプト21・8、レビ25・48）、そこでは身代金の支払いは何ら本質的な役割を演じることなく、「買い戻し」はむしろ神の「一方的で」主権的な行為に基づくものであることを物語っています。このような神によるイスラエルの「贖い」は、神とイスラエルの契約関係に基礎づけられているのです（同書、一七五頁参照）。

新約においては、「贖い」「贖う」はほとんどパウロ書簡で使われていますが、前述したように、その数は多くありません。そして、その意味するところは、必ずしも厳密にヘブル語の「ガーアル」、「パーダー」に対応してはおらず、キリストによる「救い（[ギ]ソーテール）」とよく似た神学的かつ包括的な意味で語られているように思われます。その代表的な箇所のひとつは、ローマ人への手紙3章23〜24節です。

すべての人は、罪を犯したので、神からの栄誉を受けることができず、ただ、神の恵みにより、キリスト・イエスによる贖い（〔ギ〕アポルートローセオース）のゆえに、価なしに義と認められる（義とされる＝新共同訳）のです。

しかし以下のように、明らかに「〔ヘ〕ガーアル」、「〔ヘ〕パーダー」に対応した「解放、買い戻し」という

❖目的概念で救いを語る「解放」「買い戻し」

目的概念的救いを表していると考えるべき箇所も多くあります。

まず、「贖い」に「神の民の」という規定語がついている場合で、「聖霊は私たちが御国を受け継ぐことの保証です。これは神の民の贖いのためであり、神の栄光がほめたたえられるためです」（エペソ1・14）がその例です。それが「神の民を贖う」の名詞的表現であることは明らかです。

次に、「贖い」と他の救いの言葉が「すなわち」や「と」で結ばれている場合です。コロサイ人への手紙1章14節の「この御子のうちにあって、私たちは、贖い、すなわち罪の赦しを得ています」の「すなわち」に対応する言葉は原文にはなく、前後の「贖い」と「罪の赦し」が同じことの言い替えであることを示すように翻訳時に付加されたものです。むしろ、非常によく似た文章であるエペソ人への手紙1章7節「この方にあって私たちは、その血による贖い、罪の赦しを受けています」のように、この「すなわち」を除去することによって、それらがキリストによる「救い」の異なった概念（側面）を表した二つの代表的表現として併記されていると受け取ることもできるようになります。

さらに、コリント人への手紙第一1章30節「キリストは、私たちにとって、神の知恵となり、また、義と聖めと、贖いとになられました」では、救いに関する三語が並べられていて、この三語が「と（〔ギ〕

カイ）」で結ばれています。それは、「義」という関係概念、「聖め」という実体概念の代表的言葉と並んで、「贖い」が「人を罪の奴隷状態から解放する、自由にする」という、救いの目的概念的側面を語る言葉の代表として置かれているものですから、その三語の持つ独特なメッセージ（概念）をあいまいにしてはならないと考えます。

このような「[ヘ]ガーアル」、「[ヘ]パーダー」の思想とは異なる「[ヘ]キッペル（カーファル）」に当たるギリシア語として「[ギ]アポルートローシス」を採用していると思われる箇所がひとつあります。ヘブル人への手紙9章12節の「贖い（[ギ]ルートローシン）」と15節の「贖う（[ギ]アポルートローシン）」ですが、それは新約聖書では例外的な使用法と思われます。しかし、この箇所の「アポルートローシス」使用法が、多くのキリスト者たちに「[ヘ]キッペル」を「贖い（アポルートローシス）」と理解させるようになった一因ではないかと推察します。ここをギリシア語の原文に沿って「贖い」「贖う」と日本語訳するのは当然と思いますが、私は、あくまでも例外的な事例と考えます。とはいえ、ここを根拠としてさかのぼり、旧約の「[ヘ]キッペル」やそのギリシア語訳である「[ギ]ヒラスコマイ」にまで「贖い」という言葉を当てるべきではないと考えます。

❖「贖いの代価」と「なだめの供え物」

それと関係して、前にも触れたことですが、「贖いの代価（[ギ]ルトロン）」と「なだめの供え物（[ギ]ヒラステリオン）」の違いについて、もう一度述べておきましょう。「贖いの代価（[ギ]ルトロン）」は、「人の子が来たのも、仕えられるためではなく、かえって仕えるためであり、また、多くの人のための、贖いの代価として、自分のいのちを与えるためなのです」（マルコ10・45。ほかにはマタイ20・28だけで使われている）に出てきます。また、「キリストは、すべての人の贖いの代価として、ご自身をお与えになりました」（Ｉテモテ２・６）の「贖いの代価」（[ギ]アンティルトロン）も、アンティという前置詞によって代理の側面を強調していますが、ほとんど同じ意味です。

この語について、〝「[ギ]ルトロン」は「[ギ]ルオー」（解く）から派生した名詞であって、（語尾トロンを伴って）解く「手段」即ち「身代金」を表す。身代金について七十人訳、フィロン、ヨセフスを含む古代ギリシア語テキスト（多くの場合複数で）は、主として戦争捕虜、奴隷、負債者との関連で語っている。従って「ルトロン」は、捕虜あるいは負債者の解放のための「代価」である〟（『ギリシア語新約聖書釈義事典Ⅱ』「ルトロン」の項、四二七頁）とありますので、「贖いの代価」と訳されている「[ギ]ルトロン、アンティルトロン」は、「[ヘ]パーダー」「[ヘ]ガーアル」そして「[ギ]アポルトローシス」の系統に属する、商業的意味から神学的に転用された語として、目的概念的に理解するべきだと考えます。すなわち、罪の奴隷になっている人を解放するために自分を卑しくし、仕える者の姿をとり、十字架の死に至るまで神への従順を貫かれたキリストのしもべの姿を指しています（ピリピ２・６～８参照）。

それを、人を奴隷としている罪や悪魔から解放するために、神が彼らに対してキリストの死をもって代価を払った（取引した）などと理解することは、１ａで述べたように間違っています。そのことは、「贖いの代価」という言葉が、マルコの福音書10章45節（マタイ20・28）ではイエスの仕える生きざま、死にざまを述べる中で使われており、テモテへの手紙第一２章６節においても、それに続く８～15節で、男も女も仕える者となることが勧められていることによって支持されます。

一方、これと似ていると思われる術語に、「なだめの供え物」があります。ローマ人への手紙3章25節で「なだめの供え物」（罪を償う供え物＝新共同訳）、ヘブル人への手紙9章5節で「贖罪蓋」（償いの座＝新共同訳）と訳されている「[ギ]ヒラステリオン」は、出エジプト記25章17節以降やレビ記16章11節以降に出てくる「[ヘ]カポレット（「贖いのふた」＝新改訳、「贖いの座」＝新共同訳）」の七十人訳ギリシア語と同じものです。同じく「なだめの供え物」と訳されているヨハネの手紙第一2章2節と4章10節は「[ギ]ヒラスモス」で、いずれも前述した「ヒラスコマイ」の名詞形です。ここで新改訳は「なだめの供え物」という言葉を使っていますが、新共同訳は同じ言葉を「罪を償ういけにえ」と訳しています。どちらの翻訳が良いかの議論について興味のある方は、三浦望の前掲論文をご覧になってください（この三浦も、「贖い」と「償い」を明確に区別してはいませんが）。どちらにしても、「なだめの供え物」は「[ヘ]キッペル」系統の「[ギ]ヒラスモス」「[ギ]ヒラステリオン」であり、神が罪人との関係を回復してくださることを意味する関係概念の言葉であることが分かります（西満『わかりやすい旧約聖書の思想と概説 上』、いのちのことば社、九四頁以降参照）。

d　福音書に見る「解放の福音」

そうはいっても、「贖い」「解放」について述べているのはパウロであり、福音書とイエスご自身はそれについて述べていないと考えるならば、それは違います。確かにイエスはこれらの言葉をほとんど使っていませんが、その活動と教えと生涯において同じ意味のことをはっきりと表明しています。彼が伝道生涯のまっ先に語られた言葉として、ルカの福音書は以下のように書いています。

それから、イエスはご自分の育ったナザレに行き、いつものとおり安息日に会堂に入り、朗読しようとして立たれた。すると、預言者イザヤの書が手渡されたので、その書を開いて、こう書いてある所を見つけられた。「わたしの上に主の御霊がおられる。主が、貧しい人々に福音を伝えるようにと、わたしに油を注がれたのだから。主はわたしを遣わされた。捕らわれ人には赦免を、盲人には目の開かれることを告げるために。しいたげられている人々を自由にし、主の恵みの年を告げ知らせるために。」……イエスは人々にこう言って話し始められた。「きょう、聖書のこのみことばが、あなたがたが聞いたとおり実現しました。」（4・16～21）

ここでイエスが朗読、引用された旧約聖書はイザヤ書61章1～2節で、単にバビロン捕囚のような状態からのイスラエルの解放だけでなく、終末におけるシオンの祝福、解放、繁栄が預言されている箇所と言われています。そして、その「主の恵みの年」の典拠が、五十年目における畑の休耕、売却されている土地の売り主への復帰、そして奴隷となっている住民の解放などを告げる「ヨベルの年」であることは明白です（レビ25・8～55参照）。イエスは、このような解放をもたらすために遣わされたメシヤ（油そそがれた者）であり、そのイエスが活動を開始したこの日に「解放の日（時代）」が到来したと宣言されたのです。

以降、イエスの行った奇跡の多くは、さまざまな力に支配され、圧迫されて生きている人々をそこから解放するものであり、それは終末的な「贖い・解放」実現のしるしとなりました。どの奇跡もそうですが、ルカの福音書13章10～17節では、腰の曲がった女をいやす際にイエスはこう語っています。

「この女はアブラハムの娘なのです。それを十八年もの間サタンが縛っていたのです。安息日だからといってこの束縛を解いてやっては㊢ルオー）いけないのですか。」

これは、その女を縛っていた病の霊からの解放であるとともに、ユダヤ人たちを縛っていた律法からの解放という典型なエピソードです。

イエスはまた、こう言われました。

「もしあなたがたが、わたしのことばにとどまるなら、あなたがたはほんとうにわたしの弟子です。そして、あなたがたは真理を知り、真理はあなたがたを自由にします。」……「まことに、まことに、あなたがたに告げます。罪を行っている者はみな、罪の奴隷です。奴隷はいつまでも家にいるのではありません。しかし、息子はいつまでもいます。ですから、もし子があなたがたを自由にするなら、あなたがたはほんとうに自由なのです。」（ヨハネ8・31～36）

e　日本語における「贖い」と「償い」

これまでの検討を踏まえて、最後に、日本語における「贖う」という語の使い方について、ふたつのことを述べたいと思います。

❖「罪を贖う」のではなく、「私たちを贖う」

ひとつは、「罪を贖う」という言い方の問題です。これまで述べたように、聖書でのヘブル語の「パーダー」「ガーアル」、そしてギリシア語の「アポルートローオー」の訳語である「贖う」は、解放し、自由にすることですから、「主が私たちの罪を贖う」という言い方はありえません。「主は私たちを、罪人の奴隷状態などから贖う」のです。聖書はほとんど一貫してそう語っています。多くある事例のいくつかを以下、新改訳で見てください。

あなたのいのちを穴から贖い、……（詩篇103・4）

主は、すべての不義からイスラエルを贖い出される。（同130・8）

あなたがたを贖われたイスラエルの聖なる方、主はこう言われる。（イザヤ43・14）

わたしはよみの力から、彼らを解き放ち、彼らを死から贖おう。（ホセア13・14）

そして、エルサレムの贖いを待ち望んでいるすべての人々に、この幼子のことを語った。（ルカ2・38）

「しかし私たちは、この方こそイスラエルを贖ってくださるはずだ、と望みをかけていました。」（同24・21）

キリストは、私たちのためにのろわれたものとなって、私たちを律法ののろいから贖い出してくださいました。（ガラテヤ3・13。4・5も）

聖霊は私たちが御国を受け継ぐことの保証です。これは神の民の贖いのためであり、神の栄光が

ほめたたえられるためです。（エペソ１・14）

キリストが私たちのためにご自身をささげられたのは、私たちをすべての不法から贖い出し……（テトス２・14）

ご承知のように、あなたがたが先祖伝来のむなしい生き方から贖い出されたのは、銀や金のような朽ちる物にはよらず、傷もなく汚れもない小羊のようなキリストの、尊い血によったのです。（Ⅰペテロ１・18〜19）

新改訳において、この原則から外れて「罪を贖う」という表現が使われているのは、唯一ヘブル人への手紙９章15節の「こういうわけで、キリストは新しい契約の仲介者です。それは、初めの契約のときの違反を贖うための死が実現したので、召された者たちが永遠の資産の約束を受けることができるためなのです」だけです。ここで「違反を贖うため」と訳されている言葉は「ギエス・アポルートローシン・トーン……パサバセオーン」で、直訳すれば「違反の贖いのため」（新共同訳や岩波訳参照）ですので、この翻訳はギリシア語に沿ったものといえますが、唯一の例外です。新共同訳はさらに同９章23節から10章18節の中で三回、新改訳が忠実に「罪のためのいけにえ・ささげ物」と訳している「ギプロスフォラ・ペリ・ハマルティア」を、「罪を贖うためのいけにえ」と表現していますが、これらには「贖う」に当たる言葉は使われていませんので、新改訳のように訳すべきと思われます。

❖『聖歌』や『讃美歌』にも混在

当然のことながら、私たちが教会の礼拝で賛美をささげ、口ずさんでいる讃美歌、聖歌などにも混同の影響が及んでいます。

『聖歌』はこの区別をおおかたはっきりしていると言えましょう。旧『聖歌』四〇二番「十字架にイエスきみ、われを贖いたもう」、四五四番「歌わん、歌わん、われ贖われたり、ハレルヤ。声のかぎり歌い叫ばん、われ贖われたり」、四六三番「われ贖われて、自由にせられ」などの歌詞は正しく使っています。ただ、四四四番の二節「われらを贖い、きよくなす主は」は良いのですが、三節の「十字架にかかりてわれらの罪を、贖いたまいし主の物語」は「償い」とすべきところだと思います。

『讃美歌』の場合は、一〇番「くつべきいのちを、主はあがない」、一四〇番「ああ主はわがため十字架をとりて、……死ぬべき罪よりあがないいだし」、二六三番「あがなわれしつみびとらよ」、二六四番「つみの世あがなう」、二七一番「いさおなき我を、血をもて贖い」、三五四番「我らは主のもの、主に贖わる」は良いのですが、一三五番「世のつみあがなう」、一三九番「聖書《みふみ》のひかりは、つみをあがなう」、一四四番「世の罪あがない、死に勝ちませる」は良くありません。

また、次々と作られているコンテンポラリー・ワーシップソングやゴスペル・ソングにも、「罪の贖い」などと無意識的に歌われているものがあるようです。

❖「贖罪」という術語の問題

もうひとつの問題に「贖罪」という表現です。それは、前述した「ヘキッペル」が出てくるレビ記16章において、文語訳が「贖罪所」や「贖罪《あがなひ》」という術語を使ったことに端を発していると思われます。以来、口語訳が「贖罪所」という言葉を受け継ぎ、新共同訳が「贖罪」という言葉を使っていることにつながっていきます。新改訳は、レビ記25章9節の「贖罪の日」や、ヘブル人への手紙9章5節の「贖罪蓋」（新共同訳は、ここでは「償いの座」）で使っています。そして、それは特に神学的著述において多用される術語となっているばかりか、キリスト教世界の外においても流布しています。湊かなえによるミステリー小説のタイトルも『贖罪』（二〇一三年、双葉社）です。しかし、「贖罪」という術語は「罪を贖う」という言い方の名詞形となりますので、良くありません。「償罪《しょうざい》」ならば良いのですが、そのように使う人は稀有です。やはり「罪人の贖い」「罪の償い」と表現すべきでしょう。

2　所与としての「贖い」と「召命」

イエス・キリストを主と信じたときに与えられることとして、これまで「義とされること」（関係概念）、「新生して聖なる者となること」（実体概念）を述べてきました。そして、ここでは、さらに目的概念としての「贖い」について聖書が語っていることを明らかにしてきました。組織神学の分野でも、本書の初めに触れたように、『ウエストミンスター信仰告白』はキリストの救いの説明において、11章「義認について」、12章「子とすることについて」、13章「聖化について」の三章に分割していて、その解説書（岡田稔『改革派神学概説』、聖契授産所出版局／トム・ウィルキンソン『現代に生きる信徒のためのウエストミンスター信仰告白』、一麦出版社）は、ひとつの救いを三章にわたって別々な側面から述べているのは、それらを一度には説明できず、それらをひとつの救いとして説明しようとするとさまざまな神学的歪みが生じるからであると、その理由を説明しています。

このうちの「子とすることについて」が、これから述べようとしていることに当たります。パウロにおける「子とされること」は、「義とされること」の項ですでに述べたように、まず神を「アバ、父」と呼ぶことができるように神の養子として迎えられたこと（ローマ8・15）として、関係概念的に語られています。しかし同時に、それは奴隷の身分から神の子の身分にされたことであり、今の時代の苦難と世界の虚無性からの解放、律法の呪いからの自由として目的・職能論的「贖い」の面をも含んで語られていることを忘れてはなりません（ローマ8・23、ガラテヤ4・4〜7）。バーヴィンクがそれを「子とされることの対世界的結果」と述べていることも一理ある表現です。そしてそれは、「相続人」「キリストとの共同相続人」（ローマ8・17）とあるように、「神の国相続への召命」としても語られるものです（岡田稔『改革派神学概論』、二六六〜二六八頁参照）。

a 「子・相続人とされること」と「解放されること」

この「贖い」を語っている別の言葉としては、まず「子としての身分」を受けること、そしてそれは、私たちがみな「御子を長子とする兄弟」となり、「キリストとの共同相続人」となることをも意味すると語られています。

神の御霊に導かれる人は、だれでも神の子どもです。あなたがたは、人を再び恐怖に陥れるような、奴隷の霊を受けたのではなく、子としてくださる御霊を受けたのです。……もし子どもであるなら、相続人でもあります。私たちがキリストと、栄光をともに受けるために苦難をともにしてい

るなら、私たちは神の相続人であり、キリストとの共同相続人であります。(ローマ8・14〜17)

神を愛する人々、すなわち、神のご計画に従って召された人々のためには、神がすべてのことを働かせて益としてくださることを、私たちは知っています。なぜなら、神は、あらかじめ知っておられる人々を、御子のかたちと同じ姿にあらかじめ定められたからです。それは、御子が多くの兄弟たちの中で長子となられるためです。(同8・28〜29)

そのようなキリスト者は、特に律法との関係においてもはや奴隷ではなく、神の子の自由に贖い出されたとも言われます。

ところが、相続人というものは、全財産の持ち主なのに、子どものうちは奴隷と少しも違わず、父の定めた日までは、後見人や管理者の下にあります。私たちもそれと同じで、まだ小さかった時には、この世の幼稚な教えの下に奴隷となっていました。しかし定めの時が来たので、神はご自分の御子を遣わし、この方を、女から生まれた者、まだ律法の下にある者となさいました。これは律法の下にある者を贖い出すためで、その結果、私たちが子としての身分を受けるようになるためです。……ですから、あなたはもはや奴隷ではなく、子です。子ならば、神による相続人です。(ガラテヤ4・1〜7)

キリストは、自由を得させるために、私たちを解放してくださいました。ですから、あなたがたは、しっかり立って、またと奴隷のくびきを負わせられないようにしなさい。(同5・1)

イエスご自身が語られた以下の言葉にある「友」も、ここでの「子」(これは父なる神から見た言葉)

と同じ意味であろうと考えられます。

人がその友のためにいのちを捨てるという、これよりも大きな愛はだれも持っていません。わたしがあなたがたに命じることをあなたがたが行うなら、あなたがたはわたしの友です。わたしはもはや、あなたがたをしもべとは呼びません。しもべは主人のすることを知らないからです。わたしはあなたがたを友と呼びました。なぜなら父から聞いたことをみな、あなたがたに知らせたからです。（ヨハネ15・13〜15）

b　「呼び出す、召す（ギカレオー）」

さらに、「贖い」は奴隷の束縛から解放されただけではなく、積極的にひとつの働きを行うべく召すこと、すなわち「召命」とも結び付きます。私たちキリスト者が神の子らとして召されたことは――それは前述したように職能論的な意味ですから――虚しいこの世から召し出されて、神の国の職務に奉仕すべく、そのための機会と能力（御霊の賜物）を与えられることに相当します。それは、神の国の働きがキリスト者の一部（教職者など）によってではなく、すべてのキリスト者（全信徒）によってなされることが期待されているのであり、キリスト者は一人ひとりバプテスマを受ける際に聖霊の賜物の注ぎによる奉仕への任命、すなわち基本的な按手を受けた者であると考えてよい根拠を与えます。

そもそも、「教会」とはギリシア語「エクレーシア」の訳であり、その意味は「召された者たち、呼び出された者たち」のことです。

神は、このあわれみの器として、私たちを、ユダヤ人の中からだけでなく、異邦人の中からも召してくださったのです。（ローマ９・24）

兄弟たち、あなたがたの召しのことを考えてごらんなさい。この世の知者は多くはなく、権力者も多くはなく、身分の高い者も多くはありません。……すなわち、有るものをない者のようにするため、無に等しいものを選ばれたのです。（Ⅰコリント１・26〜28）

また、あなたがたの心の目がはっきり見えるようになって、神の召しによって与えられる望みがどのようなものか、聖徒の受け継ぐものがどのように栄光に富んだものか、また、神の全能の力の働きによって私たち信じる者に働く神のすぐれた力がどのように偉大なものであるかを、あなたがたが知ることができますように。（エペソ１・18〜19）

私の按手をもってあなたのうちに与えられた神の賜物を、再び燃え立たせてください。神が私たちに与えてくださったものは、おくびょうの霊ではなく、力と愛と慎みとの霊です。ですから、あなたは、私たちの主をあかしすることや、私が主の囚人であることを恥じてはいけません。むしろ、神の力によって、福音のために私と苦しみをともにしてください。神は私たちを救い、また、聖なる招きをもって召してくださいましたが、それは私たちの働きによるのではなく、ご自身の計画と恵みとによるのです。この恵みは、キリスト・イエスにおいて、私たちに永遠の昔に与えられたものであって、それが今、私たちの救い主キリスト・イエスの現れによって明らかにされたのです。キリストは死を滅ぼし、福音によって、いのちと不滅を明らかに示されました。私は、この福音の

ために、宣教者、使徒、また教師として任命されたのです。（Ⅱテモテ1・6〜11）

そして、パウロの手紙の冒頭にあるあいさつにも「神の福音のために選び分けられ、使徒として召されたキリスト・イエスのしもべパウロ」などとあります（ローマ1・1。Ⅰコリント1・1なども参照）。また、ペテロの手紙においては次のように言われています。

ですから、兄弟たちよ。ますます熱心に、あなたがたの召されたことと選ばれたことを確かなものとしなさい。（Ⅱペテロ1・10）

さらに福音書においても、イエスがシモンとアンデレを弟子として召したとき「わたしについて来なさい。人間をとる漁師にしてあげよう」（マルコ1・17）と言い、マタイにも「わたしについて来なさい」（マタイ9・9）と言われただけでした。また、「わたしは正しい人（義人）を招くためではなく、罪人を招くために（召すために[ギ]カレサイ）来たのです」（同9・13）と言われました。ここに、召命が救いの一側面であることがよく表されていると言えないでしょうか。

c　「王である祭司」に任命されて神の宣教のために働く

では、キリストによって罪から解放され、召し出された私たちは、何をするように召されたのでしょうか。

まず、創造論的には、人が創造された《神のかたち》の目的論的側面であった「神から委託された働き＝地を支配する使命」が改めて差し出され、私たちキリスト者がそれを受け取ったということは、神の代理、あるいは協働者（パートナー）として、この地（被造世界）を耕し、利用し、文化を築いていくとともに、その地を破壊しないで守り、管理するという働きのためです。そこで人は、地に属する被造物ひとつひとつが神に造られた目的を果たして神の栄光を現していくように、《神のかたち》としての権威と責任を再び与えられたということです（文化命令と呼ばれます）。

次に、救済論・宣教論的には、《神のかたち》を毀損している世界のすべての人々を、それに回復させるという「神の宣教（ミッション・使命）」を担うべく選ばれた民としての「教会の宣教的使命」のために働くためです（後述しますが、大宣教命令と呼ばれるものです）。

以下の聖句をご覧ください。

しかし、あなたがたは、選ばれた種族、王である祭司、聖なる国民、神の所有とされた民です。それは、あなたがたを、やみの中から、ご自分の驚くべき光の中に招いてくださった方のすばらしいみわざを、あなたがたが宣べ伝えるためなのです。（Ⅰペテロ２・９。出エジプト19・５～６参照）

ですから、だれも人間を誇ってはいけません。すべては、あなたがたのものです。パウロであれ、アポロであれ、ケパであれ、また世界であれ、いのちであれ、死であれ、また現在のものであれ、未来のものであれ、すべてあなたがたのものです。そして、あなたがたはキリストのものであり、キリストは神のものです。こういうわけで、私たちを、キリストのしもべ、また神の奥義の管理者だと考えなさい。（Ⅰコリント３・21～４・１）

イエス・キリストは私たちを愛して、その血によって私たちを罪から解き放ち、また、私たちを

王国（王＝新共同訳）とし、ご自分の父である神のために祭司としてくださった方である。（黙示録1・5〜6）

❖世界の光として輝く

このような暗やみの世界に向かって光をもたらす「神の宣教」を担う神の民として選ばれ、召された教会は、旧約のイスラエルに引き続き、世界を照らす光であると呼ばれます。

「わたし、主は、義をもってあなたを召し、あなたの手を握り、あなたを見守り、あなたを民の契約とし、国々の光とする。」（イザヤ42・6）

起きよ。光を放て。あなたの光が来て、主の栄光があなたの上に輝いているからだ。見よ。やみが地をおおい、暗やみが諸国の民をおおっている。しかし、あなたの上には主が輝き、その栄光があなたの上に現れる。国々はあなたの光のうちに歩み、王たちはあなたの輝きに照らされて歩む。（同60・1〜3）

それは、旧約のイザヤ書において、イスラエルだけでなく、やがて光として来るメシヤによって召される新しいイスラエル・教会が、世界を照らす光として輝くようになることが預言されていたことの成就でした（ルカ2・32、ヨハネ1・9、8・12参照）。

それは前述のペテロの手紙第一2章9節によく表されていますが、イエスご自身の言葉「あなたがたは、地の塩です。……あなたがたは、世界の光です。……あなたがたの光を人々の前で輝かせ、人々があなたがたの良い行い（働き＝河野）を見て、天におられるあなたがたの父をあがめるようにしなさい」

（マタイ5・13～16）が、「あなたがたは世界の光となれ」ではなく、「あなたがたは世界の光です」であることは重要です。

＊

この章では、キリストによる罪人の救いが、《神のかたち》の回復の三側面（概念）としてまとめられることを示してきました。結論として、キリストによる救いは、パウロが「キリストは、私たちにとって、神の知恵となり、また、義と聖めと、贖いとになられました」（Ⅰコリント1・30）と言ったように、関係概念の「義」、実体概念の「聖め」、そして目的概念の「贖い」の実現として語られていると言うことができます。

バプテスマの三重の意味

バプテスマは、キリストを信じ受け入れたことによって得た救いの意味を現しています（それは現実に生起するもので、単なる象徴ではありません）。

まずそれは、神と教会に対する契約締結および入会式です。神の（キリストの）招きに応えて神とともに歩むことを誓う契約です。そして、それは単に神との個人的な契約にとどまるものではなく、同じ神の家族（兄姉）の交わりの中にあって生きることでもありますから、それは教会への入会の契約をも意味することになります（ガラテヤ3・15～29、Ⅰコリント12・13など）。

それだけではなく、自分自身にとっての葬式および誕生式でもあります。十字架に死なれたキリストとともに古い自己に死に、よみがえられたキリストのいのちに新しく生まれるということが現実に起こったことの表明だからです（ローマ6・1～11、Ⅱコリント5・17、ガラテヤ2・20など）。

さらに、世に向かっての宣教に携わる者としての派遣および任命式の意味があります。神に召されたとは、神の栄光を現し、キリストを証しする「キリストの使節に任命」されたことを意味するからです。多くの場合、「召命」とは救いとは異なった特別な意味で使われますが、キリスト者全員がこの世に遣わされるべく召命をうけ、バプテスマによって任命されたのです。そうならば、それは基本的な按手礼と言っても良いものです（Ⅱコリント5・18～20、エペソ4・1～13など）。

このようにバプテスマは、キリストによる救済（《神のかたち》回復）の三つの概念（側面）をそのまま意味しているのです。

本論Ⅳ章　《神のかたち》の完成に向けて

プロテスタント神学において「信仰義認」が定着するに伴い、救済論がカトリック的歪みから正されただけでなく、深められてきたことは事実であろうと思われます。しかし半面、「オルド・サルティス」のように聖書中の救いに関する用語を順序づけるような、過度の秩序づけが行われるようになった問題も否定できません。そして、それがやがて収斂されて、プロテスタント全般に受け容れられる基本的枠組みと認められたのが「義認－聖化－栄化」というものでしょう。これは、前述した「三つの時制」の完了形、現在進行形、未来形に沿ってもっとも単純化したものであり、ほとんどの教派神学に受け容れられているものです。

しかしそれは、それぞれの救いに関する用語の持っている概念の違いを軽視した強引さを秘めていると私は考えます。そしてそのために、義認はキリストを信じたときにすべて完了したものであるとみなしたり、もっぱら聖化を信仰生活における課題として、人間側の追求努力を強調したりする傾向を生み出してしまいました。

では、どのように語れば単純でありつつ、より聖書に即したまとめができるのでしょうか。前章で述べた救いの三つの所与それぞれに継続的課題があり、そして将来的完成の約束があることを評価しつつ検討をすすめ、まとめたのが図表「救いの構造＝《神のかたち》のスキーマ」（一八二頁）です。以下、その課題と約束の部分について概念別に述べましょう。

A 「義とされること」の継続的課題と完成の約束

これまでの「プロテスタント義認観」は、おおよそ次のようでした。「義認はキリストを告白し、回心したときに瞬間的、一回的に与えられる救いの恵みであり、そのとき、神の私たちへの見方が変えられ、私たちの神の前での立場が変えられたのである。しかし、救いはそれで完成ではない。私たちキリスト者は実質的に義となることが求められている。それが聖化（義化）されていくという救いの継続的側面、課題である」と。そこでは、「義認」が立場の変更なので、その点における（関係的な）課題・進展はないことになっており、キリスト者生活における課題はもっぱら実体的な変化（私たちはそれを聖化、あるいは義化という）となっています。しかし、「聖化」は「義とされること」という関係概念の課題ではありません。では、「義とされること」のあとに、どのような課題があるのでしょうか。

1 「義とされること」の継続的課題

a 信仰（信頼）の堅持と深化

私たちにとって「義とされること」は「義認」ではなく、神との和解によって関係（契約、交わり）

が現実に回復された（築かれた）ことですから、確かに一回限りのことであるにもかかわらず、そこから継続していくべきものです。その関係はそこで完成してしまうものではなく、むしろそこから始まるものだからです。するとそれは、以降もその関係、契約、交わりを楽しみ、維持し、さらに深めていく課題（信仰の堅持）が存在するということを意味します。そして、その「信仰」はむしろ、「信頼」と言ったほうがよく分かると思われます。

それはちょうど、養子とされた孤児のようです。養子は一回的な法的手続きによってその家の子どもとなり、その時点で実子との立場の差異は何もなくなります。しかし、そこには大切な課題が残っていることを私たちは理解できるでしょう。それは、養子として家に入った子どもがその日からすぐに、実子となんら変わりないように両親に信頼する生活ができるわけではないからです。折に触れて、自分の力だけで生きていかなければならないとの思いが湧いてきたり、他の実子や養子と比較して、「自分は親からあまり愛されていないのではないか」との疑念を持ったりすることもあるでしょう。ついつい、孤児であった時代の生き方に戻りそうになります。ですから、養子が父母を理解し、父母に本当の父母として信頼を寄せて何でも話し合うことができるまでに関係を強め、深めていくという継続的な課題は残っているのです。同様のことが、結婚の誓約をすることによって夫婦となった一組の男女が、以降、純真な結婚生活を通して、現実に強い絆によって結ばれる夫婦になっていくたとえでも語られます。

すなわち、「神の義」の福音、十字架によって成し遂げてくださった「キリストの信実」を受け止めて神の子とされたキリスト者には、その初めの「信仰」を保持するだけでなく、さらにその「信頼」を強め、深めていく課題が残っているということです。

❖いつも喜んでいなさい

そのことを述べるパウロの手紙などにおいては、「喜びなさい」「祈りなさい」「感謝しなさい」という言葉（命令形で語られている課題）が目立ちます。代表的なものが、テサロニケ人への手紙第一5章16〜19節です（ピリピ4・4〜7、コロサイ3・15〜16、4・2、ヤコブ4・8、Ⅰペテロ5・7〜11も参照）。

いつも喜んでいなさい。絶えず祈りなさい。すべての事について、感謝しなさい。（なぜなら）これが、キリスト・イエスにあって神があなたがたに望んでおられること（だから）です。

さらには、試練の中にあっても喜ぶように勧められています。

愛する者たち。あなたがたを試みるためにあなたがたの間に燃えさかる火の試練を、何か思いがけないことが起こったように驚き怪しむことなく、むしろ、キリストの苦しみにあずかれるのですから、喜んでいなさい。それは、キリストの栄光が現れるときにも、喜びおどる者となるためです。（Ⅰペテロ4・12〜13。1・6〜9、ヘブル12・1〜11、ヤコブ1・2〜4も参照）

そして、イエスが言われた次の言葉は、現代に生きる私たちには大きな励ましです。

「すべて、疲れた人、重荷を負っている人は、わたしのところに来なさい。わたしがあなたがたを休ませてあげます。わたしは心優しく、へりくだっているから、あなたがたもわたしのくびきを負って、わたしから学びなさい。そうすれば、たましいに安らぎが来ます。わたしのくびきは負いやすく、わたしの荷は軽いからです。」（マタイ11・28〜30）

人が自力だけを頼りに人生を生きると、疲れ、重荷に耐え切れなくなることがありますが、キリストのもとに来て休み、キリストとくびきを共にして（二人三脚のように）歩み始めるとき、孤独とがんばりから解放されて平安と喜びの中に生きることができるようになるとの約束を語ったものです。

b　大いなる交流

イエスが語られた「だから、神の国とその義とをまず第一に求めなさい。そうすれば、それに加えて、これらのものはすべて与えられます」（マタイ6・33）との有名なみことばは、この義の課題をもっとも端的に言い表したものです。これは、多くのキリスト者によって誤用されているような「神を第一にしなさい」という優先順位の教えではありません。

この言葉は25～34節の文脈で読まなければなりません。まず、25節では「自分のいのち……からだのことで……心配してはいけません」とあり、この地上の人生における心配（思い煩い）について書き始めています。そして、26節以降でイエスは、空の鳥、野の花を取り上げ、それらは自分で何も心配しなくても、神が養い、装っていてくださる、すなわち一〇〇パーセント神に依存して生きていることに気づかせます。そのあと、「ましてあなたがたに、よくしてくださらないわけがありましょうか。信仰の薄い人たち。そういうわけだから、何を食べるか、何を飲むか、何を着るか、などと言って心配するのはやめなさい。……あなたがたの天の父は、それがみなあなたがたに必要であることを知っておられます」（30～32節）と語ります。天の父なる神は、私たち人間をもっと大切にし、私たちのことをもっと配慮し、私たちに必要なものを供給してくださらないことがあろうか、と言って、天地を創造なさった神がその後も働きかけ続け、私たちに必要なものはすべて（一〇〇パーセント）、恵みによって（ただで）供給してくださっている「摂理」を教えられたのです。

❖何よりも、神の国と義とを捜し続けなさい

「摂理」とは、英語でProvidence（プロビデンス）と言うように英Provide（プロバイド＝供給する、養う）の名詞形ですから、今もまどろむことなく働き続けている神が、一瞬一瞬、そのことばによって私たちに必要なものを造り出して供給してくださっていることです（申命8・2〜3。詩篇121・4、127・2参照）。ここに、「そういうわけだから」があることにも注目する必要があります。私たちはこのような神の恵みの摂理によって生かされている。「そういうわけだから……心配するのはやめなさい。……むしろ、何よりも神の国とその義とを捜し続けなさい。そうすれば、これらのものはすべて加えて与えられます」と招き、そして約束が語られます（ここの私訳で「捜し続けなさい」と訳した言葉は、7・7の「捜しなさい（ギゼーテイテ）」と同じ言葉です。また、文法的には、新改訳欄外注にあるように「〜し続けなさい」と訳すほうが分かりやすいとも言える時制です）。

まず、現実にある神の摂理の恵みが語られて、「そういうわけだから、このような神を父と呼ぶようになったキリスト者こそ、与えられてそこにある神の国（恵みの支配）と、神の義（回復された神との正しい関係）を何にもまさって、いつも、いつも捜し続けなさい。そして、与えられ続けている神の摂理の恵みを発見し、それに対する応答として感謝にあふれ、父なる神との関係を大切に維持するとともに、

さらに親密になるよう生活し続けなさい」と勧められ、そうすれば「すべてのものが神から恵みによって与えられる（備えられる）ことを体験するようになる」という約束がついています。ですから、「だから、あすのための心配は無用です。あすのことはあすが心配します」（34節）という文が続いているのです。これは、キリスト者に向かっての、神に全幅の信頼を置くようにとの招きと、それに伴った祝福の約束、すなわち〝大いなる交流（英Great Communion）〟です。

c 「赦されること」から「赦すこと」へ

❖赦すには、損害をかぶる覚悟が必要

「罪の赦し」について、先に言及したマタイの福音書18章21～34節をもう一度取り上げたいと思います。ここでは「主よ。兄弟が私に対して罪を犯した場合、何度まで赦すべきでしょうか。七度までですか」（21節）というペテロの問いから始まっています。それに対してイエスは「七度を七十倍するまで」と、どこまでも赦すように言われました。それを聞いたペテロも、私たちと同じように「そんなこと、できるはずがない。不可能だ！」と思ったのではないでしょうか。それを見越してイエスは、「いいえ、それは可能です。あなたが兄弟をどこまでも赦すことができるようにしてあげよう」と、次に続くたとえ話を語られたのです。

それは、自分が一万タラント（二十万年分の労賃にも匹敵する）もの巨額負債を免除され、赦される話です。これは、私たちが神に背いた後、神から恵みとして一方的に与えられるすべてのもの（摂理）によって生かされてきたにもかかわらず、神に感謝することもせず、自分の力で生きているかのように神を無視して歩んできた私たちの罪（負債）を神が赦して（返済を免除して）くださったことを語っているものです。赦されたしもべは一万タラント得をし、他方の主人は一万タラント損をしたことになるように、神が私たちを赦してくださったとは、神ご自身が私たちのすべての罪（負い目）を負ってくださったことになります――このたとえ話では当然、キリストの十字架のことは出てきませんが、私たちは、神ご自身が私たちの罪（負い目）を負ってくださったしるしとして十字架を見るのです――。

そのように、そもそも赦す（負債を免除する）ということは、損害を負う覚悟がなければできないことです。私たちにとって人を赦すことが難しいのは、人が自分に対して不当なことをしたり、傷つけたり、迷惑をかけたりした場合、「どうして私が損をしなければならないのか？　不当なことをした当人が責任をとらなければならないではないか！」と考えるからです。自分が身代わりになってその損害を負うという覚悟を持つことが難しいのです。

❖一万タラントの負債を免除されたなら

ここでは、そのたとえ話の後半が焦点です。一万タラントの負債を免除されたしもべは喜んで帰る途中、百デナリ（三～四か月分の労賃）貸している仲間と出会います。彼は、もう少し待ってくれれば返すと言っている仲間を承知せず、すぐに返済できないならと、彼を牢に投げ入れます。それを聞きつけた主人は、当然、こう言います。「私がおまえをあわれんでやったように、おまえも仲間をあわれんでやるべきではないか」と。すなわち、私たちが兄弟を赦せないのは、私たちの神に対する巨大な罪（負いめ）を、神があわれみによって赦してくださっていることを理解し、心から感謝するに至っていないからではないのか。自分が神に赦された罪（負い目）の大きさをほんとうに知るならば、兄弟の私たちに対する小さな罪（負いめ）は、何度でも赦すことができるようになるはずだと。

ここに、「罪の赦しの福音」を「神に赦されること」だけと考えるなら、それはまだ福音の半分でしかなく、「人を赦すようになること」こそが福音の到達点（ゴール）であることが語られています。ところが、ここにも人間側によく起こる問題があります。多くの場合、自分は神に不当なことをした負い目を持っているという「罪意識（加害者意識）」が希薄だということです。それが、罪意識のある者は赦された恵みを受け止めますが、その意識のない多くの人は赦されても感謝さえしない理由なのです。このたとえの後半は、その難しさを語っているといえるでしょう。「赦すこと」は、神の赦しを与えられたキリスト者に与えられている課題ですが、聖霊が私たちをそのような者にしてくださるとの約束でもあります（「主の祈り」マタイ6・12、ルカ7・36〜48、19・1〜10も参照）。

❖キリスト信仰に基づいた〝プラチナ・ルール〟

たとえ話の結論部分にある「私がおまえをあわれんでやったように、おまえも仲間をあわれんでやるべきではないか」（33節）とよく似ている「あなたがたの天の父があわれみ深いように、あなたがたも、あわれみ深くしなさい」（ルカ6・36）こそは、キリスト者に与えられた信仰を行動に反映させる課題を表現している大切な規範ではないでしょうか。ご承知のように、「何事でも、自分にしてもらいたいことは、ほかの人にもそのようにしなさい」（マタイ7・12。ルカ6・31も）が道徳の〝黄金律〟と呼ばれて、教会内だけでなく社会にも流布しています。それにかこつけつつも私は、こちらをこそキリスト信仰に基づいた行動規範としてキリスト者が銘記すべきものと考えて、〝キリスト者のプラチナ・ルール（the platinum rule for christians）〟と名付けてみました。以下も参照してください。

神がキリストにおいてあなたがたを赦してくださったように、互いに赦し合いなさい。（エペソ4・32。ピリピ2・4～5、コロサイ3・13、マタイ5・48も参照）

ですから、キリストのゆえに神から罪を赦された私たちは、神にもっともっと信頼を寄せて生活できるように、さらには、神の赦しの恵み、あわれみを理解すればするほど感謝があふれてくるばかりでなく、その神のあわれみにならって自分に罪を犯した人（不当なことをして負い目のある人）を赦す（そして、可能なら和解する）ことのできる者に変えられていくはずです。それは、キリスト者に与えられている救いの課題であると同時に約束でもあるのです（ドナルド・B・クレイビル、スティーブン・M・ノルト、デヴィッド・L・ウィーバー‐ザーカー『アーミッシュの赦し』、亜紀書房、特に第三部の「赦しとは何か？」、一九七～二〇一頁／ロバート・D・エンライト『ゆるしの選択——怒りから解放されるために』、河出書房新社、参照）。

2　救いの完成——神との直接的交わり

a　「義の栄冠」と「白い衣」

キリストの再臨にともなって完成される神の国においては、私たちはよみがえらされて「義（神との義しく、親しい関係）の完成」を約束されています。

私たちは、信［仰］により、御霊によって、義をいただく望みを熱心に抱いているのです。（ガラテヤ５・５）

ですから、今すでにキリストの血によって義と認められた（義とされた＝新共同訳）私たちが、彼によって神の怒りから救われる（未来形）のは、なおさらのことです。もし敵であった私たちが、御子の死によって神と和解させられたのなら、和解させられた私たちが、彼のいのちによって救いにあずかる（未来形）のは、なおさらのことです。（ローマ５・９〜10）

またテモテへの手紙第二４章７〜８節にはこうあります。

私は勇敢に戦い、走るべき道のりを走り終え、信仰を守り通しました。今からは、義の栄冠が私のために用意されているだけです。かの日には、正しい審判者である主が、それを私に授けてくださるのです。私だけでなく、主の現れを慕っている者には、だれにでも授けてくださるのです。

すなわち、地上の人生において信仰を全うした者には、主が御国に迎えてくださるばかりでなく、「義の栄冠」を授けてくださるというのです。

また、ヨハネの黙示録では「白い衣を着せられる」「いのちの書に名が記される」と表現しています。

勝利を得る者は、このように白い衣を着せられる。そして、わたしは、彼の名をいのちの書から消すようなことは決してしない。わたしは彼の名をわたしの父の御前と御使いたちの前で言い表す。（３・５。６・11も参照）

その後、私は見た。見よ。あらゆる国民、部族、民族、国語のうちから、だれにも数えきれぬほどの大ぜいの群衆が、白い衣を着、しゅろの枝を手に持って、御座と小羊との前に立っていた。（7・9。7・13〜14も参照）

さらには、「ハレルヤ。万物の支配者である、われらの神である主は王となられた。私たちは喜び楽しみ、神をほめたたえよう。小羊の婚姻の時が来て、花嫁はその用意ができたのだから。花嫁は、光り輝く、きよい麻布の衣を着ることを許された。その麻布とは、聖徒たちの正しい行いである」（19・6〜8）において、小羊の花嫁とされるキリスト者に着せられる麻布の衣は「（聖徒たちの）正しい行い（ギディカイオーマタ）」と説明されています。この語は15章4節で「（神の）の正しいさばき」とも訳されているもので、「神による義の完成」と言ってもよいものでしょう。また、それは前述した「白い衣」との関連を暗示しています。

b　神と顔と顔を合わせて

今、信仰によって主に信頼して歩んでいる私たちは、主を目で見ることができませんが（Ⅱコリント5・6〜7）、やがてその日には、主との直接的な交わりを体験するようになるとも言われています。

主は、号令と、御使いのかしらの声と、神のラッパの響きのうちに、ご自身天から下って来られます。それから……空中で主と会うのです。このようにして、私たちは、いつまでも主とともにいることになります。（Ⅰテサロニケ4・16〜17）

ついにそこでは、「見よ。神の幕屋が人とともにある。神は彼らとともに住み、彼らはその民となる」（黙示録21・3。21・7、エレミヤ30・22、ゼカリヤ8・8、13・9も参照）、「神と小羊との御座が都の中にあって、そのしもべたちは神に仕え、神の御顔を仰ぎ見る」（黙示録22・3〜4）というように、神と顔と顔とを合わせての親しい交わりが実現するのです（「顔と顔とを合わせて」との表現は創世32・30〜31、出エジプト33・11を参照）。また、「愛する者たち。私たちは、今すでに神の子どもです。……しかし、キリストが現れたなら、……私たちはキリストのありのままの姿を見るからです」（Iヨハネ3・2。Iコリント13・12も参照）ともあるとおりです。

B　課題としての「聖化」と「聖潔」の約束

1　「聖化」という課題

a　「聖化」とは何か

❖『ウエストミンスター信仰告白』から

キリストを信じ、聖霊が注がれることによって「霊のいのち」が回復され、「聖」とされた者に続いて起こることがら、継続的課題を、プロテスタント教会では「聖化」と呼んできました。まずは「漸進的聖化観」と言われている伝統的なカルヴィニズムの「聖化観」を紹介しましょう。ウエストミンスター信仰告白（『ウエストミンスター信仰告白』、日本基督改革派教会／信条翻訳委員会訳）は、第13章「聖化について」で次のように言っています。

(1)　有効に召命され、再生された者たちは、自身のうちに創造された新しい心と新しい霊を持っているので、み言葉と彼らに内住するみたまで、キリストの死と復活の力によって、実質的に人格的に、さらに聖とされる。罪の全身にわたる支配が破壊され、そのいろいろな欲情は段々弱められ、殺されていくし、また彼らは、それなしには、だれも主を見ることができないところの真の聖潔の実践にむかって、すべての救いの恵みに段々生かされ強くされていく。

(2)　この聖化は、全人に行きわたるが、この世にいる間は未完成である。どの部分にもなお腐敗の残部が残っている。そこから、絶え間のない和解できぬ戦いが生じ、肉の欲がみたまに反し、みたまもまた肉に反するのである。

(3)　この戦いにおいて、残っている腐敗が、一時、大いに優勢になることもあるが、それでもキリストの聖化のみたまからくる継続的な力の補給によって再生の側が勝利を得る。それで聖徒たちは、恵みに成長し、神をおそれて聖潔を完成して行く。

❖ますます新しさを増し加える

ここでは明らかに、「聖化」はキリスト受容時に与えられた新生の恵みにもとづいて、その新しい生命が継続的に成長し、実質的に聖なる人格に変えられていくこととして述べられています。そのことを語っていると思われるローマ人への手紙6章19～22節はこう言っています。

あなたがたは、以前は自分の手足を汚れと不法の奴隷としてささげて、不法に進みましたが、今は、その手足を義の奴隷としてささげて、聖潔に（[ギ]エイス・ハギアスモン）進みなさい。……今は、罪から解放されて神の奴隷となり、聖潔に至る（[ギ]エイス・ハギアスモン）実を得たのです。その行き着く所は永遠のいのちです。

ペテロの手紙第一1章14～16節にも「従順な子どもとなり、以前あなたがたが無知であったときのさまざまな欲望に従わず、あなたがたを召してくださった聖なる方にならって、あなたがた自身も、あらゆる行いにおいて聖なるものとされなさい（[ギ]ハギオイ……ゲネーセーテ）。それは、『わたしが聖であるから、あなたがたも、聖でなければならない（[ギ]ハギオイ・エセッセ）』と書いてあるからです」とあります。

前章で述べたように、キリストのうちにある者は「聖徒」とされ、「新しく造られた者」（Ⅱコリント5・17）とも呼ばれます。その「新しい（[ギ]カイノス）」は、もうひとつの「新しい[ギ]ネオス＝若い、新鮮な」とは違って「これまで知られていなかった、異質の新しさ」を意味していると言われているように、「聖い」のもうひとつの表現と言えるでしょう。このように、「新しい」は、キリストによってもたらされた救済論的かつ終末論的な現実を指す言葉として使われるようになったものですから、この新しさは時が経っても決して失われることはなく、救済と終末の完成に向かってますます新しさを増し加えると言えるでしょう。ここでも「たとい私たちの外なる人は衰えても、内なる人は日々新たにされています」（Ⅱコリント4・16）、「新しい人は、造り主のかたちに似せられてますます新しくされ、真の知識に至るのです」（コロサイ3・10）とあるとおりです。

b　「直説法」そして「命令法」（所与と課題）

❖「すでに聖い」だから「聖くなれ」

では、キリスト者はすでに「聖徒」と呼ばれ、「聖なる者とされている」のに、なぜさらに「聖さ」に向かっていかなければならないのでしょうか。それは「いのち」の性質を理解するならば、すぐに分かることです。人は人として「いのち」を与えられたあと、成長して「人（成人）」となっていきます。それは特別なことではなく「いのち」の法則によるものであり、自然なことです。人として生まれたのですから、人（成人）となることが期待されます。そうならないなら、どこかに問題があります。ちょうどそれと同じように、聖書は「あなたがたは聖なる者とされている」（直説法）、だから「聖（潔）に向かって進みなさい」（命令法）と語っているのです。

この論理は、福音書のイエスの言葉にも他の手紙にも、さらには旧約聖書にも数え切れないほど多く見いだされるもので、特にパウロの手紙には、このことが構造的にはっきりしているものがあります。ローマ人への手紙では、1〜11章がキリストによる救いのすばらしさを直説法として語り、12章以降はキリストの救いにあずかった者の生き方が命令法で語られます。そして、その転換を知らせているのが、短くも重要な「そういうわけですから、……私は……あなたがたにお願いします（ギ パラカロー・ウーン・フマース）」（12・1）です。エペソ人への手紙も同じ構造を持っており、その転換点は4章1節の

「さて、……私はあなたがたに勧めます（ギリシア語は全く同じ「ギパラカロー・ウーン・フマース」）」です。チンパンジーのことを考えてみてください。チンパンジーに向かって「あなたは人間ではない。それではだめだから人間になりなさい」といくら言ったとしても、それは不可能なことです。しかし、人として生まれた子どもには「あなたは人間なのだ。だから人間（成人）になりなさい」と言うのです。聖書もそのように「あなたは汚れた者だから、聖なる者にならなければならない」という言い方はしていません。それは不可能だからです。神は、恵みによってまず私たちを「聖なる者」としてくださり、その上で「聖潔に向かって進みなさい」と言われます。それは文法的に「直説法（あなたは聖い）に基づいた命令法（あなたは聖くなりなさい）」と説明されていることです。それが「わたしが聖であるから、あなたがたも、聖でなければならない」（Ｉペテロ１・16）の意味でもあり、「わたし（神）が聖であるから（あなたがたはその聖なる神のいのちに生まれたからには）、あなたがたも聖とならないはずはない。必ずそうなる」と言い換えれば分かりやすいでしょう。

❖イスラエルの聖さの所与と課題

旧約におけるイスラエルに対しても、すでに神がそのように語っていたことをクリストファー・ライトは次のように言っています（前掲書、二五六～二五七頁）。

イスラエルのきよさには実際二つの側面があり、その両方共が神のきよい民としての教会に適用されている。……一方で、きよさは所与――彼らの存在の事実――である。すなわち、神はイスラエルをご自身のために取り分けた。神がイニシアティブをとり、選んだのである。「わたしは彼を聖別した主だからである」（レビ二一・一五）。すなわち、あなたを聖とし、分離し、他の国々から区別することである。ちょうど贖いの経験と同じように、きよさも先立つ神の恵みの賜物である。イスラエルの民の祭司たちには、神が彼らを聖別すると繰り返し言われている（レビ二一・八、一五、二二三）。同じことが諸国との関係の中で、民としてのイスラエル全体にも言われる。「あなたたちはわたしのものとなり、聖なる者となりなさい。主なるわたしは聖なる者だからである。わたしはあなたたちをわたしのものとするため、諸国の民から区別したのである」（レビ二〇・二六。二二・三一〜三三も参照、傍点著者）。

他方、きよさは任務でもある。すなわち、イスラエルは日々の生活の中で、神のきよい民としての資格を実践して生きていくことが期待されていた。「あなたらしくなれ」がそのメッセージであった。次に述べる包括的な指針は、諸国から区別されたものについての中心的意味を示している。あなたたちがかつて住んでいたエジプトの国の風習や、わたしがこれからあなたたちを連れていくカナンの風習に従ってはならない。その掟に従って歩んではならない。わたしの法を行い、わたしの掟を守り、それに従って歩みなさい。わたしはあなたたちの神、主である。（レビ一八・三〜四）

このように「聖化」は、バプテスマとともに神のいのちに新生すること（聖なる者となること）を起点（所与）としつつも、それで終わるわけではなく、むしろそれは、終末的な聖潔に向かって進むべき課題（任務・命令）のもとに、生命的・実体的な変化・成長が期待されていることを語っているのです。

c 「聖さ」と倫理、そして宣教的使命

❖あなたがたはパン種のないもの

次に考えてみるべきは、キリスト者の倫理についてです。多くの人は「聖さ」ということばを聞くと、道徳的な清廉・高潔さをイメージするのではないでしょうか。これまで述べてきたように、それが「聖さ」の第一義ではありませんが、無関係ではありません。パウロは、キリストによって救われたことを過越の祭りにたとえて次のように語っています。

あなたがたの高慢は、よくないことです。あなたがたは、ほんのわずかのパン種が、粉のかたまり全体をふくらませることを知らないのですか。新しい粉のかたまりのままでいるために、古いパン種を取り除きなさい。あなたがたはパン種のないものだからです。私たちの過越の小羊キリストが、すでにほふられたからです。ですから、私たちは、古いパン種を用いたり、悪意と不正のパン種を用いたりしないで、パン種の入らない、純粋で真実なパンで、祭りをしようではありませんか。

（Ⅰコリント5・6〜8）

そして、それに続くところでは、こう語っています。

あなたがたは、正しくない者は神の国を相続できないことを、知らないのですか。だまされてはいけません。不品行な者、偶像を礼拝する者、姦淫をする者、男娼となる者、男色をする者、盗む者、貪欲な者、酒に酔う者、そしる者、略奪する者はみな、神の国を相続することができません。あなたがたの中のある人たちは以前はそのような者でした。しかし、主イエス・キリストの御名と

私たちの神の御霊によって、あなたがたは洗われ、聖なる者とされ、義と認められた（義とされた＝新共同訳）のです。（Ⅰコリント6・9〜11）

❖聖なる者に与えられる倫理的課題

さらに、ペテロやヨハネもこう言います。

ですから、あなたがたは、心を引き締め、身を慎み、イエス・キリストの現れのときあなたがたにもたらされる恵みを、ひたすら待ち望みなさい。従順な子どもとなり、以前あなたがたが無知であったときのさまざまな欲望に従わず、あなたがたを召してくださった聖なる方にならって、あなたがた自身も、あらゆる行いにおいて聖なるものとされなさい。それは、「わたしが聖であるから、あなたがたも、聖でなければならない」と書いてあるからです。（Ⅰペテロ1・13〜16）

だれでも神から生まれた者は、罪を犯しません。なぜなら、神の種がその人のうちにとどまっているからです。その人は神から生まれたので、罪を犯すことができないのです。（Ⅰヨハネ3・9）

前項で述べたように、「聖さ」は恵みによって与えられた所与（直説法）でありつつ、同時にキリスト者にとっての絶えざる倫理的課題（命令法）でもあります。

神は救いをキリストにおいて「無代で」人間に与える（ローマ3・24）。したがって、倫理は救いの獲得とは全く関係がない。しかし、生起した、ないしは現在の救いは、その受容者を全人格ごと要求する。彼は「キリストを着る」（ローマ13・14、ガラテヤ3・27）べきである――これは命令法である！　ここから次のように言える。パウロの倫理の根本的定式は、キリスト者は「キリストにある」人間として生きるためには、振舞いにおいて、実際の生活態度において、救いを自分のものにしなければならない、ということである。……したがって、パウロは全くキリストの救いの行為から思考している。しかし、キリスト者の新しい実存は非倫理的ではない。なぜならば、彼は神の戒めのもとに留まるからである（第一コリント7・19）。……しかし、これらはつねに恵みの命令法であって、律法のそれではない。（H・D・ヴェントラント『新約聖書の倫理』、日本基督教団出版局、一一七～一一八頁）

❖「聖さ」は宣教的使命に不可欠

また、旧約における「聖さ」と「倫理」の関係について、クリストファー・ライトは、動物や食料やその他、日々の営みにおけるきよさと汚れの規定に関する複雑なシステムを通して、国々と区別する聖さの「象徴的次元」（レビ20・24～26）に加えて、「倫理的次元」があると述べています。

　きよさの実践はまた、倫理的次元を持っている。聖であることは個人、家族、社会、経済、そして国民的生活を含むそれぞれの領域で、清廉さと公正と憐れみに満ちて生きることを意味していたからである。イスラエルにおけるきよさの倫理的次元をはっきり包括的に語っているテキストを一つ挙げるとすれば、それはレビ記一九章である。これは、出エジプト記一九章六節の注解としては最高のものである。……もっと詳しく言えば、イスラエルは諸国よりも、むしろヤーウェに似るべきであった。諸国が行うようにではなく、ヤーウェが行うように行うべきなのだ。イスラエルにとってのきよさは、ヤーウェの超越的なきよさの地上的、実際的反映である。……すなわち、地上で実際に行う社会倫理のすべてにおいて――イスラエルは、贖い主を反映することによって自らの贖いに応えていくべきであった。……短く言えば、イスラエルのアイデンティティ（祭司の王国であること）は宣教的使命を表明しており、イスラエルの宣教的使命は倫理（聖い国民であること）を要求している。（前掲書、二五八〜二六〇頁、傍点筆者）

新約においても、教会に向かってペテロの手紙第一はこう語っています。

愛する者たちよ。あなたがたにお勧めします。旅人であり寄留者であるあなたがたは、たましいに戦いをいどむ肉の欲を遠ざけなさい。異邦人の中にあって、りっぱにふるまいなさい。そうすれば、彼らは、何かのことであなたがたを悪人呼ばわりしていても、あなたがたのそのりっぱな行いを見て、おとずれの日に神をほめたたえるようになります。（2・11〜12）

d　神とキリストに似た「完全な」者となる課題

❖主と同じかたちに変えられる

それを新約聖書的な言葉で言い換えるなら、「キリスト者は神とキリストに似た者となる」ことです。パウロが、「主と同じかたちに変えられる」とか「キリストにある成人になる」という表現で語っているのがそれであり、多くは現在形時制で書かれています。それは、「〜されつつある」ということであり、ある時を基点としつつ、完成に向けて継続的に進行していることを意味しています。

私たちはみな、顔のおおいを取りのけられて、鏡のように主の栄光を反映させながら、栄光から

栄光へと、主と同じかたちに姿を変えられて行きます。これはまさに、御霊なる主の働きによるのです。（Ⅱコリント3・18）

私たちは、このキリストを宣べ伝え、知恵を尽くして、あらゆる人を戒め、あらゆる人を教えています。それは、すべての人を、キリストにある成人（完成された人ギアンスローポン・テレイオン）として立たせるためです。（コロサイ1・28）

ついに、私たちがみな、信仰の一致と神の御子に関する知識の一致とに達し、完全におとな（ギアンドラ・テレイオン）になって、キリストの満ち満ちた身たけにまで達するためです。（エペソ4・13）

私は、キリストとその復活の力を知り、またキリストの苦しみにあずかることも知って、キリストの死と同じ状態になり、どうにかして、死者の中からの復活に達したいのです。私は、すでに得たのでもなく、すでに完全にされている（ギテテレイオーマイ）のでもありません。ただ捕らえようとして、追求しているのです。そして、それを得るようにとキリスト・イエスが私を捕らえてくださったのです。（ピリピ3・10〜12）

❖「完全になる」約束と課題

マタイの福音書5章48節のイエスの言葉「あなたがたは、天の父が完全なように、完全でありなさい」に出てくる「完全（な者）」も同じギテレイオイであり、それは一般にイメージされやすい「道徳的に完璧な人」ではなく、「完成に達した人」のことです。ただ、ここでの「完成」は、直前のイエスの言葉に「自分の敵を愛し、迫害する者のために祈りなさい。それでこそ、天におられるあなたがたの父の子どもになれるのです。天の父は、悪い人にも良い人にも太陽を上らせ、正しい人にも正しくない人にも雨を降らせてくださるからです」（5・44〜45）とあるように、天の父なる神に似て、人を分け隔てする壁を造らずに、どこまでも愛する人となることを語っていると考えられます。ルカの福音書では「あなたがたの天の父があわれみ深いように、あなたがたも、あわれみ深くありなさい」（6・36）と書かれているように、です（マタイ18・33、ヨハネ13・34も参照）。また「ありなさい（ギエセッセ）」は直説法・未来形であり、人間が自らの努力によって「完全な者」となるように命令されているわけではありません。むしろ、〝マタイの言い方は、約束（「君たちは……になる」）と、そうなるようにとの呼びかけ（「君たちは……であるべきだ」）と、両方の意味を含んでおり、そのことはギリシア語でもヘブライ語でも通用する〟（E・シュヴァイツァー『山上の説教』、聖書の研究シリーズ31、教文館、一九八九年、一〇七頁）とあるように、神がキリストによって神の国の民としてくださったからには、神がその恵みによってキリスト者をキリストの身たけにまで成熟させてくださるとの約束を基盤とした励ましとして読むことができます。

パウロが、キリスト者は「キリストを着る」べきであるとの課題を述べていることも同じです。

遊興、酩酊、淫乱、好色、争い、ねたみの生活ではなく、昼間らしい、正しい生き方をしようではありませんか。主イエス・キリストを着なさい。肉の欲のために心を用いてはいけません。（ローマ13・13〜14）

その教えとは、あなたがたの以前の生活について言うならば、人を欺く情欲によって滅びて行く古い人を脱ぎ捨てるべきこと、またあなたがたが心の霊において新しくされ、真理に基づく義と聖をもって神にかたどり造りだされた、新しい人を身に着るべきことでした。(エペソ4・22〜24。32節も参照)

あなたがたは、古い人をその行いといっしょに脱ぎ捨てて、新しい人を着たのです。新しい人は、造り主のかたちに似せられてますます新しくされ、真の知識にいたるのです。(コロサイ3・9〜10)

e 「霊」と「肉」の戦い

❖私たちを聖める聖霊の働き

バプテスマのヨハネはイエスを紹介して次のように言いました。

「私のあとから来られる方は、私よりもさらに力のある方です。私はその方のはきものを脱がせてあげる値うちもありません。その方は、あなたがたに聖霊と火とのバプテスマをお授けになります。手に箕を持っておられ、ご自分の脱穀場をすみずみまできよめられます(ギディアカタリエイ)。麦を倉に納め、殻を消えない火で焼き尽くされます。」(マタイ3・11〜12)

このイエスをキリストと信じたときに、人は聖霊のバプテスマにあずかり、上記の言葉が実現します。すなわち、キリスト者は新しい霊のいのちに生まれ、聖徒(聖なる者)とされるのです。しかし、聖霊の働きはそれで終わりではなく、キリスト者の罪人としての性質（肉）の残滓を焼き尽くしてくださるというのです。

そのことをペテロの手紙第二3章10〜11節がこう語っています。

主の日は、盗人のようにやって来ます。その日には、天は大きな響きをたてて消えうせ、天の万象は焼けてくずれ去り、地と地のいろいろなわざは見つけ出されます（新改訳本文ではなく、欄外注を採用した訳。本文最後の「焼き尽くされます」を新共同訳の「暴かれてしまいます」と同じように解釈しています）。このように、これらのものはみな、くずれ落ちるものだとすれば、あなたがたは、どれほど聖い生き方をする敬虔な人でなければならないことでしょう。

この火の目的は、この世自体の消滅ではなく、むしろ、この世（地）に属する悪が露わにされ、さばかれ、滅ぼされることによって、私たちが生きている世界が聖められるためであるというのがよく分かります（クリストファー・J・H・ライト『神の宣教Ⅲ』、二七〜二八頁参照）。

❖霊と肉の戦いの中に生きる私たち

そのような聖化は、いのちの成長のように、時間の経過とともに自然に成し遂げられていく面もありますが、私たちは聖潔への完成を、ただ手をこまねいて待っていればよいわけではありません。『ウエストミンスター信仰告白』にあったように、戦いによって勝ち取っていくべきものでもあります。それをよく表しているのが、「霊と肉の戦い」です（ローマ8・1〜11。ガラテヤ5・13〜18）。この場合の「霊」「肉」という言葉をギリシア的霊肉二元論的に理解するべきではありません。特にパウロにおいてはむしろ、神に対する人間の生き方のベクトル（方向性と力の大きさ）と考えるのがよいと私は思います。すなわち、「霊」とは神に顔を向けて生きていること、「肉」とは神に背を向けて生きていることです。パウロの用語法も、下図「人の実存における肉と霊」のように、おおむねそう理解できると思います。

　私たちがキリストによる救いを受ける前は「罪ある人間（肉の人＝新共同訳）[ギ]サルキノス」（ローマ7・14）、「肉に従う者[ギ]ホイ・カタ・サルカ」（同8・5）「肉の中にある（人）[ギ]エン・サルキ」（同8・9）「肉に属する人[ギ]サルキノス」（Iコリント3・1）と呼ばれている「肉に支配された者」でした（①）。そのような私たちがキリストによって救われて聖霊を受けると、基本的に「御霊に従う者[ギ]ホイ・カタ・プニューマ」（ローマ8・5）「御霊の中にある（人）[ギ]エン・プニューマティ」（同8・9）に変えられます。しかしそれは、即座に肉が力を失い霊が支配してしまうことを語ってはおらず、

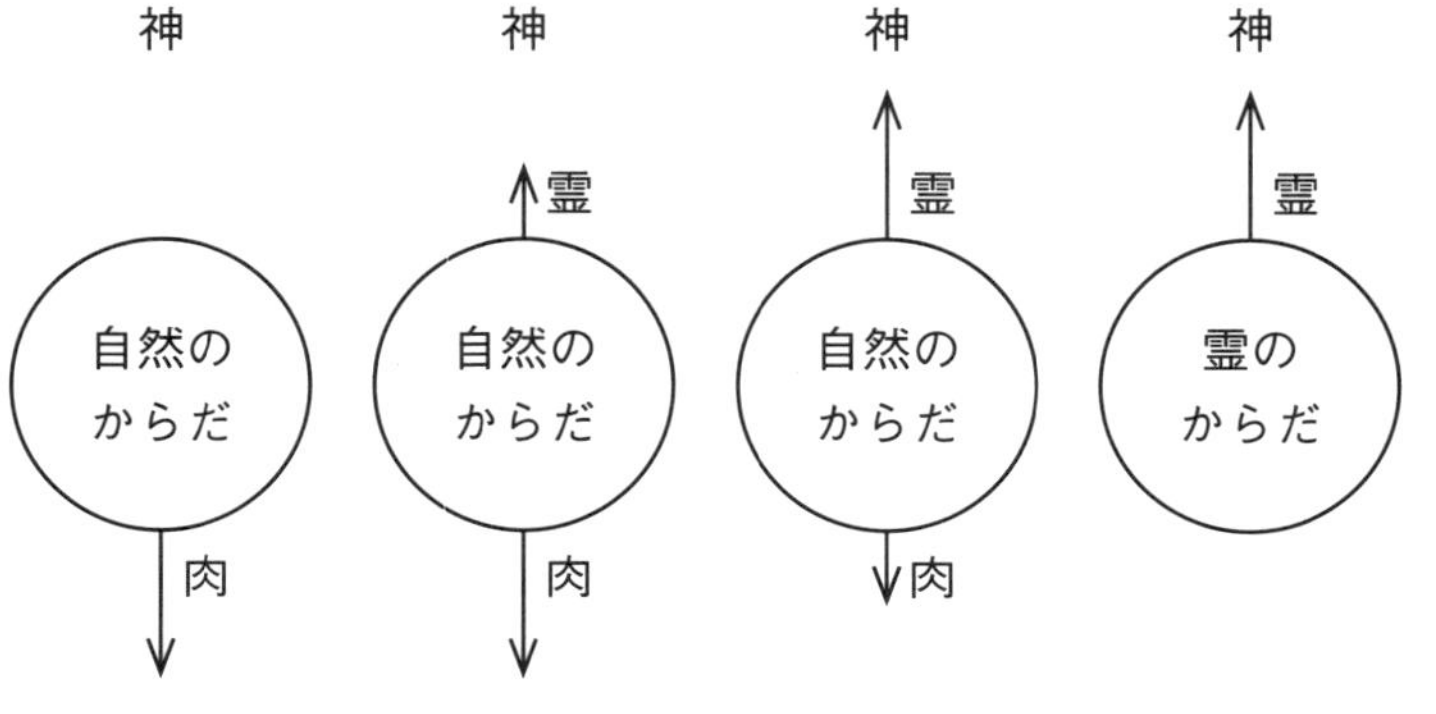

人の実存における肉と霊
＊日本語訳聖書の用語はいろいろなので、私の用語法で書きました

地上の信仰生活においてはまだ残っている肉の性質・力と霊の性質・力との戦いがあることを示唆しているのです。そこで、キリスト者、すなわち「霊に属する人」でありながら、救われる前とあまり変わらない生き方をしている未熟な人を「肉的な人ギサルキコス」（Ⅰコリント3・3）と言います（②）。それに対して、霊の支配の下に強く生きる成長したキリスト者を「霊的な人ギプニューマティコス」と言います（③）。では、いつ④のように全き「霊のからだギソーマ・プニューマティコン」となるのかというと、それは世の終わりに「よみがえらされるからだ」においてです（Ⅰコリント15・44）。それまでは、「霊的な人」であるキリスト者であっても「血肉のからだ（自然の命のからだ＝新共同訳）ギソーマ・プシュキコン」（同15・44）として生きていくのです（Ⅱコリント5・1〜8参照）。

このようなキリスト者の人生において、日々、霊と肉との戦いを経験しますが、聖霊は私たちが主に向くことを促し、徐々にではあっても霊的な人へと成熟させてくれます。

❖試練の積極的役割

聖書はその戦いを試練と呼び、その試練には積極的役割があることを語ります。

あなたがたはまだ、罪と戦って、血を流すまで抵抗したことがありません。そして、あなたがたに向かって子どもに対するように語られたこの勧めを忘れています。「わが子よ。主の懲らしめを軽んじてはならない。主に責められて弱り果ててはならない。主はその愛する者を懲らしめ、受け入れるすべての子に、むちを加えられるからである。」訓練と思って耐え忍びなさい。神はあなたがたを子として扱っておられるのです。父が懲らしめることをしない子がいるでしょうか。もしあなたがたが、だれでも受ける懲らしめを受けていないとすれば、私生児であって、ほんとうの子ではないのです。さらにまた、私たちには肉の父がいて、私たちを懲らしめたのですが、しかも私たちは彼らを敬ったのであれば、なおさらのこと、私たちはすべての霊の父に服従して生きるべきではないでしょうか。なぜなら、肉の父親は、短い期間、自分が良いと思うままに私たちを懲らしめるのですが、霊の父は、私たちの益のため、私たちをご自分の聖さにあずからせようとして、懲らしめるのです。すべての懲らしめは、そのときは喜ばしいものではなく、かえって悲しく思われるのですが、後になると、これによって訓練された人々に平安な義の実を結ばせます。(ヘブル12・4〜11)

私の兄弟たち。さまざまな試練に会うときは、それをこの上もない喜びと思いなさい。信仰がためされると忍耐が生じるということを、あなたがたは知っているからです。その忍耐を完全に働かせなさい。そうすれば、あなたがたは、何一つ欠けたところのない、成長を遂げた(ギテレイオイ)、完全な者(ギホロクレーロイ)となります。(ヤコブ1・2〜4)

あなたがたは、信仰により、神の御力によって守られており、終わりのときに現されるように用意されている救いをいただくのです。そういうわけで、あなたがたは大いに喜んでいます。いまは、しばらくの間、さまざまの試練の中で、悲しまなければならないのですが、あなたがたの信仰の試練(純粋さ=新改訳欄外注)は、火で精練されつつなお朽ちて行く金よりも尊く、イエス・キリストの現れのときに称賛と光栄と栄誉になることがわかります。(Iペテロ1・5〜7)

❖教会戒規の責任と目的

また、教会の中にいる「肉的な人」（「兄弟と呼ばれる者で、しかも不品行な者、貪欲な者、偶像を礼拝する者、人をそしる者、酒に酔う者、略奪する者」Ⅰコリント5・11）を教会がさばくように、すなわち、戒規を執行する責任について、少し厳しく響く言葉で次のように表現されています。

あなたがたが集まったときに、私も、霊においてともにおり、私たちの主イエスの権能をもって、このような者をサタンに引き渡したのです。それは彼の肉が滅ぼされるためですが、それによって彼の霊が主の日に救われるためです。（Ⅰコリント5・4～5）

ここでは、直接的には異邦人の中にもないほどの不品行に対してですが、この場合の「肉」と「霊」もギリシア霊肉二元論的に「肉体」と「霊魂」のように理解してはなりません。ここでは教会戒規の目的について語っており、それは、

(i)　キリスト者となってもなお残存している肉的な性質が滅ぼされて「霊的な人」とされるため

(ii)　地上においては「肉的な人」として罪の刈り取りをしなければならなくても、それもやがて主の日には「霊のからだ」に変えられるため

であることを意味しています（ガラテヤ6・7～8参照）。

f　大いなる戒め

律法の専門家がイエスに「先生。律法の中で、たいせつな戒めはどれですか」と尋ねたとき、イエス

は「『心を尽くし、思いを尽くし、知力を尽くして、あなたの神である主を愛せよ。』これがたいせつな第一の戒めです。『あなたの隣人をあなた自身のように愛せよ』という第二の戒めも、それと同じようにたいせつです」（マタイ22・37〜39）と言われました。これが〝大いなる戒め（Great Commandment）〟と呼ばれているのは、旧約のすべての戒め（律法）を満たしているからです。そのようなこの教えは、神から新しい（聖い）いのちを与えられたキリスト者が、神を愛し、人を愛する人に成長していく課題を語っています。それは、パウロが「私たちがもはや、子どもではなくて、……むしろ、愛をもって真理を語り、あらゆる点において成長し、かしらなるキリストに達することができるためなのです」（エペソ4・14〜15）と言っていることと同じです。

人がキリストを信じるとき、即座に霊のいのちをいただくことで救いが完成するのではなく、いただいたそのいのちがその人を生活の中で造り変えて、キリストに似た愛の人とするのです。そして、そのような人にされてこそ、御国に入れられて幸いになることができるのです。

あるとき教会を訪ねて来たひとりの人を思い出します。その人は私に言いました。「神が愛なら、キリストを信じる者だけでなく、すべての人を天国に入れてくれるべきだ。キリストを信じる者しか天国に入れないなんて、キリスト教は了見が狭い！」と。私は少し考えて答えました。「そのように考えるあなたの考えは浅いと思います。もし、あなたが今すぐ天国に入れられたとしたら、どうでしょうか。天国にいる皆は愛をもって赦し合い、互いを配慮し合い、助け合う生活をしている。自分の権利を主張せずにかえって仕え合っています。自分も天国に入る権利があると考えるあなたがそのようなところに行ったなら、すぐにも『こんなところから早く逃げ出したい』と思うのではないでしょうか。おそらく、今のままのあなたにとって天国は決して幸いなところではないと思います。もちろん神は、どのような人も天国に入るよう招いてくださいますが、招きに応えた人に霊のいのちを与え、その御霊によって人を天国で住むにふさわしく造り変えることまでしてくださるのです。そこまでしてくださるのをキリストの救いというのですよ」と。その人はすごすごと帰って行きました。

2　約束されている救いの完成――霊のからだによる復活

a　終わりの日の復活

パウロは、「私は、キリストとその復活の力を知り、またキリストの苦しみにあずかることも知って、キリストの死と同じ状態になり、どうにかして、復活に達したいのです。……私たちの国籍は天にあります。そこから主イエス・キリストが救い主としておいでになるのを、私たちは待ち望んでいます。キリストは、万物をご自身に従わせることのできる御力によって、私たちの卑しいからだを、ご自身の栄光のからだと同じ姿に変えてくださるのです」（ピリピ3・10～21）と言いましたが、その復活はいつ、どのようなかたちで実現するのでしょうか。

キリスト者はバプテスマを受けたときに、キリストの十字架での死とともに肉である古い自分に死んでおり、すでにキリストの復活のいのち、霊のいのちに生きていますが、からだは依然として「血肉のからだ（自然の命のからだ＝新共同訳）」のままです。そのキリスト者も地上の人生を終えるときがきますが、その「血肉のからだ」の死は即、永遠の滅びとはなりません。なぜならすでにキリストによる「霊のいのち」にあずかっているからです。とはいえ、キリスト者もそのまま、からだなしで（たましいだけで）永遠に生きるわけでもありません（Ⅱコリント5・1〜5）。終わりの日には、新しい「霊のからだ」によって復活させられるのです。そこにおいて、救いが完成します。

聞きなさい。私はあなたがたに奥義を告げましょう。私たちはみな眠ることになるのではなく変えられるのです。終わりのラッパとともに、たちまち、一瞬のうちにです。ラッパが鳴ると、死者は朽ちないものによみがえり、私たちは変えられるのです。（Ⅰコリント15・51〜52）

私たちは主のみことばのとおりに言いますが、主が再び来られるときまで生き残っている私たちが、死んでいる人々に優先するようなことは決してありません。主は、号令と、御使いのかしらの声と、神のラッパの響きのうちに、ご自身天から下って来られます。それからキリストにある死者が、まず初めによみがえり、次に、生き残っている私たちが、たちまち彼らといっしょに雲の中に一挙に引き上げられ、空中で主と会うのです。このようにして、私たちは、いつまでも主とともにいることになります。（Ⅰテサロニケ4・15〜17）

イエスが次のように言われたとおりです。

「わたしは、よみがえりです。いのちです。わたしを信じる者は、死んでも生きるのです。また、生きていてわたしを信じる者は、決して死ぬことがありません。」（ヨハネ11・25〜26）

また私は、イエスのあかしと神のことばとのゆえに首をはねられた人たちのたましいと、獣やその像を拝まず、その額や手に獣の刻印を押されなかった人たちを見た。彼らは生き返って、キリストとともに、千年の間王となった。そのほかの死者は、千年の終わるまでは、生き返らなかった。これが第一の復活である。この第一の復活にあずかる者は幸いな者、聖なる者である。この人々に対しては、第二の死は、なんの力も持っていない。（黙示録20・4～6）

b　霊のからだ

救いが完成する新天新地を描写しているヨハネの黙示録21～22章では、創世記2章のエデンの園との対応が見られます。そして、そこにある川、そして園の中央にあるいのちの木のイメージを用いつつ、そこに住む者たちには神のいのちが豊かに、無代価で与えられるさまが描かれています。

また言われた。「事は成就した。わたしはアルファであり、オメガである。最初であり、最後である。わたしは、渇く者には、いのちの水の泉から、価なしに飲ませる。」（21・6）

御使いはまた、私に水晶のように光るいのちの水の川を見せた。それは神と小羊との御座から出て、都の大通りの中央を流れていた。川の両岸には、いのちの木があって、十二種の実がなり、毎月、実ができた。また、その木の葉は諸国の民をいやした。（22・1～2）

そこにおいて私たちは、「霊のからだ（ギソーマ・プニューマティコン）」によみがえらされます。「霊のからだ」とは、肉体のない亡霊のようなものではなく、創世記2章7節で「神である主は土地のちりで人を形造り、その鼻にいのちの息を吹き込まれた」と述べられていた、神の息・霊を宿している

（《神のかたち》性を完成された）からだ（人間）として復活するということです。コリント人への手紙第一15章で、「（御）霊のからだ」は、「血肉のからだ（[ギ]ソーマ・プシュキコン）」に対して語られています。そのあとの創世記2章7節からの引用文では、「生きもの（[ヘ]レネフェシュ・ハヤー）」のギリシア語訳として「生きた者（[ギ]プシュケーン・ゾーサン）」と書かれていますが、「血肉のからだ」には「[ギ]プシュケー」が使われていても「（神のいのちに）生きた」を表す「[ギ]ゾーサン」がありません。ここではアダムが土から造られた者であること、そしてアダムが神の霊のいのちにおいては死んでいることが強調されていると考えられます。

ともかく、ここで「（御）霊のからだ」は「天上のかたち」とも言い換えられています。

「死者は、どのようにしてよみがえるのか。どのようなからだで来るのか。」愚かな人だ。あなたの蒔く物は、死ななければ、生かされません。……死者の復活もこれと同じです。朽ちるもので蒔かれ、朽ちないものによみがえらされ、卑しいもので蒔かれ、栄光あるものによみがえらされ、弱いもので蒔かれ、強いものによみがえらされ、血肉のからだで蒔かれ、御霊に属するからだによみがえらされるのです。血肉のからだがあるのですから、御霊のからだもあるのです。聖書に「最初の人アダムは生きた者となった」と書いてありますが、最後のアダムは、生かす御霊となりました。最初にあったのは血肉のものであり、御霊のものではありません。御霊のものはあとに来るのです。……土で造られた者はみな、この土で造られた者に似ており、天からの者はみな、この天から出た者に似ているのです。私たちは土で造られた者のかたち（[ギ]テーン・エイコーナ・トゥ・コイクー）

を持っていたように、天上のかたち（ギテーン・エイコーナ・トゥ・エプーラニウー）をも持つのです。（15・35～49）

ちょうど、それは復活のキリストと同じようだと言われます。そして、それは回復された《神のかたち》が完成されることでもあります。

C　「贖い」の課題的側面と完成

目的概念である「贖い」と「召し」もまた、所与でありつつ、終末論的約束でもあります。それゆえ、ここでも「すでに」と「まだ」の緊張関係の中での課題を負ったキリスト者の生き方が語られるのは当然です。「贖い」は「解放」ですから、「自由な生活」となるはずです。一方、「召し」は神からの委託、使命を果たすためのものですから、「仕える生活」になるはずです。実際、聖書はそのように語っています。「自由でありつつ仕える生活」とは、どのようなものなのでしょうか。

1　贖われ、召された者の課題

a　「召された者」として自由を生きる

ガラテヤ人への手紙3章13節と4章5～7節で「贖い出す」と訳されているもうひとつの語「ギエクサゴラゾー」は、エペソ人への手紙5章16節とコロサイ人への手紙4章5節においては「機会（時）を十分に生かして用いなさい」（ギリシア語では分詞形）と訳されています。元々は「（身代金を払って）買い出す」、そして聖書の中で多くの場合「解放する」を意味している言葉が「時を十分に利用する」という意味でも使われているのですが、ここにおいても「贖い出す」とは一度解放されるだけでなく、それによって与えられた「自由（機会）を生かして用いる」、すなわち、その後の人生を召命に応えて生きる意味のあることが分かります。そしてそれは、神と人とに仕える者となることなのです。

あなたがたは、代価を払って買い取られたのです（ギエーゴラッセーテ）。ですから自分のからだをもって、神の栄光を現しなさい。（Ⅰコリント6・20）

召されたあなたがたは、その召しにふさわしく歩みなさい。（エペソ4・1）

兄弟たち。あなたがたは、自由を与えられるために召されたのです。ただ、その自由を肉の働く機会としないで、愛をもって互いに仕えなさい。（ガラテヤ5・13）

パウロは、律法の奴隷であったところからキリストによって自由とされたキリスト者は、すべての人のしもべとなられたキリストによって自由とされたのだから、しもべ、すなわち仕える者となるようにと勧めています。ですからその自由とは、束縛されている環境からの自由・解放ではありません。環境が変わらなくても内側から変えられて、神とキリストに仕えるようにこの世の主人に仕える者とされる、そのような自由への召しなのです。

❖召されたときの状態にとどまって

コリントの教会においてキリスト者になった者たちの中には、結婚関係や主人と奴隷の関係など、束縛されてきた社会的関係を解消すべきだと考える人たちがいたようです。この問題に対してパウロはコリント人への手紙第一7章で答えましたが、その一部にはこうあります。

おのおの自分が召されたときの状態にとどまっていなさい。奴隷の状態で召されたのなら、それを気にしてはいけません。しかし、もし自由の身になれるなら、むしろ自由になりなさい（自由の身になることができるとしても、むしろそのままでいなさい＝新共同訳）。奴隷も、主にあって召された者は、主に属する自由人であり、同じように、自由人も、召された者はキリストに属する奴隷だからです。あなたがたは、代価をもって買われたのです。人間の奴隷となってはいけません。兄弟たち。おのおの召されたときのままの状態で、神の前にいなさい。（7・20〜24）

すなわち、自由にされたキリスト者は確かにすべての束縛から自由にされてはいますが、この世にあっては、できるだけ今置かれている状態のままにとどまりながら、とはいえ環境に支配され束縛されるのではなく、かえってキリストのしもべとして、キリストに仕えるようにすべての人に仕える生き方をすること、さらには、今置かれた状態を生かしてキリストの真の自由と平和を証しすることが求められており、聖霊によってそれが可能であることをパウロは示唆しているのです。

私はだれに対しても自由ですが、より多くの人を獲得するために、すべての人の奴隷となりました。ユダヤ人にはユダヤ人のようになりました。……すべての人に、すべてのものとなりました。それは、何とかして、幾人かでも救うためです。私はすべてのことを、福音のために（福音によって）しています。それは、私も福音の恵みをともに受ける者（福音の恵みにともにあずかる者）とな

るためなのです。（Iコリント9・19〜23。ローマ15・15〜17も参照）

ペテロもこう言います。

あなたがたは自由人として行動しなさい。その自由を悪の口実に用いないで、神の奴隷として用いなさい。（Iペテロ2・16）

❖自由奔放と自由自在

多くの人は、今すでに自由であるから、キリストによる自由を必要とはしないと考えています。その場合の自由とは、自分が欲することを何でもできるということでしょう。しかしそれは、聖書が語るキリストにある自由とは次元も意味も違うものです。

野球のことを考えてみましょう。だれでも野球のボールをどこに向かって投げるかの自由は持っています。その意味では、ピッチャーはボールを自由にどこにでも向かって投げることができます。しかし、それとは違う自由があることを私たちは知っています。それは、投球の練習を重ねて一流のピッチャーになったときに達する、キャッチャーがアウトコース低めにミットを構えれば、そこにピタリと直球を投げ込み、インコース高めにシュートを要求されれば、またそのとおりに投げることができるような自由です。それは野球のルールに則って（束縛されているのではありません）練習によって得た技術とコントロールを駆使できる自由、いわば「自由自在」の投球です。それに対して、子どもや未熟なピッチャーの持っているような自由は「自由奔放」とでも言えるでしょうか。

ちょうどそれと同じように、普通の人には欲望のままに（罪に支配されて）生きる「自由奔放」はありますが、ほんとうの人間らしい生き方（神が人間に与えたルールに則った生き方）を喜んで生きる崇高な「自由自在」はありません。キリストが人に自由を与えてくださるとは、神が《神のかたち》として造ってくださった人としての真の生き方を知らされるばかりか、それに則って生きることができるようにしてくださること、肉の欲望から解放されて霊の法則を喜び、それが身についた生き方をすることができるようにまでしてくださることです。ここでも命令形で語られていることは、聖霊によってそのような生き方ができる、という約束でもあるのです。

「あなたがたはわたしを先生とも主とも呼んでいます。あなたがたがそう言うのはよい。わたしはそのような者だからです。それで、主であり師であるこのわたしが、あなたがたの足を洗ったのですから、あなたがたもまた互いに足を洗い合うべきです。わたしがあなたがたにしたとおりに、あなたがたもするように、わたしはあなたがたに模範を示したのです。」（ヨハネ13・13～15）

「わたしがあなたがたを愛したように、あなたがたも互いに愛し合うこと、これがわたしの戒めです。人がその友のためにいのちを捨てるという、これよりも大きな愛はだれも持っていません。わたしがあなたがたに命じることをあなたがたが行うなら、あなたがたはわたしの友です。わたしはもはや、あなたがたをしもべとは呼びません。しもべは主人のすることを知らないからです。わたしはあなたがたを友と呼びました。なぜなら父から聞いたことをみな、あなたがたに知らせたからです。」（同15・12～15）

b　大いなる委託――「自分の十字架を負う」献身の生活

主に召された神の民である教会に、主は使命（Mission＝宣教の任務）を与えました。それが一般的に大宣教命令と言われている〝大いなる委託（Great Commission）〟です。それは四福音書にそれぞれ記されていますが、マタイの福音書28章18～20節が最も包括的です（マルコ16・15、ルカ24・46～49と使徒1・8、ヨハネ20・21、17・18をも参照）。

「わたしは天においても、地においても、いっさいの権威が与えられています。それゆえ、あなたがたは行って、あらゆる国の人々を弟子としなさい。そして、父、子、聖霊の御名によってバプテスマを授け、また、わたしがあなたがたに命じておいたすべてのことを守るように、彼らを教えなさい。見よ。わたしは、世の終わりまで、いつも、あなたがたとともにいます。」

イエスはまた、弟子たちにこう言われていました。

「わたしがこの世のものでないように、彼らもこの世のものではありません。……あなたがわたしを世に遣わされたように、わたしも彼らを世に遣わしました。」（ヨハネ17・16～18）

「だれでもわたしについて来たいと思うなら、自分を捨て、自分の十字架を負い、そしてわたしについて来なさい。……人の子は父の栄光を帯びて、御使いたちとともに、やがて来ようとしているのです。その時には、おのおのその行い（ギプラクシス＝働き、実践）に応じて報いをします。」（マタイ16・24～27。マルコ8・34～38、ルカ9・23～26も参照）

これは、〝大いなる委託〟の個人版といえるでしょう。ともかく、主が弟子たち、すなわち教会に使命を委託されたということは、人が神によって《神のかたち》に創造されたとき、人は神から託された使命を果たすべく生きるようにされていた本来の生き方と符合しています。

❖「十字架を負う」は「使命を負う」こと

ついでに、このマタイの福音書にある「十字架（ギスタウロス）を負う」の理解について、述べておきたいと思います。日本においてキリスト者ならずとも、人生の苦しみ、心身の病気や障害、または不条理に負わされた苦難などを「十字架」と表現する人が多くいます。しかし、この聖句に起源のある「十字架を負う」というときの「十字架」は、必ずしも不条理や苦難を意味していません。むしろ「神から託された使命」のことと理解すべきです。イエスは、キリストとしての使命を果たすために十字架の道を歩まれました。その主イエスが、私たちを彼の弟子として招くときに、それぞれ「自分の十字架を負い、そしてわたしについてきなさい」と言われたのは、私たちがキリストに従うときには自分自身のために生きることを捨てて、それぞれに神から与えられている使命を負うように、ということでした。確かにそこには苦しみが生じますが、その苦しみはおもに「自分を捨てること」、すなわち自分の内なる願望を握りしめて自己実現を図ろうとする人生を捨てることの苦しみです。ところが、多くの人は「十字架を負う苦しみ」を「自分の外から不条理な苦難を負わされることによる苦しみ」という意味に間違って使っています。そしてその代わりに、「使命を負う」と言いたいときに「重荷を負う」と言っているのをよく耳にします。たとえば、「わたしは、どこどこの国への宣教師となる重荷が与えられました」とか、「学校に行けない子どもたちを助け、福音によって立ち上がらせるのが私の主から与えられた重荷です」という具合です。これは、互いの意味を入れ替えて使っていると言えます。

聖書の中で「重荷を負う」が出てくる箇所としては、何よりも次のイエスのことばが有名です。

「すべて、疲れた人、重荷を負っている人（ギホイ・ペフォルティスメノイ）は、わたしのところに来なさい。わたしがあなたがたを休ませてあげます。」（マタイ11・28）

この「重荷を負っている人」の重荷とは、直接的にはおそらく、律法を守る生活に感じているユダヤ人の重荷（マタイ23・1～4参照）でしょうが、「すべて」という言葉を通して、罪人としての人生から来る生活の苦しみ・悩みのことと理解してよいでしょう。イエスはそのようなすべての人を休みへと招いていてくださるのです。旧約でも「あなたの重荷を主にゆだねよ。主は、あなたのことを心配してくださる」（詩篇55・22。Ⅰペテロ5・7参照）とあります。また、パウロがキリスト者に勧めている言葉に「互いの重荷を負い合い（ギタ・バレー・バスターゼテ）、そのようにしてキリストの律法を全うしなさい」（ガラテヤ6・2）とありますが、ここでの「重荷」は重圧とか圧力を表す言葉であり、人生の耐えられないような悲しみや苦しみであることがよく分かります（織田昭『ガラテヤ書の福音』、教友社、一九四頁参照）。そうすると、「重荷」を「使命」の意味で使うことは非聖書的であると言えましょう。

このように、聖書に出てくる言葉を、日常生活において聖書と違う意味に使うことは、信仰生活に弊害をもたらします。なぜなら、日常生活での言葉遣いと意味を逆に聖書に持ち込んでしまう危険が生じるとともに、聖書の豊かなメッセージの積極的側面を曇らせてしまう可能性があるからです。気をつけたいものです。

❖神の栄光のために献身して生きる

主に召された者はまた、「献身の生活」をするようにとも語られています。

そういうわけですから、兄弟たち。私は神のあわれみのゆえに、あなたがたにお願いします。あなたがたのからだを神に受け入れられる、聖い、生きた供え物としてささげなさい。それこそ、あなたがたの霊的な礼拝です。この世と調子を合わせてはいけません。いや、むしろ、神のみこころは何か、すなわち、何がよいことで、神に受け入れられ、完全であるのかをわきまえ知るために、心の一新によって自分を変え（変えていただき＝新共同訳）なさい。（ローマ12・1～2）

あなたがたのからだは、あなたがたのうちに住まれる、神から受けた聖霊の宮であり、あなたがたは、もはや自分自身のものではないことを、知らないのですか。あなたがたは、代価を払って買い取られたのです。ですから自分のからだをもって、神の栄光を現しなさい。（Ⅰコリント6・19～20）

キリストを恐れ尊んで、互いに従いなさい。（エペソ5・21）

私がキリストを見ならっているように、あなたがたも私を見ならってください。（Ⅰコリント11・1）

また、ご承知のとおり、私たちは父がその子どもに対してするように、あなたがたひとりひとりに、ご自身の御国と栄光とに召してくださる神にふさわしく歩むように勧めをし、慰めを与え、おごそかに命じました。（Ⅰテサロニケ2・11～12）

このような「自分を捨て、自分の十字架を負ってついていく」献身と訓練の生活を、何か禁欲的かつ自己犠牲的で苦しく、喜びとは縁遠いものと想像するなら、それは人が置かれた状況や動機の変化を考慮していないことから来る誤解です。考えてみてください。もしある日、ワールドカップに出場することを夢見つつも、激しい競争にさらされている一人のサッカー好き少年のところに、全日本代表チームの監督が訪れて、「君を八年後のワールドカップのメンバーにする。これは約束だ！」と言ったとしたら、どうでしょう。その少年はその日からどのような日々を過ごすでしょうか。その少年は飛び上がって喜び、「しめた。八年後の日本代表チームに入れる確約を得たのだから、明日からはのんびりやろう。練習はほどほどにして、今までがまんしていたスマホ・ゲームもこれからは楽しもう」と言うでしょうか。おそらく、そのようにはならずに、「憧れていたワールドカップに出場できるなんて、夢のようだ。こんな自分に声をかけてくれた監督のためにも、ワールドカップで活躍できるような選手にならなければ。今の自分の力は到底そのようなレベルではない。もっともっと、必死に練習するぞ」と自発的かつ献身的に練習し、それが毎日の喜びと充実につながるのではないでしょうか。そして、ほかの多くの人が楽しんでいることを抑制するのは、彼にとってもっと大切なこと、もっと集中したいことがあるからにほかなりません。ちょうどそのように、キリスト者に与えられた素晴らしい約束と希望には、今の生き方を変える力があるのです（Ｉコリント9・23～27参照）。

c　うめきながら、待ち望んで生きる

「贖い」が人間だけではなく、被造物全体に関わっていることは前述しました。そして聖書によると、その「贖い」は将来の完成を約束されていますが、この世の現実においては人間ひとりひとりだけでなく、教会という共同体や社会においても、さらには被造世界全体においても、問題がなくなることはありません。むしろ、文明の発達に伴って、それぞれにおける問題は深刻かつ複雑にさえなっていると感じられます。それでも、私たちキリスト者はキリストによって与えられた「贖いの完成」を信じることができ、その時をひたすら待ち望んでいます。そのような私たちの生き方を、パウロは「うめきながら生きる」と表現しています。

今の時のいろいろの苦しみは、将来私たちに啓示されようとしている栄光に比べれば、取るに足りないものと私は考えます。被造物も、切実な思いで神の子どもたちの現れを待ち望んでいるのです。それは、被造物が虚無に服したのが自分の意志ではなく、服従させた方によるのであって、望みがあるからです。被造物自体も、滅びの束縛から解放され、神の子どもたちの栄光の自由の中に入れられます。私たちは、被造物全体が今に至るまで、ともにうめきともに産みの苦しみをしていることを知っています。それればかりでなく、御霊の初穂をいただいている私たち自身も、心の中でうめきながら、子にしていただくこと、すなわち、私たちのからだの贖われることを待ち望んでいます。（ローマ8・18〜23）

❖力を尽くし、耐え忍んで生きる

また、こうも言われています。

「人間が何者だというので、これをみこころに留められるのでしょう。人の子が何者だというので、これを顧みられるのでしょう。あなたは、彼を、御使いよりも、しばらくの間、低いものとし、彼に栄光と誉れの冠を与え、万物をその足の下に従わせられました。」万物を彼に従わせたとき、神は、彼に従わないものを何一つ残されなかったのです。それなのに、今でもなお、私たちはすべてのものが人間に従わせられているのを見てはいません。ただ、御使いよりも、しばらくの間、低くされた方であるイエスのことは見ています。イエスは、死の苦しみのゆえに、栄光と誉れの冠をお受けになりました。その死は、神の恵みによって、すべての人のために味わわれたものです。神が多くの子たちを栄光に導くのに、彼らの救いの創始者を、多くの苦しみを通して全うされたということは、万物の存在の目的であり、また原因でもある方として、ふさわしいことであったのです。……ですから、私たちは、この安息に入るよう力を尽くして努め、あの不従順の例にならって落後する者が、ひとりもいないようにしようではありませんか。（ヘブル２・６～４・11）

私は、福音のために、苦しみを受け、犯罪者のようにつながれています。しかし、神のことばは、つながれてはいません。ですから、私は選ばれた人たちのために、すべてのことを耐え忍びます。それは、彼らもまたキリスト・イエスにある救いと、それとともに、とこしえの栄光を受けるようになるためです。次のことばは信頼すべきことばです。「もし私たちが、彼とともに死んだのなら、彼とともに生きるようになる。もし耐え忍んでいるなら、彼とともに治めるようになる。もし彼を否んだなら、彼もまた私たちを否まれる。」（Ⅱテモテ2・9〜12）

d　「良いわざ（働き）」に励むことと「報い」

最後に、上述のみことばの中にもある信仰生活における「行い」と「報い」についても考えておきましょう。なぜなら、多くの人がはっきりとは理解できていないことだからです。新約聖書で百六十九回出てくる「ギエルゴン」は、「ギプラグマ」（新約で十一回）、「ギプラクシス」（新約で六回）と同様に「行い」と訳されることが多く、それに基づく「さばき」や「報い」が「行いに応じて／わざに従って」なされるとの言葉がある一方で（ローマ2・6〜11、Ⅰコリント3・13〜15、Ⅱコリント5・10、Ⅰペテロ1・17、黙示録2・23、20・12など）、人は「神の恵みの選びとキリストの信実に基づき信仰によって」のみ義とされる（救われる）と、パウロはたびたび強調しています（ローマ9・11、31〜32、11・6）。そこには矛盾、対立があると考える人もいるのではないでしょうか。そのことをどのように理解したらよいか、三つの考察を述べたいと思います。

❖「行い（律法の実行）」でなく「信仰」によって

まず、パウロにおける「行い」と「信仰」の対立は、「目に見える行い（素行や業績）」か「心における信仰（口での告白）」かというような対立ではありません。それは、古い「自分の力で義を得ようと律法を守り行うこと」と新しい「キリストの信実によって神から与えられる義を受け取ること」との対立なのです（ローマ3・20、27〜28、ガラテヤ2・15〜16、エペソ2・9）。

パウロはアレクサンドリア系のユダヤ教の創造神学から「恵み―業」の対立概念を受け取ったが、彼はその〈業〉と恵みとをそれぞれ異なる［時代］に帰属させる（ローマ3・20、21、24）。革新的なのは、義認との関連における「信仰と〈業〉」の区別である。初期キリスト教の定式では新しい救済手段の人間による受容は「[ギ]ピスティス［信仰］」と「[ギ]クリストス［キリスト］」によって表現されており、また恵みと業とは伝統的に対立をなしている。……その際問題になっているのは信仰と業そのものの対立ではなく、新しい救済手段が古い救済手段にとって代わったことなのである。
（『ギリシア語新約聖書釈義事典Ⅱ』、「エルゴン」の項、八三頁）

❖「信仰」の実である「行い（ふるまい・生活態度）」

次に、道徳的な「行い」についてです。この場合も、ギリシア語では「アナストロフェー（行状・ふるまい・生活態度）」とともに「エルゴン」で語られているところが多いのですが、ここでの日本語は、この範疇のものとして「行い」を「ふるまい・行動・生活態度」などと置き換えると、より意味がはっきりすると思われます。その代表的な箇所として、ヨハネの福音書3章19〜21節の「行い」、テトスへの手紙2章7節、3章1、8節の「わざ」があります。

前述したマタイの福音書25章の「羊と山羊」の話にあるように、そのような「行い」は、キリストを信じて御霊をいただいた者に対して、「御霊の実」である愛が身に着いているかどうかを問うているものです。ですから、「行いによるさばき」はあくまで、「御霊のいのち」すなわち「新しいいのち」があるかどうかを「日常のふるまい・生活態度」によって判断するさばきであると考えることができます（ローマ2・6～8、13・3、Ⅱコリント5・10、Ⅰペテロ1・14～17、2・11～12。コロサイ1・10も参照）。一方、非キリスト者の「肉の行い」や「邪悪な行い」は、キリストによる救いの恵みの内にいない生活を意味しているのであって、「御霊のいのちがないこと」の表現であると考えられます（ヨハネ3・19～21、ガラテヤ5・19～21、エペソ5・11、コロサイ1・21）。

ヤコブの手紙は、パウロと対立して、信仰よりも行いを重要視していると誤解されることもありますが、その2章14～26節も、信仰と行い（ふるまい・生活態度）は一致すること、信仰が死んだものではないことが証明されるのは行い（ふるまい・生活態度）によってであることを語っているのですから、パウロと矛盾するものではありません。

また、有名な山上の説教の最後の部分（マタイ7・21～27）では、一方で「主よ、主よ」と言いながら行い（ふるまい）の伴わない者を退け、他方で「あなたの名によって預言をし、悪霊を追い出し、奇跡をたくさん行った」と、次項で述べる行い（わざ・働き）を誇る者を「知らない」と突き放しています。そこでも「わたしのこれらのことばを聞いてそれを行う者（みことばがふるまいとして身に着いた者）」こそが賢い者として評価されていることを、明快に理解できるようになると思われます（ルカ6・46～49も参照）。

❖「良いわざ（働き）」に励む

もうひとつ考察すべきは、「[ギ]エルゴン」を新改訳で「行い」と訳さずに「わざ」とか「働き」と訳している、多くの場合のことです。「与えられた神の恵みによって、私は賢い建築家のように、土台を据えました。……もし、だれかがこの土台の上に、金、銀、宝石、木、草、わらなどで建てるなら、各人の働きは明瞭になります。その日がそれを明らかにするのです。というのは、その日は、火とともに現れ、この火がその力で各人の働きの真価をためすからです」（Ⅰコリント3・10〜13）がその代表で、その「働き」は、「地上生活での賜物を用いての働き（営み・奉仕）」のこと、すなわち「目的概念における救済論的課題」が第一義的に言われていると理解することができるものです。

　ほかにも、マタイの福音書5章13〜16節の「あなたがたは、地の塩です。……あなたがたは、世界の光です。……このように、あなたがたの光を人々の前で輝かせ、人々があなたがたの良い行い（ギエルガ、Literal English Translation は works）を見て、天におられるあなたがたの父をあがめるようにしなさい」や、同16章24〜27節の「だれでもわたしについて来たいと思うなら、自分を捨て、自分の十字架を負い、そしてわたしについて来なさい。……人の子は父の栄光を帯びて、御使いたちとともに、やがて来ようとしているのです。その時には、おのおのその行いに応じて（ギカタ・テーン・プラクシン・アウトゥー）報いをします」も、「働き・わざ」と訳すことができるでしょう。さらには、コリント人への手紙第一9章1節の「働き」、エペソ人への手紙2章10節の「良い行い（新共同訳は「善い業」、NIVは good works）」、テモテへの手紙第一2章10節の「良い行い（新共同訳は「善い業」）」、テモテへの手紙第二2章21節の「良いわざ」、3章17節の「良い働き」、ペテロの手紙第二3章10節「地のいろいろなわざ」、ヨハネの黙示録2章19節の「行い（Literal English Translation は good works）」、22章12節の「わざ」などをご覧ください。

そこでは、忠実であることが求められるのですが、コリント人への手紙第一4章1～5節には次のように書いてあります。

> こういうわけで、私たちを、キリストのしもべ、また神の奥義の管理者だと考えなさい。この場合、管理者には、忠実であることが要求されます。……ですから、あなたがたは、主が来られるまでは、何についても、先走ったさばきをしてはいけません。主は、やみの中に隠れた事も明るみに出し、心の中のはかりごとも明らかにされます。そのとき、神から各人に対する称賛が届くのです。

最後の日になされる主のさばき（判定・評価）は、私たちの地上の人生においてなした他人には知られない奉仕のわざ、そして結果を見ることができない中での願い、祈りや働きをすべて明らかに見せ、その忠実な働きを称賛してくださるとあるのですから、「働きのさばきの結果、与えられる報い」は刑罰ではなく、むしろ「報酬、称賛（[ギ]ミソス）」であることを覚えるべきでしょう（Ⅰコリント3・8、14）。タラントのたとえ話の中で、忠実に商売をしたしもべに向かって主人が語った称賛の言葉、「よくやった。良い忠実なしもべだ。あなたは、わずかな物に忠実だったから、私はあなたにたくさんの物を任せよう。主人の喜びをともに喜んでくれ」も、そのことをよく表しています（マタイ25・21、23。Ⅱテモテ4・14、黙示録22・12も参照）。

一方、特にパウロ書簡で出てくる、悪い行いに対して与えられる「報い＝新改訳」（ローマ12・19、コロサイ3・24～25、Ⅱテサロニケ1・6など）は、「報酬（[ギ]ミソス）」ではなく、ほとんどは「報復・お返し（ギアンタポドマ）」であって、ここことは異なる意味ですから、混同しないことが大切です。

このように、キリスト者の「わざ」とは、神の国の相続を約束されている者として、この地上にある人生を用いて主の栄光を現すために生きる「働き」をおもに指していると考えられます。それは、目的概念に属する用語であり、神の選びの民である教会の一員として奉仕をすることです。そして、その奉仕は人の評価を得るためでなく、ただ主の最後的評価を期待するものであり、一人ひとりに与えられた使命に忠実に生きることが大切なのです。


❖「主ご自身のみわざ」にあふれていなさい

ついでに、コリント人への手紙第一15章58節「ですから、私の愛する兄弟たちよ。堅く立って、動かされることなく、いつも主のわざに励みなさい。あなたがたは自分たちの労苦が、主にあってむだでないことを知っているのですから」をどのように読むか、述べておくほうがよいでしょう。というのは、私はこれまで、この「主のわざ」を「主が私たちに命じた奉仕・伝道のわざ」と読んで、ここをキリスト者が奉仕に励むよう語っている典型的なみことばだと考えていましたが、最近、違うように読む可能性があると思い始めたからです。

まず、「主のわざに（ギエン・トー・エルゴー・トゥ・クリウー）」ですが、以前、「（ギディア・ピステオース・クリストゥ」を「キリストを信じる信仰によって」ではなく「キリストの信実によって」と主格的属格として読んだように、ここも、主格的属格と読むべきではないかと思われます。すると「主がなさるわざ」は、文脈から考えると、主が復活をもって死を滅ぼし、私たちを復活のいのちで生かすわざということになります（16・10には「彼も、主のみわざに［ギ］ト・エルゴン・クリウー］励んでいるからです」がありますが、励む［ギ］エルガゼタイ］の対格ですので、ここは「主から命じられた、私たちの奉仕と伝道のわざ」という意味でしょう）。すると、「わざ」に「み」をつけるなら、15章58節のほうがふさわしいことになります。

さらに、新改訳と新共同訳で「励みなさい」と他動詞的に訳されている言葉はかなりの意訳であり、実際は、ほかの多くで「あふれる・あり余る・豊かになる・増し加わる」と自動詞的に訳されている［ギ］ペリシューオー］の分詞形です。パウロ書簡においては、その主語として「神の真理」（ローマ3・7）、「神の恵み」（同5・15）、「キリストの苦難」「慰め」（Ⅱコリント1・5）、「あなたがたの愛」（ピリピ1・9）、「あなたがたの誇り」（同1・26）などが来ています。

そうするとここは「いつも主のみわざにあふれていなさい」と訳すことができ、その意味は、私たちに「よきわざに励みなさい」と言っているのではなく、コリント教会のある人たちが「復活などない」と言ってふらふらしているのに対して、「堅く復活信仰に立って、その主のわざによって与えられたいのちと確信に満ちあふれていなさい。主に結ばれているならば、地上の歩みにおける私たちの労苦が決してむなしくはならないことを知っているのですから」と励ましてくれているのだと理解できます。（『ギリシア語新約聖書釈義事典Ⅲ』、「ペリシューオー」の項／織田昭『聖書の福音』、教友社、二四五〜二四九頁／岩波訳新約聖書を参照）。

2　約束されている救いの完成――「贖い」「相続」「統治」

a　贖いの完成と神の国の相続

キリスト者が所与として受けた「贖い」（エペソ1・7）は、単に「いったん買い取られて解放される（自由にされる）」ことで終わるものではなく、終わりの日において「（完全に）子としていただき、からだが贖われる」という完成された姿で現れます（ローマ8・23）。ここでの「からだの贖い」とは、前述した実体概念による救いの完成では「霊のからだとしての復活」として述べられたことですが、ここでは、私たちのからだ、すなわち存在と生き方すべてを束縛していた罪の影響（傾向・力）からまったく解放され、全身全霊をもって神の栄光のために生きるようになることを意味しています。すなわち、《神のかたち》の目的論的側面の完成です（ローマ8・21。『ギリシア語新約聖書釈義事典I』、「アポルトローシス」の項、一七五頁参照）。

また、それは「神の国の相続」とも言われます。その思想の歴史を概観してみると、旧約聖書においては、まずイスラエルがしばしばヤハウェの「所有の民（七十人訳＝ギクレーロス）」と呼ばれています。

主はあなたがたを取って、鉄の炉エジプトから連れ出し、今日のように、自分の所有の民とされた。（申命4・20。9・29、またI列王8・51、その他参照）

神がアブラハムとその子孫に与えられたカナンの地が、七十人訳では、しばしばイスラエルの「永遠の所有（地）ギクレーロノミア」と呼ばれていますが（創世17・8。「相続地」詩篇105・11、78・55も参照）、また同様にイスラエル自身も、ヤハウェの「ゆずりの地の部族」と呼ばれています（出エジプト15・16、詩篇74・2、イザヤ63・17、エレミヤ10・16）。このような言葉を見ると、イエスがマルコの福音書12章7節でイスラエルを「財産（ギクレーロノミア）」と呼び、彼自身がその「あと取り（ギクレーロノモス）」であるとしていることは非常に重要だと言えます。

それが新約聖書においては、キリスト者が神の子らとされ、キリストの「共同相続人（ギシュンクレーロノモイ）」とされたことにより相続することになっている「クレーロノミア（財産）」とは、「神の国」「永遠のいのち」であると明言されます（マタイ19・29、25・34、マルコ10・17、Ⅰコリント6・9以下、15・50、ガラテヤ5・21、エペソ5・5、ヤコブ2・5。またⅠペテロ3・9、黙示録21・7参照）。このように、キリスト者の相続は、終末において完成される神の国です（A・リチャードソン『新約聖書神学概論』、日本基督教団出版局、四四八～四四九頁参照）。

b　キリストとともなる統治

「統治」に関しては、やがて地に神の国の完成をもたらす天を垣間見たヨハネがこう語っています。

「私たちの神のために、この人々を王国（王＝新共同訳）とし、祭司とされました。彼らは地上を治める（統治します＝新共同訳ギバシリュースーシン）のです。」（黙示録5・10）

さらに、こうも語られています。

また私は、多くの座を見た。彼らはその上にすわった。そしてさばきを行う権威が彼らに与えられた。また私は、イエスのあかしと神のことばとのゆえに首をはねられた人たちのたましいと、獣やその像を拝まず、その額や手に獣の刻印を押されなかった人たちを見た。彼らは生き返って、キリストともに、千年の間王となった（統治した＝新共同訳ギエバシリュースサン）。（同20・4）

（そこには）もはや夜がない。神である主が彼らを照らされるので、彼らにはともしびの光も太陽の光もいらない。彼らは永遠に王である（統治する＝新共同訳ギバシリュースーシン）。（同22・5）

それは、創世記1～2章において、人が《神のかたち》として創造されたときの、「神は仰せられた。『さあ人を造ろう。われわれのかたちとして、われわれに似せて。彼らが、海の魚、空の鳥、家畜、地のすべてのもの、地をはうすべてのものを支配するように』」（1・26）の成就、実現と見ることができます。

彼らは、新しい歌を歌って言った。「あなたは、巻き物を受け取って、その封印を解くのにふさわしい方です。あなたは、ほふられて、その血により、あらゆる部族、国語、民族、国民の中から、神のために人々を贖い、私たちの神のために、この人々を王国（王＝新共同訳）とし、祭司とされました。彼らは地上を治めるのです。」（黙示録5・9～10）

それから終わりが来ます。そのとき、キリストはあらゆる支配と、あらゆる権威、権力を滅ぼし、国を父なる神にお渡しになります。キリストの支配は、すべての敵をその足の下に置くまで、と定められているからです。（Ⅰコリント15・24～25）

D　「最後のさばき」とは

この場合、神による「最後のさばき」が問題になります。キリストの約束が実現して神の国が完成するとき、そこに入り、祝福を得る者がいるとともに、そこから締め出されて滅びる者がいることは否定できません。私たちの理解によくある、いくつかの問題がそこにはあります。

ひとつは、すでに記述したことですが、その「最後のさばき」を刑法法廷的なイメージによってにとらえ、絶対的な審判官である神がすべての人をひとりひとり審判すると考えることです。そして、それに付随して、「救い」を「神による最後のさばき」によって振り分けられる一方の結果として受け取り、もう片方を「神による刑罰」と考えることです。

❖「さばき」とは「分けること」

しかし、新約聖書において百十四回出てくる「さばく[ギ]クリノー」という語は、通常の日本語と同じように「分ける、判定する」ということであり、刑法法廷のように神によって「有罪として罰する」ことはほとんど意味しません（『ギリシア語新約聖書釈義事典Ⅱ』の「クリノー」の項、三七七頁以下参照）。

日本語においても事情は似ています。「さばく」は「捌く」が基本的で、からまったりくっついたりしているものを解き分けることを意味します。相撲で「さがりをさばく」と言ったり、料理において「魚をさばく」などと言ったりするようにです。それが「理非を判断する」場合には、「裁く」という表記をすることが多いようです。

そのうえ聖書的にはむしろ、「神によるさばき」イコール「救い」と考えられるのです。なぜなら、私たちがこの世において苦しんでいる多くのことは、善と悪、正と不正、生と死、霊と肉、そして神のわざと悪魔のわざが混然としていることが多く、それらを明確に見分けて、良いほうを選び分けることが簡単にはできないからです。

　今の時のいろいろの苦しみは、将来私たちに啓示されようとしている栄光に比べれば、取るに足りないものと私は考えます。……私たちは、被造物全体が今に至るまで、ともにうめきともに産みの苦しみをしていることを知っています。そればかりでなく、御霊の初穂をいただいている私たち自身も、心の中でうめきながら、子にしていただくこと、すなわち、私たちのからだの贖われることを待ち望んでいます。（ローマ8・18～23）

ここでの「うめき」は、その悩み・苦しみを意味していると言えます。

それに対して、神が神の国を完成するために「最後のさばき」を行うことの第一義は、この世から悪と不正と死と肉、そして悪魔を滅ぼし、神の支配（国）を確立することです（マタイ3・11～12参照）。すなわち、神による最後の決定的なさばきがそのまま救いなのです。

❖「救い」を意味する「さばき[ヘ]ミシュパット」

もともと、旧約聖書で使われている「[ヘ]ミシュパット」は「さばき」「正義」「公義・公正」と訳されることが多いようですが、「救い」を意味することもあります。詩篇43篇1節を、新改訳が「神よ。わたしのためにさばいてください」と訳していることからも推察できるように（新共同訳では「神よ、あなたの裁きを望みます」）、それは「神よ、私を救ってください」の意味です。イザヤ書では、「救い」の同義語として「[ヘ]ミシュパット」が現れ（59・9、11、14）、新改訳はそれを「さばき」と訳さないで「公義」「公正」と訳しています。また、主を「[ヘ]シャフェット」と呼ぶ場合、「審判者」（士師11・27）や「さばく方」（イザヤ33・22）などと訳されますが、現代語の裁判官の意味ではなく、むしろ「支配者」、さらには「救い主」を意味していると考えられます。族長時代における「さばきつかさ[ヘ]シャフェット」も、神の代理者として公義を施行する人のことであり、士師記においては民を救うべく神から立てられた指導者を表しています（創世19・9、出エジプト2・14、申命16・18以下、17・9、士師2・16以下、ルツ1・1。また士師3・9、15で「救助者」と呼ばれていることも参照）。

ですから、マタイの福音書19章28節でイエスが弟子たちに語られた「まことに、あなたがたに告げます。世が改まって人の子がその栄光の座に着く時、わたしに従って来たあなたがたも十二の座に着いて、イスラエルの十二の部族をさばくのです」は、イスラエルの各部族に罰を与えるために裁判官の位置に着くということではなく、イスラエルを「治め、救う」役割をするということでしょう（Ⅱテモテ2・12参照）。

そして、刑罰を与えるさばきにおいては、ヨハネの黙示録20章7～15節に、

しかし千年の終わりに、サタンはその牢から解き放され、地の四方にある諸国の民、すなわち、ゴグとマゴグを惑わすために出て行き、戦いのために彼らを召集する。彼らの数は海べの砂のようである。彼らは、地上の広い平地に上って来て、聖徒たちの陣営と愛された都とを取り囲んだ。す

ると、天から火が降って来て、彼らを焼き尽くした。そして、彼らを惑わした悪魔は火と硫黄との池に投げ込まれた。そこは獣も、にせ預言者もいるところで、彼らは永遠に昼も夜も苦しみを受ける。……それから、死とハデスとは、火の池に投げ込まれた。これが第二の死である。いのちの書にしるされていない者はみな、この火の池に投げ込まれた。

とあるように、火の池に投げ込まれて第二の死において滅ぼされるものとして、まず人を神に反逆させる悪魔が、次に死やハデスが、そして、いのちの書に（名の）しるされていない者みなが言及されています（Ⅰコリント15・24〜26参照）。

すなわち、さばきこそが救いであり、とりわけキリスト者にとっては、それは恐れるものではなく、むしろ待ち望むべきことなのです。

❖聖書の対象読者

それにしても、聖書は何度も人に対する「神の怒りによるさばき」について書いてあるではないか、と考える方は多いと思います。

まず、聖書全般の記述における対象読者について考えてみましょう。旧約聖書は、神の選びの民・イスラエルに対して語られたものであり、周囲のいわゆる異邦人たちに向けて語られてはいません。新約聖書になっては、神の選びの民として教会が考えられており、やはり、周囲の異教の民に向かって語られたものではありません。

そこで、聖書が旧約、新約ともに、主なる神が、異教の民から聖別された神の民に向かって主なる神を宣教するよう勧め、それに反抗し神の民を迫害する者たちに対して主は必ず勝利することを思い起こさせて、最後まで信仰を捨てないようと彼らを励まし、慰め、警告する論調となるのは当然です。これをそのまま、神の民と異教の民を含めた全人類についての体系的教説（組織神学）として、あるいは、すべての人の運命と行く末を客観的に記しているものとして、普遍化することには注意深くあらねばなりません（ヨハネ3・17～19、9・39など参照）。

たとえば、イエスがたとえ話の中で「さばき」を語っている場合は、基本的にたとえの意図を受け止めるべきでしょう。多くの場合それは、たとえを生き生きと感じさせるように設定された劇的場面であり、その主旨は現在を信仰的に生きるようにとの勧め、不信仰に陥らないようにとの警告です。その典型がマタイ24章45～51節にある「主に立てられたしもべのたとえ」と、それに続く25章1～46節に記されている三つのたとえ話（「十人の娘のたとえ話」「タラントのたとえ話」、とりわけ「最後のさばきの逸話」）におけるさばきの描写に見られます。この「最後のさばきの逸話」（25・31～46）は、一部分が比喩、一部分が寓喩、一部分が黙示的ですので、それを将来に起こる事実描写として額面どおりに読むことには一定の留保が必要です（A・M・ハンター『イエスの譬・その解釈』、日本基督教団出版局、一三九～一四〇頁参照）。一方、ルカの福音書14章16～24節の「盛大な宴会のたとえ」や同16章19～31節の「金持ちと貧乏人ラザロの話」では、さばきは自ら招くものであることを語っています。

❖パウロなどの手紙や黙示録

手紙では、ローマ人への手紙2章1～16節やテサロニケ人への手紙第二1章3～10節、そしてペテロの手紙第二3章3～7節などが代表的です。それらは、終わりの日に神が一人ひとりを法廷に呼び出し、裁判官として彼らをさばき、永遠のいのちと永遠の滅びに定めるというイメージで読まれることがあるでしょう。しかし、どれも「最後のさばき」をある一面から取り上げていますが、それを教理として教えることを直接の目的として書かれてはいないことに注意する必要があります。

たとえばローマ人への手紙2章1～16節は、選民としての特権意識を持っているユダヤ人の、律法を所有することで自分たちを安全地帯に置き、律法なしに生きている異邦人をさばいている高慢さとかたくなさを指摘しています。そして、そのようなユダヤ人の生き方は、神の正しいさばきの現れる日の御怒りを自分のために積み上げているのであり、終わりの日には、異邦人もユダヤ人も平等にさばく神によって、行いに応じた報いを受けると強く警告しています。このような、具体的論争相手の反論を考えながらの論述方法を「ディアトリベー」と呼び、パウロの手紙だけでなく他の手紙の多くにも見られるものです（織田昭『ローマ書の福音』、六九～七九頁参照）。テサロニケ人への手紙第二1章3～10節は、迫害と患難に耐えているキリスト者を励ますために、ペテロの手紙第二3章3～7節は、不敬虔な者から主の再臨などないのではないかとあざけられているキリスト者に、その日に神は必ず正しいさばき（決着）をつけ、彼らは滅びるということを強調しています。

ですから、イエスの教えとパウロの手紙において最後のさばきが述べられている場合は、それらは比喩（images）や象徴（figure）として、あるいは、ディアトリベーの論述手法として読むべきところが多いと考えます（E・P・サンダース『パウロ』、教文館、二五四頁以下参照）。

さらには、黙示録において多用されているさばきの描写は、黙示文学としてのひとつの重要な表現法によって、将来における救いの完成を預言的に述べるとともに、その時代のキリスト者たちを励ます目的で書かれていることを忘れてはならないでしょう。

ところで21章に戻りますが、新しい天と新しい地が出現するということは、このような天上界のものの見方が完全に貫徹される世が、いまや実現するということなのであります。したがって、そこでは読者ないし信徒は、単純に新しい天と新しい地とを将来に期待するというだけではなく、そのような新しい天と新しい地にふさわしいものの見方、それに基づく行動をすでに現在することができるし、することを要請されているということであります。（佐竹明『黙示録の世界』、新地書房、一八六頁）

❖「滅ぼす」とは

ついでに、「滅び[ギ]アポーレイア」あるいは「滅ぼす[ギ]アポルーミ」という言葉についても述べておきましょう。この語は新約において、動詞は約九十回、名詞は十八回見られます。

他動詞（能動）的意味においては、一度失えば取り返しがつかないような「失う」が基本的な意味であり、自動詞（中動）的意味では何よりも転義的な「失われた者」（マタイ10・6、ルカ15章）などと使われ、ヨハネの福音書3章16節では「滅びる」と記されています。

パウロ書簡でも、他動詞的には、人間の無思慮な行為として（ローマ14・15）、また自動詞的には、神に見放された状態として（ローマ2・12、Ⅰコリント1・18、Ⅱコリント2・15、4・3）、個人的苦境として（Ⅱコリント4・9）、あるいは終末論的状態として（Ⅰコリント15・18）使われています。後期の文書においては、世界と人間の滅ぶべき性格が「滅びる㊛アポルーマイ」によって言い表されます（ヘブル1・11、ヤコブ1・11、Ⅱペテロ3・6）。

名詞「滅び㊛アポーレイア」（自動詞的）は、自らの罪による人間の決定的状態を意味し、その対立概念は「いのち」（マタイ7・13～14）、「救い」（ピリピ1・28、3・19）です。この状態に陥った人々は「滅びの子」（Ⅱテサロニケ2・3。ヨハネ17・12参照）と呼ばれます。終末論的には、「最終的に失われた状態」「希望を失った死の運命」を意味し、それゆえ、新約における「いのちと救いの招きに応えるように」という勧告と倫理の中心概念となっています。そして、それを与えうる唯一のお方はイエスご自身なのです（ルカ19・10。『ギリシア語新約聖書釈義事典Ⅰ』、一七一～一七二頁参照）。

結局、「最後のさばき」が語ろうとしていることは、キリストとの結合による「救いの完成」です。そこでは、神の支配に逆らう悪魔と罪と死は滅ぼしつくされますから、神の国（支配）の完成でもあります。

人間について言えば、キリストとの結びつきを拒んだ人々は、アダムの子孫として霊的に死んでいる（神から離れている）状態が最終的な境遇となるという点で「永遠に滅びる」でしょう（ピリピ3・10～11、18～19、Ⅰテサロニケ5・1～9、Ⅱテサロニケ1・6～10）。ただ、それは、神がそのような人を「地獄に投げ込む」とか「罰を与える」というよりも、人間が自ら蒔いた種の実を刈り取ったのであり（ガラテヤ6・7～9参照）、神の御心は「ひとりでも滅びることを望まず、すべての人が悔い改めに進むことを望んでおられる」以外ではありません（Ⅱペテロ3・9。Ⅱテモテ2・11〜13も参照）。

＊

ここまで、聖書が《神のかたち》の完成に向けて語るときにも「三つの概念」によっていることを述べてきました。すでに引用したパウロの次の言葉は、端的にそれを語っています。

次のことばは信頼すべきことばです。「もし私たちが、彼とともに死んだのなら、彼とともに生きるようになる（実体概念）。もし耐え忍んでいるなら、彼とともに治めるようになる（目的概念）。もし彼を否んだなら、彼もまた私たちを否まれる（関係概念）。」（Ⅱテモテ2・11〜12）

最後に、ヨハネの黙示録の最後の部分においても、この「三つの概念」による記述が如実に見られることを示しておきます。そして、それは創世記2章において描かれていた、エデンの園における《神のかたち》としての人間創造の「三つの概念」による描写と対応していることがよく分かるでしょう（本論Ⅰ章の「4　《神のかたち》とは――創世記2章を中心に」を参照）。

新天新地を新しいエルサレムとして描写している21章（1〜7節）において、「また私は、新しい天と新しい地とを見た。以前の天と、以前の地は過ぎ去り、もはや海もない。私はまた、聖なる都、新しいエルサレムが、夫のために飾られた花嫁のように整えられて、神のみもとを出て、天から下ってくるのを見た」（1、2節）に続き、次のように「三つの概念」で描かれています（3〜7節）。

そのとき私は、御座から出る大きな声がこう言うのを聞いた。「見よ。神の幕屋が人とともにある。神は彼らとともに住み、彼らはその民となる。」……（神との交わりの回復成就＝関係概念）

また言われた。「事は成就した。わたしはアルファであり、オメガである。最初であり、最後である。わたしは、渇く者には、いのちの水の泉から、価なしに飲ませる。（神のいのち賦与成就＝実体概念）

勝利を得る者は、これらのものを相続する。わたしは彼の神となり、彼はわたしの子となる。」（召命と相続の成就＝目的概念）

さらに22章1～5節でも、こう記されています。

御使いはまた、私に水晶のように光るいのちの水の川を見せた。それは神と小羊との御座から出て、都の大通りの中央を流れていた。川の両岸には、いのちの木があって、十二種の実がなり、毎月、実ができた。また、その木の葉は諸国の民をいやした。（神のいのち賦与成就＝実体概念）

もはや、のろわれるものは何もない。神と小羊との御座が都の中にあって、そのしもべたちは神に仕え、神の御顔を仰ぎ見る。また、彼らの額には神の名がついている。（神との交わりの回復成就＝関係概念）

もはや夜がない。神である主が彼らを照らされるので、彼らにはともしびの光も太陽の光もいらない。彼らは永遠に王である（彼らは世々限りなく統治する＝新共同訳[ギ]バシリュースーシン）。（召命と相続の成就＝目的概念）

イエス・キリストの三大訓

1　大いなる交流（Great Communion）

「だから、神の国とその義とをまず第一に求めなさい。そうすれば、それに加えて、これらのものはすべて与えられます。」（マタイ6・33）

この有名なみことばは、義を求める課題をもっとも端的に言い表したものです。これは「神を第一にしなさい（優先順位の教え）」ではありません。むしろ「ひとたびキリスト者に与えられた神の恵みの支配と、回復された神との正しい関係を何にもまさって、いつも、いつも捜し求め続けなさい。そして、それに対する応答として感謝し、その関係をさらなる親密に向けて生活し続けるように」ということです。これは神に全幅の信頼を置くようにとのキリスト者に対する招きと、それに伴う約束なのです。

2　大いなる戒め（Great Commandment）

「『心を尽くし、思いを尽くし、知力を尽くして、あなたの神である主を愛せよ。』これがたいせつな第一の戒めです。『あなたの隣人をあなた自身のように愛せよ』という第二の戒めも、それと同じようにたいせつです。」（マタイ22・37〜39）

これが「大いなる戒め」と呼ばれているのは、旧約のすべての戒め（律法）を要約しているからです。この教えは、神から新しい（聖い）いのちを与えられたキリスト者は、神を愛し、人を愛する人に成長していくようにとの課題を語っています。それは、パウロが「私たちがもはや、子どもではなくて、……むしろ、愛をもって真理を語り、あらゆる点において成長し、かしらなるキリストに達することができるためなのです」（エペソ4・14～15）と言っていることと同じです。

3　大いなる委託（Great Commission）

「あなたがたは行って、あらゆる国の人々を弟子としなさい。そして、父、子、聖霊の御名によってバプテスマを授け、また、わたしがあなたがたに命じておいたすべてのことを守るように、彼らを教えなさい。」（マタイ28・19～20）

召された神の民である教会に、主は使命（Mission＝宣教の任務）を残されました。それが一般的に大宣教命令と言われている「大いなる委託」です。これは、主に従って生きるように召された弟子たちが何をなすべきかを語ったものです。それを、個々人に向けて語られたのが、「だれでもわたしについて来たいと思うなら、自分を捨て、自分の十字架（使命）を負い、そしてわたしについて来なさい」（マタイ16・24）です。

E　聖霊論的パースペクティヴ

ここまでで、必要な内容はひとまず終わりました。しかし、キリストの救いである《神のかたち》の回復について述べるとき、もうひとつの項目が必要と感じています。それは、私たちの救いにおける聖霊の役割です。実際、新約聖書においては「聖霊」あるいは「御霊」が、きわめて頻繁に登場します。「ギ」プニューマ」は新約全体で三百七十九回出てきますが、このうちの二百七十五回が神の霊についてのものです（『ギリシア語新約聖書釈義事典Ⅲ』の「プニューマ」の項、一五〇頁参照）。それは、救いにあずかったキリスト者の生活を述べるとき、聖霊の存在と働きが不可欠であり、きわめて重要と考えられている証拠とも言えるでしょう。

ですから、御子キリストが成し遂げてくださった救いを私たちのもとに持ち運んで現実化し、体験させるとともに、そのようにして始められた信仰生活の原動力として、私たちの課題への取り組みを可能とするのが聖霊の主たる働きであるという理解から、キリスト者の生活を聖霊の働きとの関連で述べるのがふさわしいと思います。

しかしそのとき、これまでキリスト論的に語られてきた救いとは別のことを述べているのではなく、同じひとつのことがらを聖霊の働きとして、聖霊の言葉で述べていると理解します。それが「聖霊論的パースペクティヴ」での表現です。

では、どうして、わざわざ聖霊論的に言う必要があるのでしょうか。それは、私たちひとりひとりに内住して神体験を個別的に現実化させる聖霊特有の働きがあるゆえに、聖霊のことばで救いを語ることによって、特に課題の部分をより詳しく、具体的かつ主体的に語ることができるからです。

アレスデア・ヘロンはこう言っています。

聖霊は、新約聖書において、次のような呼び名を与えられて、事実上舞台の中央にあらわれる。「あなたがたの父の霊」（マタ10・20）、「御子の霊」（ガラ4・6）、「イエスの霊」（使16・7）、「キリストの霊」（ロマ8・9）、「生命の霊」（ロマ8・2）、「子たる身分を授ける霊」（ロマ8・15）、「恵みの霊」（ヘブ10・29）、「助け主」（ヨハ14・16）。さらに聖霊は、「真理の御霊」（ヨハ14・17）や「知恵の御霊」（使6・3、10）などよく知られた名を持っている。これらすべての称号をもつ聖霊は、神がイエス・キリストにおいてなし給うたこと、並びにその神の働きの完成に本来的に関与するものと考えられ、またそのように描かれている。この点が、新約聖書を、旧約聖書や中間時代の文書から区別する使信なのである。救い主はすでに到来した。そして霊の時代がはじまった。霊それ自体が、イエス・キリストをその中心とし、イエス・キリストから発するところの神の目的をめざす力である。霊について新約聖書が語らねばならないことは、すべてこの中心を指し示し、究極的にはこの中心によって統御されている。（『聖霊――旧約聖書から現代神学まで』ヨルダン社、一九九一年、七〇頁）

では、これまで述べてきた順序に従って、救いの所与から見てみましょう。

1　救いとともに与えられた聖霊――所与

救いそのものが、「賜物として聖霊を受ける」（使徒2・38）ことです。それは、バプテスマのヨハネによって「私のあとから来られる方は、私よりもさらに力のある方です。……その方は、あなたがたに聖霊と火とのバプテスマをお授けになります」（マタイ3・11）、「御霊がある方の上に下って、その上にとどまられるのがあなたに見えたなら、その方こそ、聖霊によってバプテスマを授ける方である」（ヨハネ1・33）と預言され、復活のイエスによって「エルサレムから離れないで、わたしから聞いた父の約束を待ちなさい。ヨハネは水でバプテスマを授けたが、もう間もなく、あなたがたは聖霊のバプテスマを受けるからです」（使徒1・4〜5）と約束されて実現したペンテコステにおける聖霊降臨（使徒2章）の個人的分与です。それゆえに、「聖霊のバプテスマ」という術語を使用したいなら、聖書的にはこのペンテコステの出来事として用いるべきでしょう（論集『福音主義神学』23号所収の村上久による論文「イエスと聖霊――聖霊のバプテスマ」を参照）。ですから、これを個人的な救いと関連して用いる場合は、イエス・キリストを信じてバプテスマを受ける時に与えられる恵みの所与として考えるのが望ましいと思います。

「悔い改めなさい。そして、それぞれ罪を赦していただくために、イエス・キリストの名によってバプテスマを受けなさい。そうすれば、賜物として聖霊を受けるでしょう。」（使徒2・38。Ⅰコリント12・3参照）

この「救いの所与」の聖霊論的表現についても、聖書は三つの概念それぞれで語っています。

(1) 聖霊による証印

関係概念である「義とされること」は、聖霊論的には「聖霊によって証印を押された」という契約締結のことばで書かれています。すなわち、神が私たちとの関係を回復してくださったという契約書に聖霊による証印が押されることによって、その契約が神の信実によることを示しているのです（ヨハネ6・27、ハガイ2・23参照）。

この方にあってあなたがたもまた、真理のことば、あなたがたの救いの福音を聞き、またそれを信じたことにより、約束の聖霊をもって証印を押されました。（エペソ1・13）

神の聖霊を悲しませてはいけません。あなたがたは、贖いの日のために、聖霊によって証印を押されているのです。（同4・20）

私たちをあなたがたといっしょにキリストのうちに堅く保ち、私たちに油を注がれた方は神です。神はまた、確認の印を私たちに押し、保証として、御霊を私たちの心に与えてくださいました。（Ⅱコリント1・21～22。ヨハネ3・33、ローマ4・11～12、黙示録7・3～8、9・4、雅歌8・6も参照）

また、キリスト者となって神に「アバ、父」と語りかけ、祈ることのできる関係に入れられたことを、聖霊を受けたゆえであると語っていることも同じです。

神の御霊に導かれる人は、だれでも神の子どもです。あなたがたは、人を再び恐怖に陥れるような、奴隷の霊を受けたのではなく、子としてくださる御霊を受けたのです。私たちは御霊によって、「アバ、父」と呼びます。（ローマ8・14〜15）

そして、あなたがたは子であるゆえに、神は「アバ、父」と呼ぶ、御子の御霊を、私たちの心に遣わしてくださいました。（ガラテヤ4・6）

(2)　聖霊の内住

実体概念である「新生」「聖め」は新しい聖いいのちに生まれることですが、聖霊論的には、聖い「御霊」によって生まれることです。イエスは次のように言われました。

「まことに、まことに、あなたに告げます。人は、新しく生まれなければ、神の国を見ることはできません。」……「人は、水と御霊によって生まれなければ、神の国に入ることはできません。肉によって生まれた者は肉です。御霊によって生まれた者は霊です。」（ヨハネ3・3〜6。1・13〜14、7・37〜39も参照）

このように、「新しく生まれる」ことが「御霊によって生まれる」と言い換えられています。パウロが「死者は、どのようにしてよみがえるのか、どのようなからだで来るのか」（Ⅰコリント15・35）を論じる中で、「血肉のからだで蒔かれ、御霊に属するからだによみがえらされるのです。血肉のからだがあるのですから、御霊のからだもあるのです」（同15・44）と表現しているのも同じことでしょう。

また、キリスト者がこの世にありながらも、すでに新しいいのちをいただいていることを、御霊が私たちの内に宿ることとして描いています。

あなたがたのからだは、あなたがたのうちに住まれる、神から受けた聖霊の宮であり、あなたがたは、もはや自分自身のものではないことを、知らないのですか。（Ⅰコリント6・19）

もしキリストがあなたがたのうちにおられるなら、……キリスト・イエスを死者の中からよみがえらせた方は、あなたがたのうちに住んでおられる御霊によって、あなたがたの死ぬべきからだをも生かしてくださるのです。（ローマ8・10～11）

それを「聖霊の内住」といいます。

(3) 保証としての聖霊

目的概念である「贖い」「召命」は、聖霊論的には「御国を受け継ぐことの保証」として聖霊を与えられたことと表現されています。

聖霊は私たちが御国を受け継ぐことの保証です。これは神の民の贖いのためであり、神の栄光がほめたたえられるためです。（エペソ1・14）

神はまた、……保証として、御霊を私たちの心に与えてくださいました。（Ⅱコリント1・22）

ここでの「保証（ギアラボーン）」が買い取りを保証する「手付金」という意味であるように、聖霊は御国を受け継ぐことの手付金として前もって一部与えられたものだというのです。「それればかりでなく、御霊の初穂をいただいている私たち自身も、心の中でうめきながら、子にしていただくこと、すなわち、私たちのからだの贖われることを待ち望んでいます」（ローマ8・23）の「初穂（ギアパルケーン）」も同じような意味を持っていると思われます。

それは、キリスト者が主から与えられた手付金である「御霊の賜物」によって、御国の完成時にすべてを相続する生活を前もって一部味わうことができるようになったことを意味しています。さらにそれは、次の項で述べるように、それを活用して主のために励むよう期待されている課題にもつながります。

召されたあなたがたは、その召しにふさわしく歩みなさい。……からだは一つ、御霊は一つです。あなたがたが召されたとき、召しのもたらした望みが一つであったのと同じです。主は一つ、信仰は一つ、バプテスマは一つです。すべてのものの父なる神は一つです。すべてのものの上にあり、すべてのものを貫き、すべてのもののうちにおられる、すべてのものの父なる神は一つです。しかし、私たちはひとりひとり、キリストの賜物の量りに従って恵みを与えられました。（エペソ4・1～7）

2　救いの課題における聖霊の働き

(1)　御霊に満たされる

所与である「義とされること」に対応する聖霊的表現が「聖霊による証印」であるなら、課題として「神の国とその義とを求め続ける」ことは「御霊に満たされ続ける」ことです。これが命令形として出てくるのは、エペソ人への手紙5章18節の「御霊に満たされなさい」だけですが、ここも「満たされ続けなさい」と訳すことができます。ですからそれは、コップの中に水が満たされる（それは一度満たされればそれで終わります）イメージで描くよりも、神と私たちとを結んだパイプを通して水（御霊）が絶えずとうとうと流れてくるイメージで描くほうがよいと思われます。

「だれでも渇いているなら、わたしのもとに来て飲みなさい。わたしを信じる者は、聖書が言っているとおりに、その人の心の奥底から、生ける水の川が流れ出るようになる。」（ヨハネ7・37〜39）

「しかし、わたしが与える水を飲む者はだれでも、決して渇くことがありません。わたしが与える水は、その人のうちで泉となり、永遠のいのちへの水がわき出ます。」（同4・14）

また、火が燃え続けるためには燃料である油に満たされていなければならないように、火の比喩も適切に使われています。

霊に燃え、主に仕えなさい。（ローマ12・11）

御霊（〝霊〟の火＝新共同訳）を消してはなりません。（Ⅰテサロニケ5・19）

「わたしが来たのは、地に火を投げ込むためです。だから、その火が燃えていたらと、どんなに願っていることでしょう。」（ルカ12・49）

では、キリスト者が御霊の満たしを失うことはあるのでしょうか。

もちろん、あります。それはどういう場合かというと、神との生き生きとした交わりが失われる場合です。パイプを通って流れていた御霊の流れが何らかの理由で悪くなることをイメージすると分かりやすいでしょう。それは、礼拝、賛美、祈りなどによる神との交わりの機会が少なくなり、パイプが細くなることにもよります。また、キリスト者の中に残っている肉の性質から出る罪（複数形）を犯すことによって、パイプにその罪が垢のようにこびりついて御霊の流れを堰き止めてしまうことにもよります。そのようなときには、ヨハネの手紙第一1章9節を思い起こすべきです。

もし、私たちが自分の罪（複数形）を言い表すなら、神は真実で正しい方ですから、その罪（複数形）を赦し、すべての悪から私たちをきよめてくださいます。

キリスト者も罪（複数形）を犯すことを完全に避けることはできません（Ⅰヨハネ1・8〜10参照）。では、その場合にどうしたらよいかといえば、「罪を言い表す（告白する）」ことだと書いています。そうすれば、真実で正しい神がそれを赦し、すべての悪からきよめてくださる、すなわち、パイプにこびりついた垢を神ご自身が取り除き、パイプをきれいにしてくださるということです。そして、御霊はまた豊かにパイプを流れるようになります（旧約時代における民数5・5〜10と比較してみてください）。

そのことの大切さをみごとに描いているのが、マタイの福音書25章1〜13節の「十人の娘のたとえ話」です（終章参照）。

(2) 御霊の実を結ぶ

御霊によって新しく生まれ、聖なる者とされた者にも、やはり次のような課題が与えられています。

私たちはみな、顔のおおいを取りのけられて、鏡のように主の栄光を反映させながら、栄光から栄光へと、主と同じかたちに姿を変えられて行きます。これはまさに、御霊なる主の働きによるのです。(Ⅱコリント3・17〜18)

それは聖霊論的には「御霊の実を結ぶ」ことです。これは命令形では語られていませんが、それは実を結ぶという植物的な現象と関係があると思われます。植物は内在しているいのちの力によって自然に成長しますから、霊のいのちに生まれたキリスト者も、ちょうど同じように霊のいのちが成長に導き、霊の実を結ばせるに至るということでしょう。

「御霊の実」との表現は、ガラテヤ人への手紙5章22〜23節にあります。

御霊の実は、愛、喜び、平安、寛容、親切、善意、誠実、柔和、自制です。このようなものを禁ずる律法はありません。

この前には、「兄弟たち。あなたがたは、自由を与えられるために召されたのです。ただ、その自由を肉の働く機会としないで、愛をもって互いに仕えなさい。律法の全体は、『あなたの隣人をあなた自身のように愛せよ』という一語をもって全うされるのです」(5・13〜14)とあるように、キリストにあってふさわしい性質(徳)を身に着けるのは、人間の努力によってではなく、御霊にあって歩み続けることによって私たちキリスト者の人格の中にその実が結ばれていくかたちで可能となることを示しているのです(ピリピ1・10〜11参照)。また、直後にも、「もし私たちが御霊によって生きるのなら、御霊に導かれて、進もうではありませんか」(ガラテヤ5・25)と、直説法に基づいた命令法で書かれており、キリスト者は御霊をいただき、それによって生きている者とされたからこそ、御霊に導かれて歩むことができると示唆されています。

このように、御霊の実を結ぶには、御霊が持っているいのちとその成長力による以外にありませんが、人のほうは何もすることがないのかと言えば、そうではありません。ちょうど植物が育ち、良い実を結ぶためには、人による良い環境づくりが必要なように、御霊の実を結ぶに至るにも、御霊のいのちが成長力を発揮できるような、人による条件作りは有用です。それは、みことばに親しみ、よく祈り、教会の交わりの中で積極的に生き、愛による奉仕にいそしむことです。そのような御霊に導かれた生き方（ライフスタイル）を築いていくとき、その人の人格の中に御霊の実が結ばれるのです。

❖御霊の「実」は単数形

この場合の「実」（ギ カルポス）は単数形です。ですからそれは、よく言われるような九つの実ではありません。キリストにあって御霊の中に生きるとき、その御霊のいのちが同一の実を全てのキリスト者に結ばせるのです。これは、御霊の賜物（ギ カリスマタ）には多くの種類があり、キリスト者それぞれに異なった現れ（分配）があるので、複数形で語られることが多いのと対照的です（Ⅰコリント12章参照）。

そして、その実とは一言でいえば「愛」です。愛、喜び、寛容……と並べられていますが、それらは同等のものの列挙というよりも、最初に書かれている愛がその説明であり、あとのものはその愛に含まれると考えるべきです。新共同訳はここを次のように訳してそのことを表現しています。

これに対して、霊の結ぶ実は愛であり、喜び、平和、寛容、親切、善意、誠実、柔和、節制です。

少なくとも愛こそが最重要と言うことができます。コリント人への手紙第一13章4～7節では、愛の説明として寛容、親切、謙遜（柔和）などが書かれていますし、コロサイ人への手紙3章12～14節でも、深い同情心、謙遜、柔和、寛容などが語られて、「これらすべての上に、愛を着けなさい。愛は結びの帯として完全な（ギテレイオテートス、成熟、完成した）ものです」と書かれています。このことをもっともよく表現しているたとえがマタイの福音書25章31～46節の「羊と山羊を分ける話」です（終章参照）。

❖愛は御霊の賜物ではなく、御霊の実

ついでに、コリント人への手紙第一13章の解釈について、述べておきましょう。

ここは〝愛の章〟などと呼ばれ、多くの人に親しまれ、愛読されてきたところです。しかしその場合も、その章のそこに置かれている意味が十分に理解されているとは言いがたいのではないかと感じています。それは12～14章にわたる「コリント教会において、目立つ賜物を持つ人々が高ぶり、そのような賜物の現れとともに教会はかえって混乱していた問題」に対するパウロの答えの文脈の中に置かれています。12章31節ａで「あなたがたは、よりすぐれた賜物を熱心に求めなさい（ギゼールーテ）」とあり、内容的にはそれは14章1節ｂの「また、御霊の賜物、特に預言することを熱心に求めなさい（ギゼールーテ）」の繰り返しにつながっています。そして、その間にこの愛の章が挿入されていると見ることができます。それゆえ〝愛の章〟とは、内容的には12章31節ｂから14章1節ａと見るほうがよいでしょう。

〝愛の章〟はまず、賜物に比べて「さらにまさる道」（ギヒュペルボレーン・ホドン）を示してあげましょうと言われています。そこでの「まさり方」は、同じ尺度での程度の違いではなく、賜物の「限度を越え」「並外れて偉大な」、賜物とは別なもののことを指していると言えましょう（『ギリシア語新約聖書釈義事典Ⅲ』の「ヒュペルボレー」の項参照）。ですから、それは賜物ではなく「道」と呼ばれています。その道という表現こそが愛のある歩みを意味しているのですが、そのまさり方は13章1～3節によってさらに強調されています。「愛がないなら、（賜物は）何の値うちもありません。……何の役にも立ちません」とは、「愛がなければ」賜物の効果が半減するどころではなく、まったく値打ちも効果もないというのです。全面否定です。さらに、愛とは何かが4～7節で語られた後、愛は信仰、希望とともに私たちのキリスト者生活の中で、時が過ぎても年齢をとっても決して絶える（消え去る）ことはなく、いつまでも残ると言われており、一方の賜物（預言や異言や知恵など）はすたれたり、やんだりすると語られているのとは対照的です。

　ですから、その「愛を追い求めなさい」（14・1a）と勧められていますが、この「追い求めなさい」（ギディオーケテ）」は、賜物を「熱心に求める」のとは違う言葉です。後者は「それが欲しいと神に願い求める、希求する」ことばであるのに対して、前者（ギディオーケテ）は「あとをついていく、追求する」ことばです。それは、完全な愛を身に着けていたイエスのあとを追いかけて近づいていくことが勧められているのです。ですから、12章31節bでは「道」と呼ばれていたのだということが納得できます。

　これは、聖霊論的なパースペクティヴで言うと、愛は御霊の賜物とは別な「御霊の実」であること、そしてそれは、すべてのキリスト者が人格と生活の中に実を結ぶべく、生涯をかけて追求していくべき最重要なものであるということです。

(3) 御霊の賜物を活用する

贖われ、召されたことは、聖霊論的パースペクティヴによれば、「御国を受け継ぐことの保証、すなわち手付金」として聖霊を与えられたことと表現されています。そして、それからのキリスト者としての信仰生活は、主から与えられた手付金である「御霊の賜物」を活用して、主のために励んで働くという課題を果たす生活であると言い換えられます。「それぞれが賜物を受けているのですから、神のさまざまな恵みの良い管理者として、その賜物を用いて、互いに仕え合いなさい」(Ⅰペテロ4・10)とあるとおりです。この場合の個々人に与えられる賜物(ギカリスマ)は、恵み(ギカリス)のさまざまな現れであり、多くの場合は「ギカリスマタ」と複数形で書かれている点、御霊の「実」が単数形であることと好対照をなしています。

その特徴として以下のようなことがあります。

(i) 賜物には多くの種類があり、聖書でさえもその全部を網羅しているわけではありません。

(ii) 賜物は超自然的なものもありますが、多くは神が一人ひとりに与えた自然的賜物を磨き、御霊の働く道具として用いてくださいます。

(iii) 一人の人がすべての賜物を持つことはなく、賜物がまったく与えられていない人もいません。

(iv) すべての人は、それぞれ異なったいくつかの賜物を与えられています。

ですから、次のように勧められています。

私たちは、与えられた恵みに従って、異なった賜物を持っているので、もしそれが預言であれば、その信仰に応じて預言しなさい。奉仕であれば奉仕し、教える人であれば教えなさい。勧めをする人であれば勧め、分け与える人は惜しまずに分け与え、指導する人は熱心に指導し、慈善を行う人は喜んでそれをしなさい。（ローマ12・6〜8）

前項で述べたコリント人への手紙第一12〜14章でパウロは、特に御霊の賜物について書いていますが、そこでの主旨は、いわゆる霊的な賜物（預言、異言、いやし）を持つ信者が高ぶったり、彼らが自己陶酔的あるいは異教的、そして教会破壊的になっていたりするのを鎮静化するとともに、それを他の賜物との正しい関係に位置づけることでした。そこから

(i) それぞれに分け与えられた御霊の賜物は多様であり、それらは神と教会に仕え、主から託された任務の遂行のために用いられるべきであること

(ii) それら賜物にさらにまさり、すべてのキリスト者が追い求めるべき道は、愛（御霊の実）であること

(iii) 特に異言は、使徒の働きにおいては、教会の文化的障壁突破の証しとして、御霊が注がれ、満たされたことの外的しるしともなったが、通常においては御霊の賜物の一つであって、キリスト者であることの「しるし」ではないこと

などが分かります（賜物については、ほかにエペソ4・11〜12でも言及されています）。このことを語る有名なたとえ話がマタイの福音書25章14〜30節の「タラントのたとえ話」です（終章参照）。

終章 《神のかたち》完成に向けて生きる三つの物語

これまで述べてきた《神のかたち》の三つの概念による説明を、どのように受け取られたでしょうか。最後に、まえがきで述べた「わかるとかわる！」ことの二つめ、「生き方がかわる」ためにも、聖書がこの三つの観点から豊かに語ってくれている中から典型的な一か所を示しておきたいと思います。それはマタイの福音書25章の三つのたとえ話です。ここに《神のかたち》を回復されたキリスト者が「関係概念」、「実体概念」、「目的概念」のそれぞれにおいて、どう生きていくように勧められているのかということのまとまった事例があるからです。キリスト者がどう生きるかを考えていく場合は、伝道の場合とは違って、この三つのどれかだけと取り組んでいけばよいわけではありません。三つの側面〈概念〉のどれをも大切にし、バランスをとって生きることが求められています。そこで、ここからの三つの説教というかたちで、ひとたび《神のかたち》を回復されたキリスト者の完成へ向けての歩みを提示して、本書を締めくくりたいと思います。

1 油断大敵！――回復された神との関係を維持する物語

「そこで、天の御国は、たとえて言えば、それぞれがともしびを持って、花婿を出迎える十人の娘のようです。そのうち五人は愚かで、五人は賢かった。愚かな娘たちは、ともしびは持っていたが、油を用意しておかなかった。賢い娘たちは、自分のともしびといっしょに、入れ物に油を入れて持っていた。花婿が来るのが遅れたので、みな、うとうとして眠り始めた。ところが、夜中になって、『そら、花婿だ。迎えに出よ』と叫ぶ声がした。娘たちは、みな起きて、自分のともしびを整えた。ところが愚かな娘たちは、賢い娘たちに言った。『油を少し私たちに分けてください。私たちのともしびは消えそうです。』しかし、賢い娘たちは答えて言った。『いいえ、あなたがたに分けてあげるにはとうてい足りません。それよりも店に行って、自分のをお買いなさい。』そこで、買いに行くと、その間に、花婿が来た。用意のできていた娘たちは、彼といっしょに婚礼の祝宴に行き、戸がしめられた。そのあとで、ほかの娘たちも来て、『ご主人さま、ご主人さま。あけてください』と言った。しかし、彼は答えて、『確かなところ、私はあなたがたを知りません』と言った。だから、目をさましていなさい。あなたがたは、その日、その時を知らないからです。」（マタイ25・1〜13）

最初の物語は「十人の娘のたとえ」と言われています。場面は結婚式です。当時のユダヤの結婚式では、花婿が花嫁のところに迎えに行って宗教的な儀式をすませ、それから花嫁だけではなくて付き添いのおとめや家族を連れて花婿の家まで行く。そして、花婿の家で披露宴を持つというのが標準的だったようです。そのことをみんなよく知っている前提のもとに、このたとえ話が語られています。

十人の娘というのは、花嫁の付き添いのことです。その娘たちは花婿がいつ来てもいいように準備をし、ともしびをともして待っていました。ともしびというのは、油を入れた器にロウソクの芯のようなものがあって燃えるものを考えていただいたらいいと思います。ところが花婿がなかなか来ません。そのうちみんな、ウトウトと眠り始めます。それでも来ない。真夜中になったころ、やっと「花婿だ、迎えに出よ」と叫ぶ声が聞えたので、眠っていた娘たちは目を覚ますのですが、五人の娘たちのともしびは消えそうになっていたか、消えてしまっていた。どうしてかというと、油がなくなっていたからです。まさに「油断大敵！」です。残りの五人は油の蓄えを別に持っていたので、それを継ぎ足して花婿を迎え、花嫁と一緒に披露宴会場に向かって出て行きました。

そのときに、火が消えそうになった娘たちはどうしたかというと、油を持っている娘たちに「油を分けてください」とお願いするのですが、「いいえ、駄目です。あなたがたに分けてあげるにはとうてい足りません」と断られます。その娘たちは真夜中に油を買いに行くはめになります。やっと油を手に入れますが、それから披露宴会場まで行ってみると、そこではもう披露宴が始まっており、扉も閉められています。そしてなんと、その主人が「私はあなたがたを知りません」と言って追い返してしまうというお話です。そして、話の最後は「だから、目をさましていなさい。あなたがたは、その日、その時を知らないからです」という格言のような結語で締めくくられています。

いったい、このたとえ話は何を私たちに言おうとしているのでしょうか。ひとつには、「天の御国は、たとえて言えば」と最初に書いてあることが大事です。「天の御国」は、口語訳聖書では「天国」と書いてありました。天国というと、死んだあと高く上げられて行く、どこかの場所を考えるかもしれませんが、「天の御国」は、他の福音書で「神の国」と言われているものと同じです。ですから、どこかの場所ではありません。直訳すれば「神の支配」、私たちがよく使う言葉で言い換えれば「神の救い」と言ってもよい。「神さまの救いというのはこういうものですよ」と語っていると考えて差し支えないと思います。

しかし、そうすると「救いというのは、イエスを信じたら、すぐにいただくものではないか」とか、「キリスト者になるとイエスを信じて救われたはずなのに、これから将来のこととして救いが語られているのはどういうことか」と、疑問を持つ方がいるかもしれません。聖書に書いてあるのはこうです。イエス・キリストを信じたなら、確かに救いをいただき、キリスト者になります。でも、それで完成したわけではない。それはキリスト者になってみてお分かりだと思います。キリスト者になったなら即、全部の問題が解決して、自分はもうまったく罪を犯さなくなるということはありません。いろんな問題を抱えながら生きていきます。また、この世もいろんな問題を抱えながら続いていきます。

では、「神は私たちを救ってくださるというけれども、何がどう変わるのか」と問われるならば、「神は将来、しかるべきときにイエスをもう一度送ってくださり、神の国を完成させてくださる。神の国、天の御国というのは神のご支配という意味ですから、神が私たちの心からも体からも、そして世の中からも、問題を全部取り去り、新天新地を造って全き神の支配を確立してくださる。救いはそのような最後のときまでは完成しないのです」と聖書は言います。ですからキリスト者は、イエスを信じて確かに救われているけれども、その救いを体験しながら完成の日を待ち続けて生きるのです。この25章は、そのように完成を待ち望みながら生きるという生き方について、三つの側面から書いています。

その三つの最初に置かれている、このたとえ話の中心メッセージは何かといいますと、十人の娘のうち「五人は愚かで、五人は賢かった」と書かれているのが次に大切です。ここでの「賢い」とか「愚か」とはどういうことか、です。普通、賢いというと頭がいいこと、愚かというと頭が悪いことと考えますが、聖書の語る「賢い」と「愚か」はそういう意味ではありません。

多くの方はご存じでしょう。マタイの福音書7章の最後のところに、同じく「賢い」と「愚か」という言葉が使われているひとつのお話があります。こういう話です。イエスの言葉を聞いて、そのとおりに行う人（従う人・実行する人）はみんな、岩の上に家を建てた賢い人に似ています。でも、イエスの言葉を聞くだけで行わない人は砂の上に家を建てたような愚かな人に似ています、と。この場合、砂の上に家を建てるというのは、砂の下にある岩のところまでちゃんと掘り下げて土台を築かなかった人ということです（ルカ6・46〜49参照）。私たちの国でもこのような愚かさが最近、露見しました。大きなマンションが傾いてきた。調べてみると、パイルを規定どおり固い岩盤まで打ち込んでいなかったことが分かりました。それからは次々と同業会社の同じような手抜き工事が明るみに出てきました。

イエスは二千年前にそのようなことを言ったのです。賢い人は砂の上に簡単に家を建てるのではなくて、岩地のところまできちんと掘り下げて、そこに土台を築いて家を建てる。どうしてそれが賢いと言えるかというと、普通のときは何も差がないのですが、冬の雨季が来て洪水が襲ったときにその違いが現れてきます。洪水が来ると、砂の上に置いただけの家は流されてしまいます。ところが固い地盤の上に土台を築いて家を建てた人は、洪水によっても家は流されず、倒れませんでした。ここでも賢い人と愚かな人という言葉は、頭が良かった、悪かったの問題ではないでしょう。では、それは何を意味するのかと言えば、大洪水のようなまさかの事態をきちんと考えて、周到な備えを実行したことが賢いというのです。一方、そんなことが起こるかどうか、ましてや自分が生きている間にあるかどうかも分からないと、その日暮らしに生きていたのが愚かな人ということです。

もちろん、この25章でも同じ言葉が使われていますが、将来、何か悪いことが起きるのに備えているということではありません。25章の場合は「神の救いが完成する日、その喜びの日を覚えるばかりか、その日が来るのを待ち望んで用意周到に備えて生きている」のが賢いということです。愚かな人というのは反対に、将来の救いの完成を待望するよりも今のことだけで生きていることです。私たちは確かに、この地上でいろんな問題を抱えながら生きていますし、私たちの人生はたかだか何十年でしかないと思うかもしれませんが、聖書は、私たちの人生の目の置き所は、イエスがやがて救いを完成してくださる神の国であるべきだとしています。そこに目を置き、その日に向かって今日を生きることが賢い生き方と言われているのです。

＊

このたとえを最初に読んだときには、ほかのいろんなことに気をとられるのではないかと思います。だいたい、賢いと言われるこの娘たちは、ずる賢いと言ったほうがいいのではないかと思った方はいませんか。というのは、五人は油を十分に持っていたのでしょう。そして油を持っていないあとの五人は、彼女たちの友達のはずです。ところが、油を持っていない娘たちが「油を少し私たちに分けてください。ともしびが消えそうですから」と言ったときに、持っていた娘たちは「いいえ、分けてあげられません」と答えます。「ケチだなあ」という感じがしませんか。そうすると「ケチな娘とノホホンとしていた娘」と言ってもいいようなお話に思えるでしょう。

それに、みんな眠りこけてしまいます。花婿の来る時間が遅くなって娘たちが眠るということが起こり、最後の13節に「目をさましていなさい」とありますので、眠ったことがまずかったと考えやすいのですが、そうではないことに気づくでしょう。なぜなら十人ともみんなが眠ったのであり、五人だけが眠っていて油が切れたわけではないからです。ですから、このたとえ話の中の眠るということと最後の13節の「目をさましていなさい」は関係ないのです。そういうことも、たとえ話では注意しなければなりません。

それから、もうひとつここで知っておいてほしいのは、先ほど「神の国が完成されるのを待ち望むことだ」と言いましたが、実は、神の国は結婚披露宴によくたとえられていることです（マタイ22・1～14、ルカ14・15～24参照）。そのときの「花婿が来る」とは、イエスが再び来ることを指し、その花婿を待つ花嫁は誰なのかといえば、教会です。聖書は教会のことを「キリストの花嫁」と言います（Ⅱコリント11・2、黙示録19・7～9、21・2、9、22・17参照）。ですから、私たちみんなが花嫁なのです。

ではなぜ、このたとえ話は私たちを花嫁にではなく、十人の娘、付添人にたとえたのか。これはなかなか難しくて、イエスご自身に聞いてみないと分からないのですが、おそらくこういうことではないかと思っています。私たちは教会として、キリストという花婿を待ち望むひとりの、唯一の花嫁なのです。集合人格的に考えられています。しかし、このたとえ話では花婿が一人で、花嫁が大勢いては困りますので、おそらくイエスは、花婿が来るのを待つ私たちのことを、花嫁に付き添う十人の娘としてお語りになったのだろうと思います。――これが正しいかどうかは、天国に行ったときにイエスに直接聞いてみたいと思います。――

＊

ですから、この中心メッセージは、「イエスは必ず来るが、いつ来るかは分からない（マタイ24・32〜36、マルコ13・28〜32、使徒1・6〜7参照）。イエスを知った私たちは、いつ来てもいいように賢く（そのことばを信じて待ち望み、彼に従って）生活し続けなさい」ということなのです。では、それは具体的にどういう生き方に私たちを導くのでしょうか。油を絶やさないというときの油は、聖霊のことを表しています。そして、聖霊によって燃える火というのは信仰のことです。ですから、「主が来られるときまで信仰の火を燃やし続けるためには、いつも聖霊に満たされていなければならない」と言われているのです。

テサロニケ人への手紙第一5章16〜19節を読んでみましょう。

いつも喜んでいなさい。絶えず祈りなさい。すべての事について、感謝しなさい。これが、キリスト・イエスにあって神があなたがたに望んでおられることです。御霊を消してはなりません。

これは、暗唱聖句として覚えている方も多い、有名な言葉です。でも、暗唱聖句としては案外、「御霊を消してはなりません」までは含めないかもしれません。でも、あえてそこまで読みました。というのは、大切なつながりがあるからです。新共同訳では「〝霊〟の火を消してはいけません」と訳しているのですが、今日のお話とよく関係していることが分かるでしょう。私たちの信仰という火は、私たち自身で燃やせるものではないのです。神から聖霊が送られてきて、それが私たちの中で、神に信頼して従う信仰となって燃え続けるものです。では、聖霊に満たされているというのは、タンクいっぱいに油を貯めておくように、聖霊を蓄えておくことなのでしょうか。「満たされる」という表現は、そのように感じさせるかもしれませんが、聖霊に満たされるというのは、おそらく、私たちが蓄えておくとか、自分が所有することと考えるべきではないでしょう。

私は、次のようにイメージしていただくとよいと思っています。イエスがヨハネの福音書などで語っていることから考えてのことですが、私たちがイエスを信じて神との関係ができたということは、神とパイプがつながったというふうにイメージしたらよいでしょう。以来、神から私たちのほうにパイプを通して絶えず聖霊が流れてくるようになったのです。その聖霊が私たちの信仰を維持し、信仰の火を燃やします。ところが、このパイプが詰まってしまうと、聖霊が来なくなってしまいます。ですから、「いつもパイプをきれいにして、聖霊が絶えず私に流れてくるように保ちなさい」というのが「聖霊に満たされていなさい（満たされ続けなさい）」ということのイメージです。どこか手元に聖霊を蓄え、保管しておくことができるわけではないのです。

そのことを考えると、油の切れた五人の娘が油を持っている人に「油を少し分けてください」と言ったときに、持っている人が「私の油を分けてあげることはできません。自分のをお買いなさい」と言った意味が分かるのではないでしょうか。それは、ケチな根性や意地悪で言っているわけではありません。聖霊はそれぞれに神から流れてくるものですから、他人に分けてあげることができないのです。おそらくそういうことが根底にあって、こういう言い方がなされているのだと思われます。ですから、一人ひとりが神との関係をしっかり持ち、パイプをきれいに保って、聖霊がいつもいつも流れてくるようにしなさい。そうし続けることが火を消さないでおく秘訣ですよ。それが「聖霊に満たされている」ということになります。

＊

しかし、「信仰」という言葉は、あまり具体的ではないかもしれません。その信仰がどのように生活の中で現れるかというと、先ほどのテサニロケ人への手紙第一に書かれていることだと思うのです。「いつも喜んでいなさい。絶えず祈りなさい。すべての事について、感謝しなさい」です。要するに、信仰の火が燃えているしるしは何かと言えば、「いつも喜びがある。絶えず神との会話がある――祈りですね。そして、すべてのことにおいて、神への感謝があふれてくる」ということです。喜びというのは、自然に内側から出てくるものです。ここで、たとえば「喜びなさい」と命令形で言われていますが、「キリスト者は喜ばなければいけない」と思って、自分で造ることができるようなものではありません。それは、神から来る聖霊による以外にはないのです。ですから、「喜んでいなさい。祈りなさい。感謝しなさい」というのは、「聖霊が流れてくると、いつも喜びがあるよ。絶えず祈るよ。感謝が途絶えることがないよ」という約束の意味でもあると考えてよいでしょう。

このような生活は、結婚を待ち望む人のことを考えてみると、少し分かっていただけるのではないかと思います。婚約を済まして結婚式が一日一日と近づいているときの花嫁の心境を――花婿も同じですが――想像してみてください。婚約して一日一日と結婚の日が近づいてきます。もう婚約指輪はもらっていますから、自分がその人の花嫁になることは決まっています。そのことを考えると、花婿となる人からの愛情を受けながら、晴れの結婚式の日が来るのを待ち遠しく思い、喜びがドンドン、ドンドン増してくるのではないかと思います。婚約してからも日常生活を今までどおり送りますが、結婚の日を待ち望む喜びは日ごとに大きくなっていく。「喜びなさい」と言われなくても、喜びが増し加わってくるはずです。

そのようになっていく花嫁を想像してみると、「イエスがやがて神の国を完成してくださる。私たちはそこに入る約束がある。確かにその日がいつかは分からないけれども、それが日ごとに近づいているのだ」という喜びを味わうことができるはずです。私たちの地上の人生はたかだか七十年、八十年と言われています。長生きする人で、百年そこそこでしょう。そのことだけを考えて人生を生きるならば、人生先細りであって、喜びが増し加わってくる人はあまりいないでしょう。しかし、キリストにある私たちの人生は、いつ終わるか分かりませんが、確実に天の御国に引き上げられて、その完成の中に入れられ、イエスとともに永遠のいのちを楽しんで生きるようにされています。ですから、キリストの救いにあずかった者は、そこにしっかりと目を留めて、その日の到来を待ち望んで怠らず、喜んで生きていくという、賢い生き方ができるのです。

もう一度人生の終わり、この世の終わりに目を留めて、油断をしないように歩みたいと思います。

2　「足らん！」と言うな――回復された神の委託を果たす物語

「天の御国は、しもべたちを呼んで、自分の財産を預け、旅に出て行く人のようです。彼は、おのおのその能力に応じて、ひとりには五タラント、ひとりには二タラント、もうひとりには一タラントを渡し、それから旅に出かけた。五タラント預かった者は、すぐに行って、それで商売をして、さらに五タラントもうけた。同様に、二タラント預かった者も、さらに二タラントもうけた。ところが、一タラント預かった者は、出て行くと、地を掘って、その主人の金を隠した。さて、よほどたってから、しもべたちの主人が帰って来て、彼らと清算をした。すると、五タラント預かった者が来て、もう五タラント差し出して言った。『ご主人さま。私に五タラント預けてくださいましたが、ご覧ください。私はさらに五タラントもうけました。』その主人は彼に言った。『よくやった。良い忠実なしもべだ。あなたは、わずかな物に忠実だったから、私はあなたにたくさんの物を任せよう。主人の喜びをともに喜んでくれ。』二タラントの者も来て言った。『ご主人さま。私は二タラント預かりましたが、ご覧ください。さらに二タラントもうけました。』その主人は彼に言った。『よくやった。良い忠実なしもべだ。あなたは、わずかな物に忠実だったから、私はあなたにたくさんの物を任せよう。主人の喜びをともに喜んでくれ。』ところが、一タラント預かっていた者も来て、言った。『ご主人さま。あなたは、蒔かない所から刈り取り、散らさない所から集めるひどい方だとわかっていました。私はこわくなり、出て行って、あなたの一タラントを地の中に隠しておきました。さあどうぞ、これがあなたの物です。』ところが、主人は彼に答えて言った。『悪いなまけ者のしもべだ。私が蒔かない所から刈り取り、散らさない所から集めることを知っていたというのか。だったら、おまえはその私の金を、銀行に預けておくべきだった。そうすれば私は帰って来たときに、利息がついて返してもらえたのだ。だから、そのタラントを彼から取り上げて、それを十タラント持っている者にやりなさい。』だれでも持っている者は、与えられて豊かになり、持たない者は、持っているものまでも取り上げられるのです。役に立たぬしもべは、外の暗やみに追い出しなさい。そこで泣いて歯ぎしりするのです。」(マタイ25・14〜30)

小さな子どもが部屋でゲームをしながらグダグダしている姿を見て、お母さんが「勉強しなさい」と言います。男の子は「お母さん、どうして勉強しなければいけないの?」「そりゃ、いい学校へ行かないと。」「いい学校に行ってどうするの?」「いい会社に入って、そしていい給料をもらって。」「いい給料をもらって、お金持ちになってどうするの?」「そりゃ、老後に楽をするためですよ。」子どもは「いいよ、僕はもう今、楽をしているから。」

そんな、落語のマクラのようなお話があります。これを私たちは笑って聞き流しますが、人間は何のために生きているのかと大人に尋ねると、働くためだと多くの人は考えるかもしれません。では、何のために働くかと問われると、お金を儲けるためだと。そして、なぜお金を儲けることが大切なのかと尋ねられると、老後に働かなくても生きていけるためだという答えが出てくるかもしれません。これが現代社会では一般的なことではないかと思います。働くのはお金を稼ぐためであり、楽をするためだ。本当にそうでしょうか。

＊

聖書は、人間が生きる目的のひとつには働くことがあると確かに言っています。ご存じの方が多いと思いますが、創世記の1～2章で神が人間を造られたときに、神は人間に対して「あなたはわたしのパートナーだ。わたしと一緒にわたしが造ったこの世界を治め、管理し、そしてそこで文化を築いていく働きをしなさい」とお命じになりました（1・26、2・15参照）。それは人間にとって、とても光栄なことでした。

働くというと、私たちには「苦しい」とか「嫌だ」という思いが来るかもしれませんが、実は働くことができるのは人間だけです。他の生物は働きません。人間だけは、神が造った世界を神と一緒になって管理し、治めるために働くように造られた特別な存在で、これが人間の生かされている目的だと聖書は書いています。

ところが、あのアダムとエバが神に背いて堕落をしてしまった後の創世記3章を見ると、その目的が分からなくなってしまった人間の様子が書かれています。そこでは、人間は続けて働いているのですが、それについて聖書はこのように言います。「いばらが生えてくる土地で、額に汗を流して自分の食料を得るために働かなければいけない」と。それは苦痛です。仕方なしの枷《かせ》を負わされた奴隷のような営みでしょう。そして、人間は死んでいく。私たち現代に生きている人間の労働生活は、この堕落した後の労働の状態を引きずっているのです。生まれてきたなら、働いてお金を稼げなければ食べていけない。家族も養えない。だから仕方なしに働くのだ。このような考え方です。

しかし、それは本来の人間の姿ではないと聖書は語ります。そして、イエス・キリストを信じるときに、神との交わりが回復されるだけではなくて、神が人間を造ったときの本来の目的に従って「神のパートナーとして働くために生きる」という人間らしい生活が戻ってくるというのです。これは、キリスト者になった者の特権です。キリスト者も、他の人と同じように働いていると見えるかもしれませんが、働くことの真の意味が分かり、そして働くことの中に喜びが見いだせるようになる。それは雲泥の差です。

先ほど、マタイの福音書25章14～30節を読んでいただきました。今回の25章からの三つのお話には〝主が再び来られるまで〟というシリーズ・タイトルをつけています。それは、こういう理由からです。キリスト者になっても地上での私たちの命には限界があります。また同時に、この世・時代も、イエスがもう一度来て神の国を完成する最後の時に向かっています。しかも、私たち一人ひとりの人生が終わるのが早いか、イエスが来るのが早いかは、誰にも分かりません。でも聖書は、やがてイエスが再び来られて、天地万物をまったく新しく造り変え、さらには私たちをも神が造ってくださった人間の本来の姿、神のかたちの完成にまで成長させてくださり、そこで神と一緒に生きるようになることを約束してくれています。

＊

私たちはその日がいつ来るか分からないのですが、それまで何をするかと言うと、「働く」のです。でも、その「働く」ということを、もう少し考えてみたいと思います。先ほど読んだ聖書の箇所に目を留めてください。よく知られている「タラントのたとえ話」です。

ある人が旅に出かけるときに、しもべたちに財産を預けます。ひとりには五タラント、もうひとりには二タラント、そしてもうひとりには一タラントです。タラントとは大きな金額でして、一タラントは簡単に言うと二十年分の給料くらいに匹敵するものです。五タラントは推して知るべしです。そのような財産を預けたのは、当然それで仕事・商売をすることを期待してのことです。主人は遠くに出かけ、しばらく時が経って帰ってきました。そして、精算をすることになります。

まず、五タラント預かった者は商売をしてさらに五タラントもうけたことを報告します。そして、その十タラントを主人に差し出すと、「よくやった。良い忠実なしもべだ」と誉めて、「あなたは、わずかなものに忠実だったから、私はあなたにたくさんの物を任せよう。主人の喜びをともに喜んでくれ」と言います。二タラント預かった者も、さらに二タラントもうけて、四タラントを差し出すと、主人から全く同じ誉め言葉をもらいます。そして最後に、一タラント預かったしもべの番がきます。その者は出てきてこう言います。「ご主人さま。預かった一タラントをそのままあなたにお返しします。」実は地の中に一タラントを埋めて隠していたのです。どうしてそんなことをしたのか。彼はこう言っています。「あなたは蒔かない所から刈り取り、散らさない所から集めるひどい方だとわかっていました。私はこわくなり、出て行って、あなたの一タラントを地の中に隠しておきました。」「全然、目減りしていませんよ。そのままですよ」と言わんばかりです。すると、そのしもべは主人からこう言われます。「悪いなまけ者のしもべだ。私が蒔かない所から刈り取り、散らさない所から集めることを知っていたというのか。それならばせめて、銀行に預けておけば利息がついたのに」と。そして主人は、その一タラントを取り上げて十タラント持っている者にやってしまうのです。

ここでのメッセージは、いったい何でしょうか。たとえ話ですから、これは何の比喩かを想像してみなければなりません。財産を預けていく主人というのは神、もっと言えばイエス・キリストのことです。イエス・キリストが私たちにタラントを預け、旅に出かけて、やがて帰ってくるというのは、天に昇られたイエスがもう一度帰って来られるということです。それまでの間、私たちキリスト者は、それぞれ自分のタラントを預かり、イエスがもう一度来るときまで、それで商売するように期待されている。そしてイエスが帰ってこられたときには、このように私たちと清算をするということです。ここで「商売」と訳されている言葉は、他の聖書の箇所では「わざ」とか「働き」と訳されている言葉です。ここは「商売」でいいと思いますが、イエスがもう一度帰って来られるまでに、神から私たちが期待されている「働き（宣教・奉仕）」を意味しているのです（Ⅰコリント3・10〜15参照）。

＊

では、このタラントは、いったい何を意味するのでしょうか。教会に来てこの聖書箇所を読んでいる方は、すぐに答えるはずです。これは「賜物」のことだ、と。もちろん、そう考えてよいでしょう。英語圏では、この言葉から出てきた「タレント」を、才能のような意味で使います（日本語で「タレント」

言えば、芸能人を意味することが多いでしょう）。しかし、もともとのこのたとえ話での「タラント」すなわち賜物とは、才能だけではありません。そこで私たちの教会では、それを「ＳＨＡＰＥ」で説明してきました。すなわち、Situation（状況）、Heart（情熱）、Ability（能力）、Personality（性格）、Experience（経験）です。私たち一人ひとりには、これらのものが固有の形（シェイプ）で与えられているということです。

けれども、今日は少し考えを進めてみましょう。タラントとは「社会の、また世の中の必要を見抜く目、また必要を感じる心」と大胆に言い換えることも可能だと私は思います。私たちは、賜物というと、何か自分が持っているものを考えてしまいます。それを使って何かしようと言います。しかし、少し違った角度から見ると、私たちは「この世の中で何が必要なのか」「人々はどういうニーズを持っているのか」を見ることができると、それに応えていこうとする力が湧いてきます。必要が見えないと、自分のやるべきことが見つからないということでもあります。

最初に変な子どもの話をしましたが、この社会では、教育をすることは能力を身につけさせていくことという考え方が一般的だと思います。そして、それを後の人生で最大限に発揮しようとします。そのような生き方を私たちの社会では「自己実現」と言います。現代は、自分には何ができるか、何を成し遂げられるか、どうすれば自分を生かせるか、そういうことばかり考える時代です。しかし、本来、教育をするということは、社会の中、また他の人の中に、あるいはもっと大きく、世界とか宇宙とかの中にある必要が見えるような人にすることであると言えないでしょうか。現に、子どものときにはそのような他の人、世界の必要は見えませんが、教育を受けるに従って、この世の中にはこれが必要だということが見えてくる。そして、自分はそれに対して応えられるような人になろうと、さらに勉強をするのが本当なのです。しかし、この「他人の必要が見えるようになる」という本来的な見方が、現代社会では大きく欠けているのではないでしょうか。

新聞に、マイクロソフトのビル・ゲイツのことが載っていました。彼は二〇〇〇年に「ビル・ゲイツ財団」を造りました。そして、六十歳になった今、個人資産の九五パーセントをその財団に投じるというニュースでした。彼は、その資産たるや約十兆円もある大金持ちですから、「私だって、それほどあったら九五パーセントささげてもいいな」と思うかもしれませんが、それにしても、九五パーセントをその財団のために投じるのは普通のことではありません。そして、彼はこれからもその財団を運営していくことで働くのでしょう。千四百人ぐらいの従業員を抱えながら、その財団は何に向かって活動していくのかというと、最も重視するのが、ポリオやマラリアといった感染症の撲滅だそうです。世界を見渡すと、先進国の子どもとは違って、発展途上国の子どもたちの多くは、そういう感染症や病気のために幼くして死んでいく。このような不平等を世界は抱えているけれども、政府も企業も、いろんな国際機関も、そこに手が届いていない。それを一番よくできるのは個人だ、ということで彼は、その財団を造り、国連と協力しながら、その働きをするのだと表明していました。

そのような事業には非常なリスクがあります。たとえば日本の政府がお金を出すといっても、税金を払っている国民が「それは有効に使われたかどうか」を問います。企業は儲けなければいけないし、株主が見張っています。それぞれの団体はそのようなリスクの高いところ、またリターンの保証のないところには、なかなか投資をしません。ですから、「そういうリスクを承知しながらもできるのは個人だ。私がそれをやる」と、彼は決断したのです。彼がお金持ちだからできた。そう言うこともできるでしょう。しかし、彼は世界の必要を感じる心があったと言うこともできるのではないでしょうか。私たちはタラントとか賜物とかいうときに、自分が持っている能力を考えると「それがあるならやろう。しかし、私には賜物が足らん、足らん！」と言う。「こんな私に何ができるか。私に賜物をくれなかった神は不公平だ。神が悪い」と考えて、結局、何もしないで一生を終える危険があるのです。もちろん、自分にある賜物も考えざるをえませんが、世界の中で「何が必要か」ということを見る目、感じる心があるかどうかも大切なのではないでしょうか。今日は、このタラントを、その「必要を見る目、感じる心」というふうに読んでみたいと思います。

神は能力に応じてそれぞれに、そのようなものをお与えになってくれていると、聖書は語ります。そして、社会に多くのニーズを見た人、感じた人は、多くのタラントを預けられている。それを意気に感じる人は、そのために生涯を賭けて頑張るでしょう。

二〇一五年にノーベル賞を受賞された大村智さんもそうでしょう。世界の発展途上国における病気を何とかして治したいと、ビル・ゲイツさんほどお金はなかったかもしれませんが、自分の専門分野でコツコツ、コツコツと土を集めながら、良き仲間を得て、薬の開発をやり遂げたのです。彼に能力があったと言うこともできるでしょう。しかし、そのような業績に行き着いたのは、他の人がほとんど目を留めない中で、世界にあるその必要に何とか応えたいという思いがあったからでしょう。

そして、私たちキリスト者に対してはさらに、大きな神の必要・期待・機会、すなわち世界におけるキリストの福音宣教という働きを使命として生きるよう、聖書が励ましています。


機会を十分に生かして用いなさい。(エペソ5・16。コロサイ4・5も参照)

これが働くための大きな資源であり、それがタラントだと言うことができるのではないでしょうか。

＊

神からひとりひとり、そのように社会を見る目と感じる心が与えられているわけですが、それを感じたときに、リスクがあってもそれをやろうとすることが大切です。それを聖書では「忠実に生きる」と言います。ここで主人から、このお金で商売しなさい、働きなさいと言われた。商売をするというのはリスクを伴いますが、リスクが伴っても託されたことだからする、これが忠実です。ですから、ここで五タラント、二タラント預かっているしもべは、「これで商売しろと言われているのだから、やりましょう」と言ってやった人ということです。その結果、それぞれ倍増して、ふたりともその忠実さを主人から誉められました。「よくやった。良い忠実なしもべだ。あなたにはたくさんの物を任せよう」と。

それに対して、一タラント預かった者はどうだったでしょうか。言われているとおりにしませんでした。預かったものを地の中に埋めておき、そのまま返せばいいと思ったのです。ところが、主人が帰ってきたときに「悪いなまけ者のしもべだ」と叱責されました。これは、どういう人生を表しているでしょうか。いろんな世界の必要が見えるのに、「いや、わたしには関係ない」と言って、何もせず、自分のことにかまけて日を過ごしている。そういう人だと言うことができるかもしれません。あるいは見て見ぬふりをする。その必要に応えようとはしない。しかし、そのような人生は最後にどうなるか。「ああ、生きていて良かった」とはならない。「私の人生、何もなかった」、これが一タラントの者に表されている「不忠実で怠け者の人生」の結末と考えることができるでしょう。

働くということは、お金を得ることも含まれていますが、それだけではありません。私たちが働いている仕事は、ある意味では、それを通して社会に貢献し、その結果、対価をもらっているわけです。対価をもらうことが悪いわけではありません。現代は分業の社会、産業の社会ですから、そのようなシステムなのです。自分の人生において、社会の必要にある部分で貢献をし、その対価としての収入を得ていく。そのことが働くということです。大きな働きができる人もいますが、皆が大きな働きをしなければいけないわけではありません。

私はマザー・テレサの言葉をいつも思い出すのです。名古屋の南山大学に来て講演をしたときのことです。講演が終わるや、女子高生や女子大生が感動して、「私もカルカッタに連れて行ってください。あなたと一緒に働かせてください」と口々に言う。そのとき、マザー・テレサは言います。「いいえ、カルカッタまで来る必要はありません。あなたの周りにカルカッタがありますよ。」私たちには、周りのニーズが見えていないのでしょう。マザー・テレサも最初からカルカッタに行ったわけではないのです。シスターになり、宣教師としてインドで過ごしていました。あるとき、避暑のために高原リゾートに行く列車の中で、彼女はふとカルカッタのあの貧しい人のことを思った。ひとり寂しく死んでいく人たちがいる。その人たちにただ、「『あなたは生まれてきて良かった、あなたは大切な人ですよ』と、一言でもいいから声をかけてあげよう。」その必要を見つけて彼女は行ったのです。やがて、その働きが大きくなっていくと、人々は感動し、献金も多く集まるようになります。しかし、マザー・テレサはかえってそのことを嫌がる。そして、みんながカルカッタに押しかけて来ようとすることを阻止する、「来なくていい。あなたの今いるところに必要があるでしょう。それを見なさい」と言って。

お金を儲ける働き——それは必ずしも悪いわけではありません。金をもらっていいのです。けれども、お金にならない働きもいっぱいあります。多くの女性たちは（もちろん男性もです）家事とか子どもを育てることとかを中心にやっていくときに、現金収入にはなりません。しかし、それがどれほど大事なことか。今は高齢者が急増しています。介護の働きは、どれだけ必要とされていることでしょうか。そのようなことは、自己を実現する、自分の能力を生かすというような発想ではなくて、「必要に応えていく」ことから考えられなければ意義を持ちません。それが神からいただいたタラントを用いていることであり、それが働くということだからです。そのようなことのために働き、生きるという、働く意味の受け取り直しが、私たちキリスト者に必要なのではないでしょうか。それでこそ、この世の中とは違う価値観に生きるキリスト者です。

＊

若い人は勉強するべきです。しかし、勉強するのは、自分が成功するためではなく、世の中の必要が見えるようになるためです。また、その必要に応える人間になっていけるためです。さらには聖書を読むべきです。祈るべきです。それは、神の必要とあなたに対する神の期待をつかむためです。そのような人生の結果はどうでしょうか。このたとえ話で、五タラントの者が五タラントもうけ、二タラントの者が二タラントもうけた、とありました。普通それは、ふたりとも同じぐらい頑張ったのだなという理解がなされます。しかし私は、こういうふうに考えるのです。必要を見て私たちがそれに応えていくときに、神がちゃんともうけ・成果を生み出してくださるということです。自分がもうけたのではありません。このたとえ話は結果だけが書かれていて、しもべが頑張ったと理解されがちですけれども、私たちキリスト者の生き方に考え直してみると、もうけは自分で作り出すのではないのです。人々の、社会の、そして神のニーズに応えて働いていくときに、神がその人の人生に実りをちゃんと用意をしてくれているということだと思います。

ローマ人への手紙8章28節は、こう語ります。新共同訳で読んでみます。

　神を愛する者たち、つまり、御計画に従って召された者たちには、万事が益となるように共に働くということを、わたしたちは知っています。

ここで、「万事が益となるように共に働く」の「共に働く」という意味は何かというと、「神が人間と共に働く」という意味です。それはそうでしょう。神が天地創造に際して「世界を管理して治めなさい」という働きを人間に委託したということは、神の協働者・パートナーとしての人間にお命じになったのです。それ以降、神は「わたしは天地創造をしたのだから今日からは休みだ。お前が代わりに働け」と人間に働かせて、自分はずっと休んで高見の見物をしているわけではありません。「わたしと一緒に働いてくれ」と人間に言われた神は、人間が働くときにご自分も共に働く。これが聖書の語っていることです。

ですから、ローマ人への手紙8章28節を、「良いことも悪いことも神が全部、益に変えてくださる」と理解する場合が多いと思うのですが――それもそのとおりですが――、ここでの主旨はむしろ「すべての営みにおいて神が人間と一緒に働いてくださる」、これが「共に働く」と言われていることでしょう。そうすると、私たちが神から命じられた働き、社会にあるニーズに応えていこうする働きをするときに、神が共に働いてちゃんと実り・成果をもたらしてくださる。それが、五タラントの者が五タラントもうけ、二タラントの者が二タラントもうけたということではないかと思います。私たちのほうは、成果を上げることよりも、主から託されたわざを忠実になすことに集中すればよいのです。そうするなら、神はちゃんと結果を出してくださる、ということです。

＊

もう一度、主人の誉め言葉にあった「忠実」という言葉の意味について考えてみましょう。キリスト者が神に忠実であるとは、「悪いことはしない」とか、「聖書の戒めを守る」、「教会の集会に必ず出席する」というようなことでしょうか。タラントのたとえ話が言っているのは、そのような生き方ではありません。また、「忠実」というと「私たちが忠実であること」と考えますが、それは半分のことです。「忠実」という言葉は、聖書では「真実」という言葉と同じです。神について使われている時は「真実」、人間に使う時には「忠実」と訳されているだけです。まず、神が真実なお方なのです。そして、その神が真実であるということを信頼して冒険をしていく。神の与えてくださった機会（チャンス）を生かしていく。これが私たちの忠実なのです。

最後にもう一か所、聖書を開けてみましょう。これも有名な箇所で、コリント人への手紙第一4章1～5節です。

こういうわけで、私たちを、キリストのしもべ、また神の奥義の管理者だと考えなさい。この場合、管理者には、忠実であることが要求されます。しかし、私にとっては、あなたがたによる判定、あるいは、およそ人間による判決を受けることは、非常に小さなことです。事実、私は自分で自分をさばくことさえしません。私にはやましいことは少しもありませんが、だからといって、それで無罪とされるのではありません。私をさばく方は主です。ですから、あなたがたは、主が来られるまでは、何についても先走ったさばきをしてはいけません。主は、やみの中に隠れた事も明るみに出し、心の中のはかりごとも明らかにされます。そのとき、神から各人に対する称賛が届くのです。

ここにも、私たちには「忠実である」ことが求められているとあります。しかし、「私の働きは成果があった。人から喜ばれた。また、自分でも満足があった。そういうことを先走って考えるな」とパウロは言います。そういうものは神が全部最後に評価してくださる。「裁く」とは「評価する」ということです。その評価も、罰することではありません。最後の日にやみの中に隠れた事や心の中のはかりごとを全部明るみに出すというと、失敗や心の汚さを暴露されるような、嫌な感じがするかもしれませんが、そういう意味ではありません。

私たちには、働きの結果など、見えないことがたくさんあるのです。ところが最後の日に神は全部それを私たちの前に出して、そして「称賛が届く」と書いてあるでしょう。誉めてくださる。神が私たちを表彰してくださるのです。ですから、キリスト者になった者は、神から造られた人間本来の姿に戻って、神が共に働いてくださることを信じながら、社会の人々のニーズ、教会の必要、そして神の宣教の働きにある必要を見つけて、それに応えていくために働くのです。イエスが来られるまで、そのような生き方をすれば、評価は全部を見ている神がしてくださる。そして、最後に神はあなたを「良い忠実なしもべだ。あなたはわずかな物に忠実だったから、たくさんの物を任せよう」と誉めてくださいます。

3　木は実でわかる――回復された神のいのちに成長する物語

「人の子が、その栄光を帯びて、すべての御使いたちを伴って来るとき、人の子はその栄光の位に着きます。そして、すべての国々の民が、その御前に集められます。彼は、羊飼いが羊と山羊とを分けるように、彼らをより分け、羊を自分の右に、山羊を左に置きます。そうして、王は、その右にいる者たちに言います。『さあ、わたしの父に祝福された人たち。世の初めから、あなたがたのために備えられた御国を継ぎなさい。あなたがたは、わたしが空腹であったとき、わたしに食べる物を与え、わたしが渇いていたとき、わたしに飲ませ、わたしが旅人であったとき、わたしに宿を貸し、わたしが裸のとき、わたしに着る物を与え、わたしが病気をしたとき、わたしを見舞い、わたしが牢にいたとき、わたしをたずねてくれたからです。』すると、その正しい人たちは答えて言います。『主よ。いつ、私たちは、あなたが空腹なのを見て、食べる物を差し上げ、渇いておられるのを見て、飲ませてあげましたか。いつ、あなたが旅をしておられるときに、泊まらせてあげ、裸なのを見て、着る物を差し上げましたか。また、いつ、私たちは、あなたのご病気やあなたが牢におられるのを見て、おたずねしましたか。』すると、王は彼らに答えて言います。『まことに、あなたがたに告げます。あなたがたが、これらのわたしの兄弟たち、しかも最も小さい者たちのひとりにしたのは、わたしにしたのです。』

それから、王はまた、その左にいる者たちに言います。『のろわれた者ども。わたしから離れて、悪魔とその使いたちのために用意された永遠の火に入れ。おまえたちは、わたしが空腹であったとき、食べる物をくれず、渇いていたときに飲ませず、わたしが旅人であったときにも泊まらせず、裸であったときにも着る物をくれず、病気のときや牢にいたときにもたずねてくれなかった。』そのとき、彼らも答えて言います。『主よ、いつ、私たちは、あなたが空腹であり、渇き、旅をし、裸であり、病気をし、牢におられるのを見て、お世話をしなかったのでしょうか。』すると、王は彼らに答えて言います。『まことに、おまえたちに告げます。おまえたちが、この最も小さい者のひとりにしなかったのは、わたしにしなかったのです。』こうして、この人たちは永遠の刑罰に入り、正しい人たちは永遠のいのちに入るのです。」（マタイ25・31〜46）

この箇所はすでに多くの方がご存じの箇所ですが、神による最後の裁きがどのように行われるかを書いているお話です。これまで取り上げた二つのたとえ話と同じように、ひとりひとりの人生の最後に右と左に分けられる（裁かれる）という設定の中で、今の生き方への警告が語られていると言うことができます。ですから、この話を「天国と地獄があって、このような人は地獄に落とされる」というようなメッセージを語っていると考えるのは、ちょっと違うと言わなければなりません。

イエスが言われているのは、私たちの人生の最後に神が私たち一人ひとりに裁きをなさるということであり、神はその裁きをするときに何をもって判断するのかということです。端的に言えば、良いことを周りの人にしたか、それをしなかったか、その行いによって神は裁かれると書いています。しかし、行いによって神さまが人々をさばかれると言うと、私たちは「あれ？　教会でいつも聞いているのと違うのではないか」と思うかもしれません。いつもどう聞いてきたかと言えば、「イエス・キリストを信じているかどうか、信仰があるかどうかによって神は裁かれる」ということだったでしょう。これは聖書全体が言っていることでもあります。

しかしここで、「信仰」と「行い」を分けて考えるのは間違いなのです。そのことでよく話題にのぼる聖書箇所を開けていただきたいと思います。ヤコブの手紙2章14節からです。

私の兄弟たち。だれかが自分には信仰があると言っても、その人に行いがないなら、何の役に立ちましょう。そのような信仰がその人を救うことができるでしょうか。もし、兄弟また姉妹のだれかが、着る物がなく、また、毎日の食べ物にもこと欠いているようなときに、あなたがたのうちだれかが、その人たちに「安心して行きなさい。暖かになり、十分に食べなさい」と言っても、もしからだに必要な物を与えないなら、何の役に立つでしょう。それと同じように、信仰も、もし行いがなかったなら、それだけでは、死んだものです。

ここでよく、「パウロとヤコブの言っていることは反対だ」と言う人がいるのですが、実はそうではありません。よく読むと分かります。信仰というのは、ただ心で信じているということではなく、行いを伴うものだというのが、ヤコブの言っていることです。信仰と行いが対立しているのではありません。ちょっと飛びますが、24〜26節にはこう書いています。

人は行いによって義と認められるのであって、信仰だけによるのではないことがわかるでしょう。……たましいを離れたからだが、死んだものであるのと同様に、行いのない信仰は、死んでいるのです。

「信仰がある、信仰がある」と言っていても、それが行い、すなわち日常のふるまいや生活態度の中に現れてこなければ、それははたして信仰があると言えるのだろうか。そういうことをヤコブは問題にして書いているのであって、「神が最後に裁きをなさるのはキリスト信仰によってか、律法を守るという人間の行いによってか」とは、全然違う問いなのです。ここでは、信仰は生活態度に現れるはずですから、最後に神がその生活態度によって裁きをなさるのは、信仰がほんとうにあったかどうかを見ているのだということになります。

＊

では、その「行い（ふるまい・生活態度）」とは、どういう行いなのでしょうか。マタイの福音書25章に戻ると、それは、一言で言うならば「愛の行い」と言うことができるでしょう。私たちの周りにいる困っている人、〝最も小さい者〟と書かれている、そのような周りにいる人たちの必要に愛の手を差し伸べた、こういう人が「あなたがそのような人にしたのは、わたしにしたのだよ」と言って評価されたということです。

ところが、後のもうひとりはどうだったかというと、「わたしが困っている時に何もしてくれなかった」と主から言われるのですが、「えっ？　あなたが私のところに来られたら、私は絶対におもてなししますよ。いつ私のところに来られましたか？」と反論すると、「あなたの周りにいる小さな者にしなかったのは、わたしにしなかったことなのだ」と主が言われた、そのように描かれています。その行為の愛とは〝人とつながること〟だと言い換えてみると、今日のところはよく分かるのではないかと思います。何もしなかったというのは、周りの人たちと何のつながりも持っていなかったことを物語っています。一方、周りに困っている人がいたときに手を差し伸べたということは、人とつながっていたということになります。

〝罪人〟ということばを私たちは、〝神から離れている人のことだ〟と常々話しています。神が私たちを愛してくださっているのに、私たちは神を愛さない。神との関係、つながりを断ち切っている。これが罪人です。つながりを持とうとしている神を拒否しているということです。そのような罪人の生活がどうなるかというと、人との関係もうまく作れない。人との関係をも断ち切ってしまって、つながることができない。そうすると、他人のことは〝我関せず〟という生き方になっていきます。それがここで描かれていることです。

特に私たち日本人は、〝最後の裁き〟を仏教的にこう聞いてきたのではないでしょうか。「善いことをすると極楽に行って、悪い行いが多かった人は地獄に行く」と。ところが聖書は、善いことをすれば天国に、悪いことをすれば地獄に行くとは言っていないのです。〝善いことをした人は天国に行く〟と言っていいでしょう。しかし、それに対して〝善いことをしなかった人は滅びる〟と言っているのです。いいでしょうか、〝悪いことをした〟と書いてないのです。これはよく考えてみると、不思議なことと言いますか、わたしたちの常識とはちょっと違うことに気づかされます。

なぜ聖書は〝善いことをした人は天国、悪いことをした人は地獄〟と言わなかったのでしょうか? 悪いことをした人というのも聖書に出てくるように見えますが、悪いことをするというよりも、〝愛が欠けている〟ということのほうが、もっともっと根本的なことだと言っているようです。人とのつながりがないことが問題とされているからです。

これは結局、信仰と同じでしょう。神を信じるとは神とつながることであり、信仰がないとは神とのつながりを持たないことです。ですから、悪いことをするという私たちの通常の考え方よりも、もっともっと根本的なことは、神とつながることを拒否する。そして人とのつながりも持たない。これが罪人の生活態度の根本的な特徴だと言うことができます。それがここで裁かれていると理解したらよいでしょう。

*

でも、「悪いことをするのは、もっと問題だ」と思われるかもしれません。悪というのは、いったいどういうものなのでしょうか。最近読んだ本の中に興味深いものがありました。それは姜尚中《カンサンジュン》さんが書かれた『悪の力』という本です。これまでも『悩む力』『心の力』などを書いてこられましたが、最新刊の『悪の力』は、聖書や、聖書を題材にした文学に触れていて、「悪はどこから来ているのか。悪とは何なのか」ということを論じています。改めて、そうだなと思う表現がありました。それは〝悪とは、愛の欠如しているところに巣食う病気である〟という言葉です。悪を何か実体のあるものと考えるのは、実は違うのではないか。悪いことをするということよりももっと根本的なのは、愛の空白であり、それが一番の問題だと言うのです。愛の空白は、つながりを持たないことですから、みんなを孤立させます。しかし、人間はつながりを持たないと生きていけないので、人は何とかほかの人とつながりを持とうとする。ところが、愛によって満たされていない者がつながりを持とうとすると、そこに歪みができて悪になる、と言うのです。正しく人と結びつくことができないことが悪だと。

考えてみればそうです。社会では殺人事件がたくさんありますが、人とつながりをまったく持たない人は殺人を犯しません。ほとんどの人はそのように孤立して生きていくことはできないので、何とか人とつながりを持とうとするのですが、間違ったつながり方しかできない。それが殺人にまで至ることにもなる。無差別に殺人を犯す人がいますが、どうしてそんなことをするのでしょうか。彼らの「誰でもよかったんです」「とにかく新聞に載るような大きなことをしたかったんです」という言葉に私たちは驚きますが、それは、今の私たちの時代にあって誰からも省みられない愛の空白の中に生きている人が、「何でもいいから注目されたい。世間に認められたい。自分の存在を確認したい」、そのような思いが間違ったかたちで出ると、無差別殺人というようなことになるのでしょう。

ですから、「悪」自体が実在しているのではなくて、また、「悪人」という人がいるわけではなくて、愛の空白、その心が病的に人とつながろうと行動を起こして、悪を行うのである。姜《カン》さんはそう説明しているのです。私はそれを、聖書が言っていることと近いと思いました。聖書において「愛する（重んじる）」の反対語は「憎む」であり、その意味は「軽んじる・無関心である」ことですから、まさにそれは「愛の欠如」なのです（ヨハネ12・25、マタイ10・39、ルカ14・26参照）。

そうすると、今日の聖書箇所で、主イエスは悪そのものを問うているのではなく、それよりももっと深いところで、愛の欠如、愛の空白、それが人間の問題だと言っているのだと理解することができます。前半の人は人とのつながりがある。だから困っている人がいたときに助けることが自然にできた。これは愛のふるまいが身に着いているということです。後半の人のように、周りにそういう人がいっぱいいても何もできないのは愛の空白でしょう。それが裁かれるのです。

＊

では、罪人である人間はどうしたらいいのか。愛の空白のまま生きている人間は、その空白をどのようにしたら埋めることができるのでしょうか。どのようにすれば愛の人になれるのでしょうか。これは、私たちがいつもいつも聖書から教えられていることです。私たち自身にはそのような愛はありません。これが生まれながらに罪人ということです。愛の欠如と空白、そのような心を抱えた人間として生まれてくる。そのような人間が愛のある人間にどうしたらなれるかといえば、聖書は言います。「愛されることを経験するしかない」と。

ですから、私たちの経験のレベルから考えてみても、私たちが小さい時にお父さんやお母さんをはじめとして周りの人に愛されることによって、愛される経験をします。それによって愛することができるようになります。しかし、どんなに愛情の深い親に育てられても、人間の愛には限界があります。親も完全ではありません。また、成長して社会に出ていきますが、その社会ではなおさら愛の欠如を経験していきます。そのような人生で、人は愛の欠如、空白を抱えたまま生きています。そのような私たちの空白が埋められるのは、〝神が私たちを愛してくださったという、この完全な愛を経験する以外にない〟というのが聖書の語ることです。クリスマスに学んだとおりです。

神はそのひとり子を世に遣わし、その方によって私たちに、いのちを得させてくださいました。ここに、神の愛が私たちに示されたのです。（Ⅰヨハネ4・9）

神が私たちを愛するがゆえに、ひとり子であるイエスを遣わしてくださった。そして、そのイエスはご自分のいのちを十字架の死というかたちで与えて、私たちを愛していることを現してくださった。そのイエス・キリストの愛を受ける以外に、私たちがこの愛の空白を埋める手立てはないということです。そ「このイエス・キリストが私の愛の空白を埋めてくださった、ありがとうございます」とその愛を受け容れて、そのお方に感謝して生きるようにされたのがキリスト者であり、それが信仰です。この信仰によってだんだん愛を満たされてきた者は、その生き方が変わらないはずはないと言うのです。ヨハネの手紙第一には続きがあります。

私たちは、私たちに対する神の愛を知り、また信じています。神は愛です。愛のうちにいる者は神のうちにおり、神もその人のうちにおられます。このことによって、愛が私たちにおいても完全なものとなりました。それは私たちが、さばきの日にも大胆さを持つことができるためです。なぜなら、私たちもこの世にあってキリストと同じような者であるからです。愛には恐れがありません。全き愛は恐れを締め出します。なぜなら恐れには刑罰が伴っているからです。恐れる者の愛は、全きものとなっていないのです。私たちは愛しています。神がまず私たちを愛してくださったからです。（4・16〜19）

人は愛されることによってはじめて愛することができるようになる。そのことを聖書では〝御霊の実は愛〟と表現しています（ガラテヤ5・22）。愛というのは、イエス・キリストを信じて聖霊を注がれ、その聖霊が私たちの中に種のように植えつけられることから始まります。愛が植えつけられるのです。すると、それがだんだん育っていって、人生をかけて人格の中に実を結ぶ。そのように、私たちが愛の人に少しずつ変えられていくというかたちでしか、愛の人になることはできない、また、神の裁きに耐えうる人間になることはできないと言うのです。

ルカの福音書6章43〜45節で、イエスもこう言われました。

「悪い実を結ぶ良い木はないし、良い実を結ぶ悪い木もありません。木はどれでも、その実によってわかるものです。いばらからいちじくは取れず、野ばらからぶどうを集めることはできません。良い人は、その心の良い倉から良い物を出し、悪い人は、悪い倉から悪い物を出します。」

これは、口から出る言葉のことを念頭に置いてイエスが語られたものですが、私たちもよく知っていることです。木は偽ることができません。リンゴの種を植えたなら必ずリンゴの実がなります。柿の種を植えたなら柿の実がなります。ですから、木だけを見て、これは何の木かなと分からなくても、実を見たならこれはリンゴの木だった、柿の木だったと分かる。それと同じように、「行い（ふるまい・生活態度）」を見たなら「信仰」が分かるとイエスは言われたのです。ですから、イエスが最後に裁きをなさるときには、そのような信仰の実を結んでいるかどうかをご覧になります。

＊

私たちの人生の最後、そして、この世の最後の裁きを考えさせられます。しかし、それはキリスト者にとって決して恐れることではありません。喜んで待つべきことです。確かに、地上にいる間、私たちは不完全です。愛があると言っても、いつも愛の人ではありえません。失敗もしょっちゅうします。そのような人生を「ああ、まだ駄目だなあ」と思いながらキリスト者も生きるのです。しかし、最後の時に、イエスと同じ罪のないからだに復活させられて、イエスのそばに引き上げられます。

ですから、私たちは「マラナタ。主イエスよ、来てください。早くあなたのみそばに行きたいです」と祈るのだと聖書は言います（黙示録22・20参照）。自分の力で完全になるのではなくて、イエスが十字架と復活によって私たちに始められたことを、最後に必ず成し遂げてくださる。ですから、〝すべての国々の民を裁く〟というこのお話は、半分怖いお話ではなくて、私たちがそのような神の恵みの中に生きることができるという、喜びのメッセージをはっきりと告げているものです。

福音を概念別に語る実践を！——あとがきとして——

本書を読み終える方に、あと二つのことを述べておきたいと考えています。ひとつは、《神のかたち》の福音を三つの概念別に、すなわち聖書を三通りに横切りして語る練習をしていただきたいという願いです。もうひとつは、教会を建て上げるに際して必要な事柄を、私が牧会してきた緑キリスト教会の「教会の使命宣言文」と「教会における使命への献身プロセス」によって提示することです。

そこで、少々長いあとがきとなりますが、以下にそれらを示しておきましょう。

A　《神のかたち》の福音を三通りに語ってみよう

まず実践してみていただきたいことは、ご自分で《神のかたち》による人の創造、堕落、そして真性の《神のかたち》であるキリストのみわざ、そのみわざによる人の《神のかたち》回復、さらには、その完成に向けた歩みを、三つの概念別に物語ってみることです。そうすることによって、大別して三種類のキリストによる《神のかたち》回復と完成への物語を語ることができるようになり、福音を伝える際に、人々の必要に応じてより良く対処できるようになるはずです。また、それを聞く側にとっては、物語において使われる言葉やたとえが、ひとつの概念で一貫していることによって、聖書の福音を理解しやすくなることも期待できます。簡単なそれを、サンプル的に試みてみましょう。

⑴ 関係概念による《神のかたち》の福音

❖あなたは《神のかたち》に造られている

人とはいったい何者なのでしょう。聖書は、神が天地を創造したときに、人を《神のかたち》として創造したと語っています（創世1・27）。《神のかたち》と聞いても私たちにその意味は分かりませんが、創世記2章16～17節は《神のかたち》に造られたとは、天地万物を創造し、すべてのものを治め導いておられる神が人間を、ご自身と対等に交わる相手として造られたことだと説明しています。そこでは、神が人間とだけ約束を交わしたことが書かれており、それは、人間には神に対する「応答責任（responsibility）」が与えられたことを意味しています。ですから、人間は神との交わりに生きてこそ、人間らしく生きているのです。

ところが、人は自分が神のようになって自分の思いのままに生きるよう誘惑され、神とのその約束を破ってしまいます。結果は、自由独立の生活ができるようになるどころか、神を恐れ、かといって人にも頼れずに対立し、互いに支配を求めて抗争するような、不安に満ちた生き方しかできなくなりました。それが神に反逆した罪人の人生です。

❖オリジナルの《神のかたち》であるキリストにより

そのような自分以外に頼ることのできない不安な人間が救われるには、私たちを交わりの相手として造ってくださった神との関係を修復する以外にありません。ところが、神からの恵みに生かされておりながら勝手に神を捨て、神からの恵みに感謝もせず、賜物を自分の所有であるかのように生きて来た私たちには、神の前に出る資格はありません。そんな私たちのために、神は御子キリストをこの世に遣わし、その罪のない御子が私たちの罪（負い目）を身代わりに負って、ご自分のいのちを罪の償いのいけにえとして十字架上でささげてくださいました。その十字架上での死と復活を通して、神は私たちを赦していてくださることを明らかにしてくださいました。

ここに、神の愛が私たちに示されたのです。（Ⅰヨハネ４・９）

この御子キリストの十字架の死と復活が私のためであったと受け取るとき、私たちは神の赦しを体験できます。そして、神との関係を回復された義人とされ、神の子どもと呼ばれるようになります。このようにして、本来の人間に与えられていた《神のかたち》が回復され、神との豊かな交わりを持つことができるようになるのです。

❖《神のかたち》完成の約束を目指して

キリスト者とは、そのように神の赦しをいただいて、神との豊かな交わりの中に生き始めた者のことです。しかし、神の私たちに対する計画はそれで終わったわけではありません。回復された《神のかたち》を完成するという約束を目指して歩むよう、私たちに課題をもってチャレンジしています。

神の子どもとされた私たちは、孤児であった者が神の養子とされたのと似ています。すでに神の子となっているのですが、まだ、神を天の父としてその腕の中に安らぎ、何でも相談し、全幅の信頼を寄せる生き方とはなっていません。ついつい、孤児であったときの自分だけを頼る生き方に戻ってしまいがちになります。そのような私たちに、イエスは語りかけました。

「空の鳥を見なさい。……野のゆりがどうして育つのか、よくわきまえなさい。……神は……ましてあなたがたに、よくしてくださらないわけがありましょうか。……だから、神の国とその義とをまず第一に（捜し）求めなさい。そうすれば、それに加えて、これらのものはすべて与えられます」（マタイ6・26～34）

私たちに注がれている神の愛と配慮、そして私たちを取り囲んでいる神の恵みの支配、とりわけあなたはすでに神との関係（義）を回復されている神の子どもであることを発見し、それに感謝し、喜ぶ者となりなさいというのです（Ⅰテサロニケ5・16～18参照）。

さらには、そのように神に愛され、赦されていることを体験した者は、私たちに罪を犯した（不当なことをした）兄弟たちを赦す者とならないはずはありません（マタイ18・21～35参照）。聖霊は私たちの内側からそのように働きかけ、私たちを神の国（天の御国）の民として生きるにふさわしい者に変えてくださいます。それこそが、《神のかたち》として造られていた人間の本来の生き方であり、幸せな人生なのです。

やがて、イエスが再臨されて神の国が完成するとき、私たちは神とともに住み、神を顔と顔を合わせるように見ることになります。こう書かれているとおりです。

「見よ。神の幕屋が人とともにある。神は彼らとともに住み、彼らはその民となる。」（黙示録

21・3）

愛する者たち。私たちは、今すでに神の子どもです。……しかし、キリストが現れたなら、……私たちはキリストのありのままの姿を見るからです。（Ⅰヨハネ3・2）

(2) 実体概念による《神のかたち》の福音

❖あなたは《神のかたち》に造られている

人とはいったい何者なのでしょう。聖書は、神が天地を創造されたときに、人を《神のかたち》として創造したと語っています（創世1・27）。《神のかたち》と聞いても私たちにその意味は分かりませんが、創世記2章7節には「神である主は土地のちりで人を形造り、その鼻にいのちの息を吹き込まれた」と書かれています。すなわち、《神のかたち》として造られたとは、すべての被造物の中で人間にだけ、神の霊のいのちが吹き込まれているということです。そのような神の霊のいのちは、神の能力、理性や感情、意思を持つ人格性、さらには道徳的性質をも含み、人間の尊厳性と豊かさを表しています。

ところが、自分を創造してくださり、いのちを分け与えてくださった創造主なる神に反逆した人間は、神が警告したとおり（同2・16～17）、霊のいのちに死んだ者となってしまいます。以来、人は他の被造物とともに肉と呼ばれ、その最期は「ちりに帰る」と言われるように、はかなくも死即滅びとなってしまいます（同3・19）。

❖オリジナルの《神のかたち》であるキリストにより

そのような私たちが救われるには、霊のいのちを回復する以外にありません。しかし、私たち肉によって生まれた者は肉であり、霊によって生まれなければ霊のいのち（永遠のいのち）を生きる者とはならないと、聖書は語ります（ヨハネ3・4～5）。実に、御子キリストはマリヤからイエスとして生まれるという方法によって、私たちと同じ「肉」となってくださいました。それは、私たち、アダムの子孫の仲間となり、その代表として全人類の滅びの運命を受け取り、死んでくださるためでした。ところが父なる神は、そのイエスを初穂として霊のからだによみがえらせてくださったのです。

そのゆえに、私たち肉なる者がこの御子イエスに結び付くことによって、イエスとともに滅びの死を死に、霊のいのちによみがえる（新生する）道が開かれました。ですから「だれでもキリストのうちにあるなら、その人は新しく造られた者（上から創造された者）です」（Ⅱコリント5・17）とあるように、キリスト者となることにより、霊のいのちを持った《神のかたち》が回復されるのです。

❖《神のかたち》完成の約束を目指して

しかし、キリスト者となることによって、神の私たちに対する計画が終わったわけではありません。回復された《神のかたち》を完成するという約束を目指して歩むよう、私たちに課題をもってチャレンジしています。その課題とは、真性の《神のかたち》である「キリストのかたち」が私たちのうちに完成されるまで、成熟していくことです。もちろん、それは私たち自身の努力によるのではありません。キリスト者となったときに聖霊が私たちのうちに、霊のいのちの種として与えられたのですから、ちょうど植物の種が根を張り、芽を出し、成長して実を結ぶに至るように、私たちにも必ず御霊の実が結ばれると約束されているのです。とはいっても、私たちが何もしないでよいわけではありません。種を植えたあと、陽の当たりを遮らないように心を配り、水をやるように、御霊のいのちが枯れないで順調に成長するよう良い環境づくりをする課題があります。

そこでは、私たちに残っている罪の性質との戦いや、神からの試練を受けることがありますが、そのように、神の聖なるいのちが私たちの人格に浸透していくプロセスを私たちは「聖化」と呼んできました。そして、神の国の完成の日に遂に私たちも、キリストのよみがえりと同じように「霊のからだ」をもってよみがえることが約束されています。

私たちはみな、眠ることになるのではなく変えられるのです。終わりのラッパとともに、たちまち、一瞬のうちにです。ラッパが鳴ると、死者は朽ちないものによみがえり、私たちは変えられるのです。（Ⅰコリント15・51～52）

そして、その日のキリスト者（教会）の姿は、小羊との婚宴を迎えた花嫁として、以下のように描かれています。

「私たちは喜び楽しみ、神をほめたたえよう。小羊の婚姻の時が来て、花嫁はその用意ができたのだから。花嫁は、光り輝く、きよい麻布の衣を着ることを許された。その麻布とは、聖徒たちの正しい行いである。」（黙示録19・7～8）

(3) 目的概念による《神のかたち》の福音

❖あなたは《神のかたち》に造られている

人とはいったい何者なのでしょう。聖書は、神が天地を創造されたときに、人を《神のかたち》として創造したと語っています（創世1・27）。《神のかたち》と聞いても私たちにその意味は分かりませんが、創世記2章15節で「神である主は、人を取り、エデンの園に置き、そこを耕させ、またそこを守らせた」と書かれていることが、その大切なひとつの意味を告げています。そこで語られているのは、神から創造され、生かされている人は、何のために生きるのかという問題ですが、それは、神が創造された世界（全被造物）を神の代理として、神の協働者（パートナー）として、治め、守ることだと、聖書は言います（創世1・28も参照）。神は働くお方なので、《神のかたち》である人間も働くのだと言えるでしょうが、その労働の生活は、礼拝と奉仕という喜びの行為とも言ってよいものです。

しかし、神の働きのパートナーとしての働きを委託された人間でしたが、創造主なる神に反逆するや、その崇高な目的は見失われ、ただ自分のために被造物から収奪しつつ、しかも自分の食を得るために苦しんで生きるという、無益で空しい生き方しかできなくなってしまいました（創世3・17〜19）。

❖オリジナルの《神のかたち》であるキリストにより

そのような私たちが救われるということは、人が神から委託された働きをすることによって神に仕えるという、《神のかたち》本来の人の目的を回復する以外にありません。しかし、神から離れてしまった罪人は、そのことを知るすべさえ持っていませんし、互いに競争する中で勝ち組となり、自己実現を果たすことが生きがいとなっています。そこに、御子キリストはまことの《神のかたち》、真性の人として私たちの中に飛び込んで来てくださいました。

その公生涯の初めこそ、イスラエルを再興してくださるメシヤとの期待から人々に歓迎されましたが、私たちとは違って、父なる神に従い通し、徹底的に人に仕えて歩まれた御子は、人々から十字架につけて殺されてしまいます。この受難は、人の目には敗北としか見えませんでしたが、父なる神はキリストを高く上げて、すべての名にまさる名を与えることにより、実にキリストの十字架の死は、悪魔と自分中心に生きる罪と世の力（支配）に対する勝利であることが明らかとなりました（ピリピ2・6〜11）。私たちは、このお方の弟子となってついて行くことによって、悪魔と罪と世の奴隷（束縛）状態から贖われて（解放されて）自由な身とされるのです。そして、本来の《神のかたち》が回復されて、神に従い、人と全被造物に仕えるという高尚な生き方を通して、神の栄光を現す人生が可能となりました。

❖《神のかたち》完成の約束を目指して

しかし、神の私たちへの救いと解放への招きは、それで終わるものではありません。イエスが弟子たちを「だれでもわたしについて来たいと思うなら、自分を捨て、自分の十字架を負い、そしてわたしについて来なさい」（マルコ8・34）と招いたように、救いは、新たに神に従い、仕え、それぞれに神から委託される使命に歩むようにという召命でもあるからです。「自分の十字架」とは「神から与えられた自分の使命」のことです。それを果たすために、神は一人ひとりに独特な「御霊の賜物」を与え、私たちが主から示されたより大きな奉仕のためには、祈りに応えて、よりすぐれた賜物を増し加えてくださいます（Ⅰコリント12・27〜31）。

その使命を果たす働きの人生において、もっとも大切なことは「忠実」であって、成果をあげることではありません。とはいえ、主は私たちの働きを用い、イエスの再臨によって神の国が完成される日には、私たちのすべての働きの成果を明らかに見せて、称賛の言葉をかけてくださいます（Ⅰコリント4・1〜5）。そしてそこ、いわゆる天国においては、神の大いなる安息の中で安らぐことが約束されていますが、それは仕事なしに休むことではありません。むしろ、そこでは、さらに多くのものを任されて（マタイ25・21、23）、主とともにすべてを統治する働きに従事するのです。


勝利を得る者は、これらのものを相続する。わたしは彼の神となり、彼はわたしの子となる。

（黙示録21・7）

彼らは永遠に王である（統治するからである）。（同22・5）

B　健康な教会を建て上げるために

もうひとつは、一人ひとりが福音の豊かさを現実として生きるために、それがただ個人の成長だけでなく、教会の建て上げとどのように関連づけられるか、ということです。牧師として歩んできた私には、本書の「《神のかたち》の回復と完成に向けてのキリストによる救い」が一人ひとりに実現していくような教会をどのように建て上げていくか、が至上命題でした。それを求め続けていた一九九〇年代にリック・ウォレンの *The Purpose Driven Church*（拙編訳『健康な教会へのかぎ』、完訳改訂版は『5つの目的が教会を動かす』、いのちのことば社）と出会って救済論と教会論がつながり、教会建設の全体像を描けるようになりました。それらを考慮した、緑キリスト教会の例を紹介しておきたいと思います。

(1)「教会の使命宣言文」

教会では、一人ひとりがキリストの信仰を与えられるだけでなく、バランスよく成長・成熟していくことが期待されています。そのために、緑キリスト教会は次のような「使命宣言文」を作成しました。

> 私たちは、《神のかたち》として創造されている人々を神への礼拝に招き、
> キリスト信仰への入信と神の家族である教会への入会によって神と人とを愛する生活に導き、
> さらには彼らを献身せしめて、キリストに向けての成熟と賜物を用いての奉仕、
> 世にむけての宣教に促すことにより、神の栄光をあらわす。

ここではまず、宣教の対象となっているすべての人を「《神のかたち》として創造されている人々」と表現しています。これまでたびたび、「人は罪から救われなければならない」という言い方が最初になされてきたことに対して、人々に対する見方を変えようとする意図があります。

そして、そのような《神のかたち》に創造されていながら、それを毀損している人々（罪人）に教会は何を提供するのかというのが、この宣言文の中心となります。それはまず、教会で持たれている神への礼拝に参加するよう招き、まことの神との生ける交わりを体験していただくことから始まり、イエス・キリストを信じて（入信）、神との関係を回復した神の子となるように勧めることに続きます。こ

の二つの段階は、本書で語ってきた「神との関係の回復」を中心としたものであると理解していただけるでしょう。このようにひとたび神との関係が回復した人も、それで救いが完成したわけではありません。むしろ、救いが始まったばかりだというべきでしょう。これから神とのさらに強く、深い関係を築いていくよう、励まされ続けるのです。

次の段階は、キリスト信仰を宿した決心者（母親の胎に宿った生命のよう）が、教会という神の家族の一員

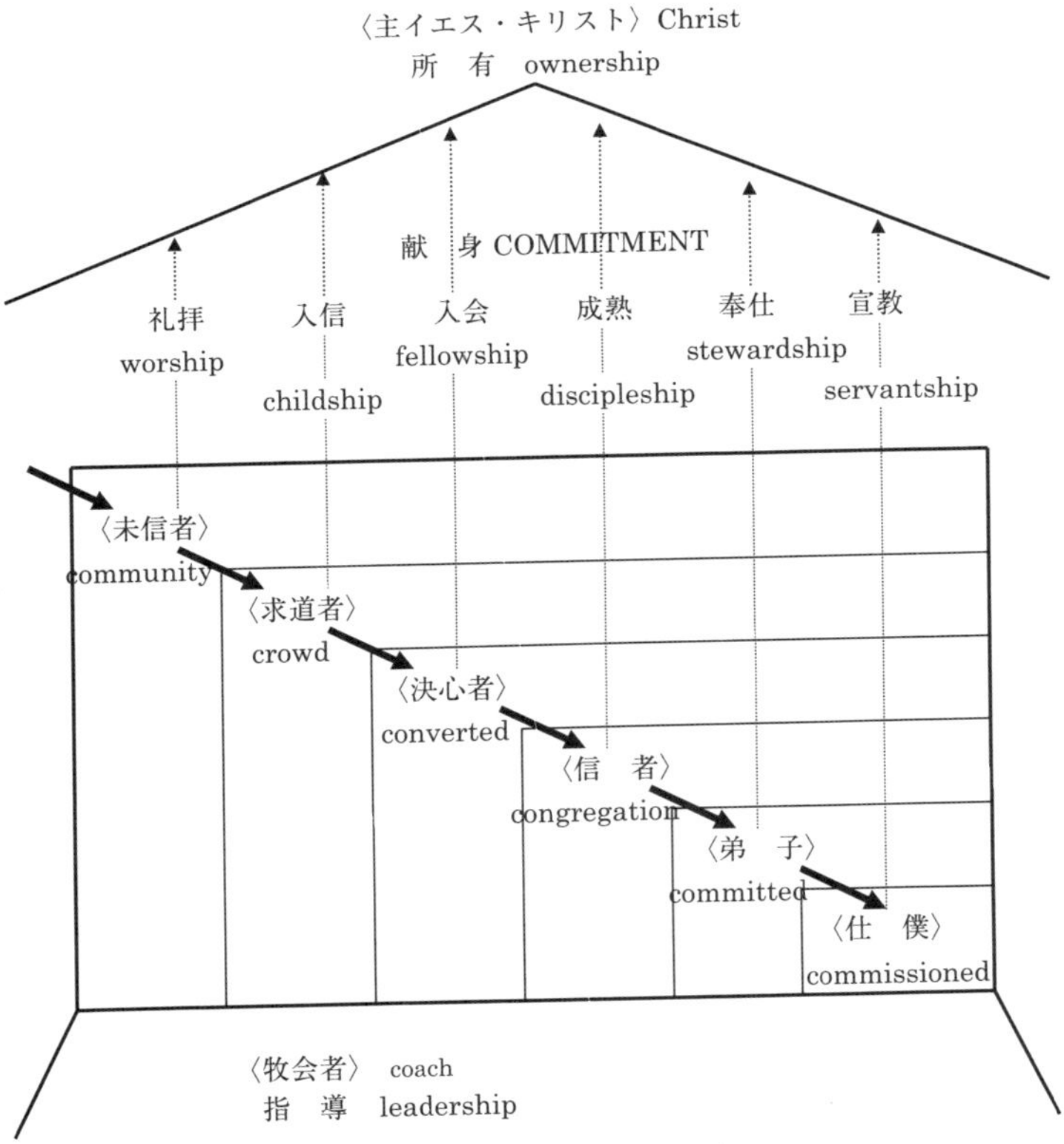

教会における使命への献身プロセス

に加わり（誕生して家族に迎えられる）、その交わりの中で歩み始めることをチャレンジします。それがバプテスマであり、教会員となることです。そこから、真性の《神のかたち》であるキリストに似た者を目指して、生涯を通しての成長が始まります。この入会と成熟への招きは聖化の道であり、救いの「実体概念的側面」が中心です。

さらに、教会に定着し成熟を願うようになったキリスト者にチャレンジすることがあります。それは、それぞれが神から与えられた賜物を用いて教会内外での必要と機会に応じて奉仕し始めることで、一人ひとりが神から備えられた使命（ミッション）を見いだし、それを生涯のライフワークとしていくところまで期待されます。この奉仕と宣教の段階は、救いの「目的・職能概念的側面」です。

このように、教会は、キリストによる救いを体験し始めた一人ひとりが、《神のかたち》の三つの側面を豊かに回復し、完成させていくための神の場であるとともに神の手段となって神の栄光を現すことを願っており、そのためにこそ教会はこの世に置かれていると宣言しているのです。

この「教会の使命宣言文」を視覚化したのが、前頁に示した「教会における使命への献身プロセス」です。

(2)「教会における使命への献身プロセス」

この図は、教会につながるようになった人が、〈未信者〉という段階から〈求道者〉、〈決心者〉、〈信者〉、〈弟子〉、〈仕僕〉へとキリストへの信仰を深めていくプロセスとして描かれています。そして、それぞれの段階でスタートするように励まされる「献身」の内容が、礼拝、入信、入会、成熟、奉仕、宣教と順序立てられています。これは、ひとりの人がその信仰の進展とともに徐々に深い献身へと導かれることを表していますが、ひとつひとつを卒業して次の段階に進むのではなく、その段階でスタートした献身は以降、いつまでも持続していくべきものと考えられています。ですから、最後段階の〈仕僕〉は、六つの献身内容のすべてを貫くものとして読み取っていただきたいのです。

これはすべての人の信仰の進展に定まったレールを敷いているのではなく、ひとりの人が教会において成長、献身していくときの目標が見えるようにと描いた標準（スタンダード）です。ですから、ある段階を短期に通り過ぎることや、逆に、ある段階から次の段階へなかなか進めないことがある現実も柔軟に受けとめるものです。

最後に、教会論的には、信仰の進展が下向きの矢印で書かれていることに意味があると気づいていただきたいのです。教会における成長は共同体の中で上に登っていくのではなく、下に降りて行き、共同体を支えていく者となることを表しています。イエスが言われた「あなたがたの間で人の先に立ちたいと思う者は、みなのしもべになりなさい」（マルコ10・44）の具体化です。

＊

さて、ほんとうのあとがきですが、《神のかたち》によって聖書の福音をまとめるという構想の骨格が与えられたのは、かれこれ四十年近く前のことでした。以来、私の仕えている緑キリスト教会や東海聖書神学塾でその有用性を確かめつつ肉付けをしてきました。それゆえに、聖書を解き明かし、福音を宣べ伝え、神学する機会を提供してくださった教会員や神学塾生、牧師仲間に感謝するものです。

出版に際してはまず、お忙しい時間の中で本書の原稿に目を通し、内容と書き方両面で貴重なご意見をくださるとともに、出版を励ましてくださった藤本満先生に、心から感謝をいたします。冒頭に推薦のことばもお寄せくださいました。また、いのちのことば社出版部の旧来の友、根田祥一氏、そして多忙な中で誠実に校正と聖句箇所索引作成をしてくださった山口暁生氏によって、ずいぶんと読みやすいものとなりました。

今年は、奇しくも宗教改革五百年という大きな節目の年です。神の恵みによって与えられたキリストの福音を、もう一度、聖書から汲み取り直そうとの機運が強く感じられるこの頃です。本書が、それにいくらかの刺激をもたらすことができれば、それに勝る幸いはありません。

最後に、これまでの長い牧会の歩みをともにしてくれ、古希を通過した今日まで、生活と健康と主への奉仕のすべてにおいて陰で支えてくれた妻、節子の協力に感謝を述べることを許していただきたく思います。

二〇一七年一月三日　名古屋にて

河野勇一

エペソ

ピリピ

コロサイ

Ｉテサロニケ

ローマ

聖句箇所索引

わかるとかわる！《神のかたち》の福音
2017年 2月25日発行

著 者　河野勇一
印 刷　シナノ印刷株式会社
発 行　いのちのことば社
〒164-0001 東京都中野区中野2-1-5
TEL03-5341-6920／FAX03-5341-6921
e-mail:support@wlpm.or.jp
http://www.wlpm.or.jp

ISBN978-4-264-03621-0